BANJI GUANLI

班级管理

编委会

（以姓氏笔画为序）

丁　婷　万　虎　边素贞　汪凤娇
张　娟　张　锦　张宇峰　张碧涛
陈　莎　周　武　周　骁　郑艳丽
徐学俊　殷　波　黄　霞　谭　洁

教师教育"十三五"规划实训系列教材

丛书主编：徐学俊

BANJI GUANLI

班级管理

主　编　徐学俊　殷　波
副主编　万　虎　张　锦

华中科技大学出版社
http://www.hustp.com
中国·武汉

图书在版编目(CIP)数据

班级管理/徐学俊,殷波主编.—武汉:华中科技大学出版社,2015.8(2022.1重印)
教师教育"十三五"规划实训系列教材
ISBN 978-7-5680-1145-7

Ⅰ.①班…　Ⅱ.①徐…　②殷…　Ⅲ.①班级-学校管理-高等学校-教材　Ⅳ.①G424.21

中国版本图书馆 CIP 数据核字(2015)第 194768 号

班级管理　　　　　　　　　　　　　　　徐学俊　殷　波　主编
Banji Guanli

策划编辑:曾　光	
责任编辑:赵巧玲	
封面设计:龙文装帧	
责任校对:李　琴	
责任监印:张正林	
出版发行:华中科技大学出版社(中国·武汉)	电话:(027)81321913
武汉市东湖新技术开发区华工科技园	邮编:430223
录　　排:华中科技大学惠友文印中心	
印　　刷:武汉科源印刷设计有限公司	
开　　本:787mm×1092mm　1/16	
印　　张:14.25　插页:2	
字　　数:360 千字	
版　　次:2022 年 1 月第 1 版第 8 次印刷	
定　　价:39.00 元	

本书若有印装质量问题,请向出版社营销中心调换
全国免费服务热线:400-6679-118　竭诚为您服务
版权所有　侵权必究

前　　言

目前，随着新一轮基础教育课程改革的不断深入，我国基础教育正在发生深刻的变化。对于我国教师教育来说，正经历着由数量导向向质量导向逐步深入的变革。时代需求和教育发展对教师教育提出了新的要求和挑战。只有不断加强教师教育，完善教育内容，改进教育方法，用系统的科学知识和教育理念武装师范生和其他有志于从事未来教师职业的人员，才能适应新形势的需要。

课程改革是基础教育改革的重要工程。高等学校教师教育课程改革的质量关系到教师教育的质量。实施卓越教师培养计划是我国师范院校面临的重大任务。卓越教师培养计划，试图通过启动实施该计划，建立高校与地方政府、中小学"三位一体"协同培养教师的新机制，从师范类院校招生、教学、实践等环节入手，努力培养一大批有理想信念、有道德情操、有扎实学识、有仁爱之心的好教师。从某种意义上来讲，只有深入研究并实践卓越教师培养计划，推动教师教育课程体系改革，才能培养越来越多的卓越教师，从而推动基础教育的改革与发展。

基于这个背景，我们编写了这本教育学教材。目前，教育学教材的版本很多，且各具特色，如何从众多教育学教材中脱颖而出，编写出既体现最新研究成果、科学性强，又能符合师范生和其他有志于从事教师职业的人员考试需求的教材，一直是我们思考的重点。本书作为教师教育专业核心课程教育学教材，力图体现以下"五个突出"。

一、突出基础性原则

教材突出教育学的基础知识、基本技能的掌握和教师资格证考试大纲要求。本书突显教师教育课程的教育价值，适应教师资格证考试的要求。本书严格对照中学教师资格证考试大纲的内容，围绕教师基本素质要求选取知识点。本书主要以师范生未来中学教育的教学实践活动为依托，构建教材体系的框架，体现师范性的特色。

二、突出系统性原则

本书共九章，包括教育与教育学、教育与社会发展、教育与人的发展、教育目的、教育制度、教师与学生、课程、教学和学校德育。通过对本书的学习，使读者对教育学知识有一个整体和系统印象。各章节之间既相互联系，又有各自的相对独立性。

三、突出可操作性原则

在保证教材的思想性和科学性的前提下，突出强调教材内容对教育实践（即对师范生未来教书育人的实践和在读期间自我教育的实践）的富有实效的指导意义。这一原则着重体现在教材的理论阐述的针对性和实践应用的可操作性两个方面，以解决长期以来该课程教学中存在的理论脱离实际的问题。

四、突出阶段性原则

本书在各章节开头设置"内容概要"和"问题引入"，引导读者带着对知识点或问题的思考进入章节学习。每章后面的"温故知新"引导读者及时温习本章主要知识点。每章后面设有"本章练习"，引导读者通过完成练习或获得练习题的启发，达到强化对知识点识记和理解的目的。

五、突出可读性原则

本书体现了师范生教书育人和自我教育的特点,针对师范生教书育人和自我教育中具有普遍意义的问题,发掘有关的理论性内容。在编写形式上,力求做到图文并茂,适当插入图片和专栏(心语感悟、拓展阅读、经典案例等),以活跃版面,增添学习情趣。

根据教育部的相关文件精神,编写体现上述原则的教材,具有重要的理论探讨和实践应用意义。这是因为,有了高质量的教师教育,才会有高水平的教师队伍。针对近些年来部分师范院校不关注基础教育和职业教育的改革发展,关起门来办教师教育,教育教学改革相对滞后,教育学、心理学和学科教学论"老三门"课程内容"空、繁、旧"的问题尚未得到根本解决,教育实践质量不高,教师教育师资队伍薄弱等现状,教育部计划在教师教育课程内容改革方面将突出以实践为导向,打破"老三门"课程结构体系,开设模块化、选择性和实践性的教师教育课程。这一系列措施的出台,为编写高质量的教材指明了方向。

本书是"高等学校教师教育'十三五'规划教师实训教材系列丛书"之一,丛书由湖北大学徐学俊担任主编。本书由徐学俊担任主编,湖北民族学院殷波担任本书第二主编,万虎、张锦担任副主编。徐学俊负责大纲编写和统稿、定稿,殷波、万虎、张锦协助审稿。全书各章编写人员如下:万虎、边素贞、黄霞、张娟(第一章)、丁婷、张锦、郑艳丽(第二章)、周骁、张锦(第三章)、张宇峰、张锦(第四章)、张碧涛(第五章)、汪凤娇(第六章)、陈莎(第七章)、谭洁(第八章)、周武(第九章)。本书参考了国内外众多文献资料,在编写和出版的过程中得到了湖北大学、湖北民族学院、咸宁职业技术学院等学校以及华中科技大学出版社的大力支持。在此,致以最衷心的感谢!

由于编者自身水平有限和编写时间较紧等原因,书中难免存在不足之处,敬请广大读者批评指正。

编 者

2015 年 11 月

目　　录

第一章　绪论………………………………………………………………………(1)
　　第一节　班级管理的概念、特点和功能…………………………………(3)
　　第二节　班级管理的研究现状与具体内容………………………………(10)
第二章　班级和班级管理观………………………………………………………(19)
　　第一节　班级是班级授课制的产物………………………………………(21)
　　第二节　不同学科视野内的班级理解……………………………………(25)
　　第三节　班级管理的理念…………………………………………………(26)
第三章　班级常规管理……………………………………………………………(33)
　　第一节　班级常规管理概述………………………………………………(35)
　　第二节　每日常规管理……………………………………………………(42)
　　第三节　阶段性常规管理…………………………………………………(53)
第四章　班集体建设………………………………………………………………(67)
　　第一节　班集体建设概述…………………………………………………(69)
　　第二节　班规的制定和执行………………………………………………(73)
　　第三节　班干部的选拔与培养……………………………………………(76)
　　第四节　班风建设…………………………………………………………(80)
第五章　班级活动…………………………………………………………………(87)
　　第一节　班级活动概述……………………………………………………(89)
　　第二节　主题教育活动……………………………………………………(98)
　　第三节　例行性班会………………………………………………………(107)
第六章　班级突发事件的处理……………………………………………………(115)
　　第一节　班级突发事件概述………………………………………………(117)
　　第二节　班级突发事件的成因分析及处理原则…………………………(122)
　　第三节　班级突发事件的处理方法………………………………………(127)
第七章　问题学生指导……………………………………………………………(135)
　　第一节　问题学生概述……………………………………………………(137)
　　第二节　学习类问题学生的指导…………………………………………(144)
　　第三节　品行类问题学生的指导…………………………………………(149)
　　第四节　心理类问题学生的指导…………………………………………(151)
第八章　班级思想品德教育与操行评定…………………………………………(157)
　　第一节　班级思想品德教育………………………………………………(159)

第二节　学生的操行评定……………………………………………（171）
第九章　做一个有效的班级管理者…………………………………（185）
　　第一节　班级管理者的角色和基本素养……………………………（187）
　　第二节　提高班级管理技能的途径…………………………………（197）
2015 年中小学教师资格证考试………………………………………（207）
　　《班主任与班级管理》真题……………………………………………（207）
　　参考答案………………………………………………………………（213）
参考文献…………………………………………………………………（221）

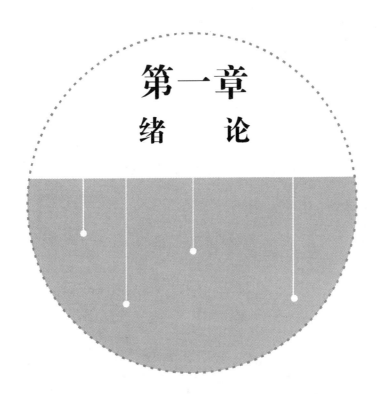

第一章 绪论

【内容概要】

☆ 班级管理的概念
☆ 班级管理的特点
☆ 班级管理的功能
☆ 班级管理的研究现状
☆ 班级管理的具体内容

第一节 班级管理的概念、特点和功能

 问题引入

什么是班级管理？班级管理是一项复杂的系统工程。本章节首先对班级管理的概念进行界定，然后在此基础上结合新课改归纳了班级管理的特点，并分析了班级管理的功能。

班级的活动状况直接关系到教学质量和学生的生活、学习，任何一个好的学校都会把班级管理放在极其重要的地位。

一、班级管理的概念

1632 年，夸美纽斯在所著的《大教学论》一书中全面论述了班级授课制，以此为标志，班级这个概念就产生了。我国最早采用班级形式进行教学是在 1862 年（清同治元年）。1862 年 7 月 29 日，我国在北京开办了京师同文馆，从此，班级授课制开始在我国学校推广。

美国著名社会学家帕森斯认为，班级作为一个社会系统具有以下特征。

（1）包括两个或两个以上人群的交互作用。

（2）一个行动者与其他行动者处于"社会情境"之中。

（3）行动者之间存在规范及和谐的认知期待，因而，通常他们具有某些相互依存的一致行为表现。

班级组织作为班级课堂教学过程中的社会心理共同体，其目标、交往、人际关系、规范、心理气氛等因素和变量具有不容忽视的教育和发展可能性。这就需要班级组织在合理的引导和管理下实现目标。于是，进行班级管理成为学校管理工作的基本形式。

班级管理是一项复杂的系统工程，它既包括学校领导对班级的管理，又包括班主任对班级的管理，还包括学生参与管理。但它主要指的是班主任对班级的管理，即班主任按照教育目标和学校教育计划的要求，对班级进行组织、指导、协调、控制，建立和发展班集体，以全面实现班级管理的目标。

班级管理是一种有目的、有计划、有步骤的社会活动，这一活动的根本目的是实现教育目的,使学生得到充分的、全面的发展。它体现了教师和学生之间的双向活动,即教师和学生之间是一种互动的关系,参与者是教师与学生双方。教师的管理与学生(班委会)的管理合起来构成班级管理。

班级管理工作本身就是一门艺术,班主任在基础教育改革的道路上要大胆探索新的管理方法,这样才会使自己管理的班级成为先进、文明的班集体,成为充满活力、教书育人的乐园。

 **视野拓展**

班级管理研究中的误区

学生在学校接受教育,班级是他们学习和生活的集体。我国传统的教育理念喜欢百依百顺的学生和鸦雀无声的课堂气氛,班级各类事务由老师及班主任一手包办,学生全无主动性,处于服从地位,而班主任在班级管理中对违规违纪的学生常常进行硬性处理,缺乏人文关怀,这样不仅压抑、束缚了学生的创造性和身心发展,还与课程改革理念及时代精神相违背。

班级管理工作一直是教育关注的热点,就我国目前对班级管理的研究来看,主要有以下两个误区。

1. 以德育为手段,局限在德育范畴里进行班级管理和学生培养

首先,在班集体建设的目标设计和评价上,把德育作为集体教育的要求和导向,最终导致思想教育政治伦理化。

其次,班集体建设过程与教学过程相分离。班集体的建设及管理通过与教学无关的主题活动、旅游考察活动,以及共青团、少先队的活动等来进行,这样必然导致班主任与科任老师之间的隔阂,产生"德育教师"与"智育教师"分工并行的局面。

最后,在德育过程中,班级组织作为被控制与规范的对象,培养出来的学生都是同一模型的个体,忽视了学生主体的情感和生活需要。这种现象与新一轮课程改革的深入开展越来越不相称。

2. 将班级看作教学组织形式,局限在教学范畴中探讨班级管理

这主要表现在科任老师和班主任在教学中的权威和主导地位。在班级里,学生必须服从老师的安排。对那些违反班级纪律、破坏班风的学生进行严格的惩罚和教育,在学生群体中形成一种导向,以树立和维护班主任的威信,实际上,这是一种工具性管理,班主任与学生之间是一种控制与被控制的关系。这样,学生个人的情感、需要、兴趣受到压抑,缺乏激发学生主动性、创造性的环境,管理的结果是死守刚性的规章制度和群体行为的统一,使学生丧失了主体性。

二、班级管理的特点

新课程在反思工具性管理对人性及人的主体性忽视的同时,倡导科学教育与人文教育的融合,关注生命,关注人格,呼唤人性的回归。班级作为学校教育的基本单位,是新课程理念贯彻执行的出发点和落脚点。在新课程改革的背景下,班级组织在学生管理和教育中也

显现出新的特征。

1. 班级管理氛围民主化

在当前的班级教育中,许多班主任并没有真正将"民主"落到实处。独断专制的教育管理方式时有发生,使学生因在教育过程中受到过分的压制而妄自菲薄,有时会引起学生的逆反心理,导致学生进行或明或暗的抵抗,使班主任工作难以落到实处。事实上,班级生活对中小学生的影响总会有意无意地融入其经验世界中。班级作为未来社会公民的摇篮,是学生适应理性化、契约化公共生活的实验室。每个学生都要通过班级生活学会公共生活的规则,形成民主思想。

新课程理念要求班主任开展民主教育,实施民主管理,让学生真正成为学习的"主角"。班级管理的民主性,体现在班级制度、班级气氛及师生交往的具体过程中,进而内化为学生的自觉行动。师生共同制定班级制度,开展民主教育与管理,引导学生进行自我管理,参与自治活动,这些充分体现了新课程改革理念的有效实践,学生在思想教育、实践能力、学习水平等方面都有了明显改善和提高。班级建设走向民主化既是大势所趋,又是班主任的必然选择。

 视野拓展

班级民主管理观——李镇西语录摘选

班集体主义教育的途径:创造良好的"第一印象";建立平等的人际关系;确立集体的奋斗目标;开展丰富的集体活动;组织公平的学习竞赛;提供大量的创造机会;形成健康的集体舆论;捕捉偶然的教育机会;设置班级的公有财物;结交校外的友谊班级;强化最后的集体情感。

我的教育历程分为五大部分:纯真与憧憬;激情与浪漫;困惑与反思;阅读与写作;光荣与梦想。

民主是一种妥协。不是学生说了算。试想一下:老师布置作业需要民主吗?

民主的含义:一是制度,外在的标志是选择;二是内在的,是对人的尊重。沿用到教育上,民主即尊重每一个学生管理班级的权利,少数服从多数,多数要尊重少数。

在一个班级上,任何一个人都有权表达自己的观点,民主要生活化、细节化。

民主就是一种尊重,每一个老师的行为都是教育资源。

教师有权利义愤填膺,或者怒视学生,但无论怎样发脾气,都不能说辱骂人的话,都不能体罚。

德育更多的时候是不知不觉的,作为教育人应该随时随地捕捉教育的时机。

没有惩罚的教育是不完整的教育。

爱心不一定包含着民主,而真正的民主必然蕴含着爱心。民主教育应该是当今中国教育的时代主题。

民主教育是充满爱心的教育,而不是专制教育中的非人教育。充满爱心的民主教育是充满人性、人情和人道的教育。

民主教育是尊重个性的教育。尊重个性,就是要尊重学生的主体性,尊重学生发展的主动性,承认他作为个体的差异性。

民主教育是追求自由的教育。尊重学生心灵的自由，就是尊重学生思想的自由、感情的自由、创造的自由。

民主教育是体现平等的教育。真正优秀的教师既是学生的引路人，又是和学生一起追求新知、探求真理的志同道合者。合作学习的态度，就是平等精神在民主教育中的体现。

民主教育是重视法治的教育。教育中的法治精神还体现在学生班级管理从"人治"走向"法治"，让学生在实践中受到民主精神、法治观念、平等意识、独立人格的启蒙教育。

民主教育是倡导宽容的教育。民主本身就意味着宽容：宽容他人的个性，宽容他人的歧见，宽容他人的错误，宽容他人的与众不同……作为教师，在充满宽容的课堂上，不应只有教师的声音，教师更不应该以自己的观点定于一尊，而应允许学生有不同的看法。

民主教育是讲究妥协的教育。在民主教育过程中，如果说"宽容"是善待他人的不同观点，那么"妥协"则是对话双方都勇敢地接纳对方观点中的合理因素，彼此相长，共同提高。成功的民主教育，往往都充满了师生合作的气息，这"合作"之中便有"妥协"。

民主教育是激发创造的教育。民主是对人的本质的解放，而人的本质在于创造。发展学生的创造精神，是民主教育的使命。

永远记住：尊重学生，并不能取代教育本身；但剥夺了学生的尊严，就谈不上任何教育！

爱心是教育的前提，教育是心灵的艺术。

民主教育的核心是尊重。

过去的班级管理模式实际上是"人治"。因为"人治"，所以教师很累，学生很苦；因为"人治"，所以教育不可避免地表现出较大的随意性；因为"人治"，所以班级成了班主任的影子；因为"人治"，所以师生关系成了"君臣关系"。

民主教育的特征如下：富有爱心、尊重个性、追求自由、体现平等、强调法制、讲究妥协、激发创造、倡导宽容。

民主教育的对立面是非人教育、等级教育、共性教育、听话教育、守旧教育。

——摘选自《李镇西班级管理日志》

2. 学生个体发展独立化

新课程理念要求班主任尊重学生的主体地位，以学生发展为主，尊重学生的个性，培养学生自我教育、自我管理的能力。在信息时代，学生的视野和知识面拓宽了，加上年龄小的特点，他们对多种事物感兴趣并且都有自己的认识和见解。在这种情况下，班主任如果还仅仅固守原有的一点知识，不拓宽知识面，任由学生自流，不加以引导，则师生之间的契合点将大大减少，教育的针对性也会大大减弱，与学生间的代沟会逐渐扩大。班级教育管理的终极目标是学生人格的完善，这也就是要求形成学生独立的精神本体，在潜移默化中培育学生的自我精神和健全人格。同时，要给每个学生独立选择自由发展的空间和业余时间的权利，使他们的个性自由、充分地发展。所以，班主任应以热爱生命、善待生命的胸怀，平等地对待学生，用真诚换取真诚，用宽容换取宽容，铸就生命之间自由交往的桥梁。实践表明，只有在人本管理中引入柔性管理，把学生看成是发展中的人，把学生看成独立发展的人，创设自由、向上的管理气氛，才能使学生个性的自主性、独立性、创造性得到有效培养和健全发展。

3. 教育方式差别化

为了中华民族的振兴，为了每一个学生的发展，是新课程改革的核心理念。践行这一理念,就要求班主任善待每个学生,善待"另类"学生,促进每一个学生在符合自己主体个性规律的前提下全面、协调发展。心理学和社会学的研究表明,每一个学生都具有不同于他人的先天素质和生活环境,都有自己的爱好、特长和不足,因此,学生的个体差异要求班主任要因材施"管"、因材施"教",善于观察和发现学生的潜在能力,并为他们的发展提供独特的空间,不能忽视不同学生的发展层次和个性特点,不可因其某些缺点而将他们全盘否定,削弱他们的积极性。根据差别原则,学会赏识学生,发现学生身上的闪光点,也是新课程理念下班主任工作的基本要求。班主任应明确不同学生的不同学习方式,唤起学生内在的精神动力,让学生认识自己作为个体的独特价值,相信每一个学生都可以是教育者手中的奇迹。

4. 师生交流平台多元化

新课程理念下,随着班主任角色的逐渐转变,班主任与学生的对话方式逐渐由原来的独断专制转为平等对话、互相尊重。今天的学生不仅希望从教师那里学到知识,而且希望与老师共同探讨生活中的问题甚至政治问题和社会问题,师生之间的交流方式也不仅仅是面谈,短信、QQ、泡泡也是学生与教师常用的交流方式,学生希望老师更像朋友、同伴,他们喜欢富有童心的老师,不希望老师"正襟危坐"、古板陈腐、不苟言笑,更不喜欢接受教师那种居高临下的开导和耳提面命式的管教。

由于社会环境、家庭环境的影响,学生的思想观念和言行举止有的已经超越其心理年龄而趋于成人化,他们谈论明星生活隐私,追星、模仿,问老师两性之间的交往和爱情等现象屡见不鲜。有一位班主任,发觉本班一个学生有早恋迹象以后,暗中找到了这个学生的QQ号,用学生不熟悉的用户名与之有针对性地聊天,消除了学生的心理疑惑,使学生认识到早恋的危害,巧妙地达到了教育目的。老师是学生心目中的学习榜样和人生导师。教师要学会借助不同载体合理地解决学生的问题,拨开学生心中的迷雾,让学生朝着正确的方向发展。

5. 教育空间开放化

随着师生交往的多元化,学校育人空间也需要相应地拓展。学校教育要注重开放的教育方式,因此,作为德育工作的主体,班主任要灵活运用开放性原则,要面向全体学生,要从学生的终身发展着眼,要把教育工作从班级延伸到学校、家庭、社会,提高学生的社会生存能力。在社会日趋多元化和信息化的时代,在网络已经成为现代生活组成部分的时代,学校德育已无法回避德育环境中对其不利的那一部分因素,无法堵塞学生在校外接触这些因素的途径。市场经济所提供的各种各样的价值观念最终要靠具有自觉性、自主性和能动性的个体自己做出选择。因此,班级、学校在教育过程中要有意识地指导学生进行分析、比较与鉴别,家庭与社会要配合学校,帮助孩子自觉形成正确的价值判断,并遵守道德规范,从而形成教育合力。

三、班级管理的功能

1. 有助于实现教学目标,提高学生学习效率

班级组织产生的根本原因是为了更有效地实施教学活动,完成教学目标和任务,因此,如何运用各种教学技术手段来精心设计各种不同的教学活动,组织、安排、协调各种不同类型学生的学习活动,是班级管理的主要功能。

 **视野拓展**

提高学习效率,班主任有妙招

著名教育改革家魏书生在谈到提高学生的学习效率班主任要做的工作时,认为有以下几点:培养学生的效率感,减少无效劳动;明确任务产生兴趣;利用生物钟的规律和意志力来约束注意力;学会利用时间的"边角余料";利用竞赛使学生丢掉犹豫,忘记自卑,这种竞赛不仅是单纯地和别的同学比,重要的还在于和自己主观认为的自己的能力和自己以往的水平比,以战胜自我、超越自我;对学生的记忆、阅读、运算、写作技巧各方面予以指导,以提高其学业成绩。

2. 有助于维持班级秩序,形成良好的班风

班级是学生全体活动的基础,是学生交往活动的主要场所,因此,调动班级成员参与班级管理的积极性、共同建立良好的班级秩序和健康的班级风气,是班级管理的基本功能。

 心语感悟

如果不坚强而温和地抓住管理的缰绳,任何功课的教学都是不可能的。

——赫尔巴特

3. 有助于锻炼学生能力,使其学会自治自理

班级组织中存在着最基本的人际交往和社会联系,存在着一定的组织层次和工作分工,因此,班级管理的重要功能就是不但要帮助学生成为学习自主、生活自理、工作自治的人,还要帮助学生进行社会角色学习,使其获得认识社会、适应社会的能力,而这对促进学生的人格成长是极其重要的。

 视野拓展

现在的中学生大多是独生子女,从小就受到父母无微不至的关怀,甚至是溺爱,从而影响了独立意识的培养,生活自理能力相对较差。想要克服这种依赖心理,培养独立自理能力,可以通过以下几种途径。

一、努力创造条件,珍惜锻炼机会

如果父母现在还是过分娇惯溺爱你,你可以在感谢他们良苦用心的同时,跟他们说明道理,让他们认识到培养你独立自理能力的重要性,并提出你的建议和要求,请求得到他们的支持、理解与配合,以便为自己创造一些锻炼的机会。

二、从点滴小事做起,在生活中学会自理

学会生活自理并不是一件很复杂的事,需要的就是努力尝试、不懈坚持。进入中学,对大家来说一切都是新的,起点也一样,都没有了父母的照顾和"约束"。这是一个多好的自我锻炼的机会啊!也许一开始我们做事毛毛躁躁、笨手笨脚,同学们可能还会拿这些开些玩笑,但俗话说"万事开头难",能力是慢慢培养的,做好了吃饭、搞好个人卫生这些小事,自理能力自然就逐渐拥有了。

三、注意方法,逐步培养

拥有必要的独立意识,并不是说不顾自身实际,一味追求偏激的目标。对父母长辈必要的关心、指导,我们要耐心听取,他们丰富的阅历是我们所必需的宝贵财富。另外,力所能及的事要自己做,力不从心的事要学着做,在锻炼中要做到既不畏缩害怕,也不盲目逞能。相信通过自己的努力,你一定会成为自立自强合格的中学生。具体做法如下。

1. 从整理学习用品入手培养学生的自治、自理能力

整理书桌是学生每天都要做的事情,然而有的学生却做不好,利用劳技课,我向大家讲清楚整理书桌的道理和方法后,找出做得有条理的同学做示范,让大家向他们学习。我还指导学生整理自己的学习用品和书包,全班分为四个小组进行比赛,对整理学习用品最佳的学生奖一朵小红花,以资鼓励,从而培养学生的自治、自理能力。

2. 从自我服务中培养学生的自治、自强能力

教师要经常教育同学们,自己的事情要自己做,不给大人添麻烦,要经常利用班队会课,有计划地指导他们学做剪指甲、洗手、洗水杯、洗手帕、洗红领巾、洗袜子、洗刷学校的墙壁等自我服务劳动。另外,还可利用队活动时间开展钉扣子、穿鞋子、系鞋带比赛,利用打预防针时开展穿衣服比赛,获胜者每人得一面红旗以资鼓励,以培养学生的自治、自强能力。

刚入学的学生,不会打扫卫生,我们就给学生讲做法、亲自做,教小干部做,接着小干部做,叫大家看,最后是大家轮流做,看谁做得好。为使同学们记住打扫卫生流程,我把它编成顺口溜:先洒水,再扫地;放下凳子、擦桌椅,最后关灯锁好门,保证卫生天天得红旗。

3. 与家长配合,培养学生的自治、自强能力

家庭教育是学校教育的基础,也是学校教育的必要补充。正如苏联著名教育家苏霍姆林斯基所说:"如果没有家庭的高度教育素养,那么,不管教师做出多么大的努力,都收不到圆满的教育效果。"我们经常用书信、电话、面谈、家访及召开家长会等方式,与家长保持联系,使学校和家庭教育保持一致,如要求学生自治、自理的,我们就及时召开家长会,在会上讲清培养孩子自治、自理的能力的必要性,希望家长配合,家长思想通了,就会主动配合学校抓好这项工作,使孩子们的自治自强能力得到增强。

4. 树立榜样,激发学生自治、自强能力的形成

在培养学生自治、自强能力的过程中,我首先抓班级干部的自治、自理能力的培养,给同学们树立榜样,为了教会他们为人民服务的本领,就叫班长王寅嫱介绍怎样带头自治、自理、做好小勤务员。每周召开一次干部会,表扬好的、促进美的。其次,应实行小干部岗位责任制和轮流值周的制度,做到分工明确,责任清楚,每天早上学生到校后,能认真组织学生早自习,老师在和不在一个样,活动有人组织,卫生有人抓;班级干部在能够自治、自理的基础上,学会管理班级,在校学会管理班级,在校四项常规流动红旗评比赛中,获红旗面数较多,曾受到鼓楼区教育局领导的表扬。

——"陶行知教育思想与学生自治自理能力培养"课题组

第二节　班级管理的研究现状与具体内容

 问题引入

本节分析了班级管理的研究现状,并在此基础上结合探讨班级管理的具体内容。

一、班级管理的研究现状

班级管理研究的快速发展只有半个多世纪的历史,现今其具体内容仍在不断地更新与充实之中。为了更好地实现班级的教育教学目标及学生发展的目标,必须加强班级管理的实践改革与理论研究;唯有将班级管理的实践建立在科学研究的基础之上,才能实现班级管理的科学化,进而有效地引领教育改革在班级活动中的良性推进。

（一）学科视野

近年来,我国有关班级管理的著述已出版了几十种,一般都是以教育学理论为依据,以德育为主线,论述班主任和班级工作。综观国内外研究,我们不难发现,将班级管理仅仅局限于教育学的学科视野中,未免狭隘。事实上,人们对班级管理的关注和研究从来都不是单向的,它必须以宽厚的理论基础作为支撑,而多种学科视野则无疑对班级管理研究产生着直接或间接的影响。

班级管理首先得益于心理学研究的支持,人们通过对传统班级管理弊端的抨击,确立了各种班级管理的新观念,并试图寻找班级管理的心理学基础。心理学的研究为班级管理确立了一种新的研究思路。如桑代克的《教育心理学》,确立了一种客观的研究精神,对行为主义、格式塔心理学都产生了深远的影响,以行为主义为代表的心理学对人的行为的关注这一理论研究范式的确立及其在班级管理中的应用,使班级管理在科学化的轨道上走向深入,并在以后的几十年中占据了主导地位,成为班级管理的主要理论。20世纪60年代以来,由于认知心理学和人本主义心理学在教育理论及教育改革中处于优势地位,班级管理产生了一种新的范式转换。认知心理学强调从对人的认知的分析入手,试图使学生了解班级管理的一般规范,理解教师班级管理行为的原因与方法,从而使学生形成自觉的行为,并由此形成积极的师生关系,维持与促进班级秩序。人本主义心理学则从对学生的需要、潜能的分析入手,对人的行为产生的原因和发生机制进行研究,进而将这种研究应用于班级,形成各种各样的行为控制方法和技术。心理学的研究范式与研究思路,为班级管理提供了方法论指导,使班级管理一方面有了其基本的理论基础和研究范式,另一方面也构成了心理学研究实际应用的一个重要领域。

随着哲学、社会学、生态学、管理学等学科在当代的发展,研究哲学、社会学、生态学、管理学等学科的思路直接或间接地影响着班级管理的研究,如对班级环境的布置、班级中师生关系的改善、学生问题行为的处理，以及师生的控制与服从、对抗与磋商等问题的研究，无不借鉴这些学科的研究成果，这从另一个侧面丰富并完善了班级管理的理论基础，使班级管理的研究更加具有时代发展的特色。

多种学科的参与，既使班级管理研究成为教育研究的一个重要领域，也使班级管理在研究范围、研究范式、研究成果的应用上逐步深入与全面。

（二）国内外关于班级管理的研究现状

1. 国内研究现状

在国内，从研究者来看，大多数班级管理的研究者都是从事实际班级管理实践工作的班级教师，而专门把研究领域锁定在班级管理上的理论工作者则相对较少。从学科视野来看，从教育学和心理学的角度进行班级管理研究的工作者相对较多，而从其他学科，如哲学、社会学、生态学、管理学来研究班级管理的工作者相对较少。从研究内容来看，主体研究和环境研究较多，过程研究和策略研究较少。其中，在主体研究中，教师研究居多，学生研究较少。从研究方法来看，在我国，经验总结性的和心得体会式的思辨研究居多，而实证研究和实地研究普遍欠缺。

我国台湾地区一般将班级管理称为"班级经营"，其研究起步于20世纪80年代末90年代初。台湾训育委员会从1991年开始，委托各教师研习中心开展的"中小学教师辅导知能研习"活动，都安排有班级经营的课程，相关的专著也陆续出现。如许慧玲编译的《教室管理》（心理出版社，1988年版）、黄政杰、李隆盛主编的《班级经营——理念与策略》（师大书苑有限公司，1993年版）、吴清山等著的《班级经营》（心理出版社，1998年版）、陈木金著的《班级经营》（扬智文化事业股份有限公司，1999年版）、邱连煌著的《班级经营：学生管教模式、策略与方法》（文景书局，1997年版）、吴明隆著的《班级经营与教学新趋势》（五南图书出版有限公司，2003年版）、周新富著的《班级经营》（华腾文化股份有限公司，2006年版）等。可以说整个台湾地区的教育界和学术界，对班级管理的重视与关心程度是非常高的。

近些年来，大量的国外班级管理的译著不断涌现，国内一些学者的班级管理专著与教材也开始出现，如钟启泉编著的《班级经营》（五南图书出版公司，1995年版）、白铭欣的《班级管理论》（天津教育出版社，2000年版）、郭毅主编的《班级管理学》（人民教育出版社，2002年版）、段作章主编的《班级管理》（江苏教育出版社，2008年版）等。但总的来说，我国在这一领域的研究还处于起步阶段，有很多的问题值得深入研究与探讨。

2. 国外研究现状

在西方国家，有关班级管理研究的内容取向、职能研究和行为研究占据优势地位，人际关系研究才刚刚起步。从研究方法来看，在西方国家，实证研究居多，思辨研究和实地研究较少。其研究总体上表现为职能研究、行为研究和人际关系研究三种。要想对班级管理的研究内容做一个精确而完备的划分，实属不易。除了上述三种不同的研究取向，也可以把班级管理的研究内容粗略地划分为原理性研究和操作性研究，或者笼统研究和问题指向性研究、理论研究和策略研究，等等。

虽然班级管理的问题早已受到教师和社会大众的广泛注意，但班级管理的研究一向附属于教学研究的范围。1965年之前，教师面临班级管理的难题时，向大学的研究单位或教育心理学家求助,似乎是解决问题的唯一有效途径。1965年之后,许多关于班级管理的专著及论文等纷纷出现,相关的师资培训也陆续进行,但这些专著、论文及训练方案似乎都围绕着维持班级秩序的主题。20世纪70年代,班级管理的研究范围逐渐扩大,全美教育研究会和督导与课程发展协会在1979年和1982年各出版过一种班级管理的论文集。美国自1965年后对班级管理的研究取向和重点的转变可以分为以下四个阶段加以说明。

1)咨询取向

咨询取向约产生于1960年至1970年之间。这时期班级管理的重点在于教师对个别学生不当行为的处理,班级管理等同于教室纪律的管理。这时期用来处理学生不当行为的重要方法有Glasser的现实治疗法、Dreikurs的逻辑后果管教法、Labenne和Greene的自我概念理论,以及Gordon的沟通管教法等。

2)行为主义取向

20世纪70年代中期的教师管理策略研究以行为改变技术为主。其主张班级管理应正确运用正强化、负强化、忽视、惩罚等方式,维持学生的良好行为或去除其不良行为,从而达到塑造学生行为的目的。虽然行为主义模式的班级管理一向被批评为不太人性化,但由于其操作简单而且见效较快,所以一般学校教育仍常使用其理论与技术来处理学生的不当行为。

3)教师效能取向

20世纪70年代中期,当咨询取向和行为主义取向的班级管理颇为普遍之际,教师效能取向的班级管理开始兴起。它强调班级管理的重点,不在于如何处理学生个人的不当行为,而在于如何预防不当行为的产生。Doyle认为班级中的秩序良好与否,关键并不在于教师对学生不当行为的反应如何,而在于教师是否能在复杂的班级系统之中,妥善地安排各项功课与活动。因此他主张,若要了解班级管理,有必要审视教师如何在学生不当行为发生之前安排班级的各项事件,并且如何做有效的监控。换句话来说,教师能否掌握全局,以防范学生不当行为的发生,才是班级管理成功与否的关键。预防的方式首先注重教师的效能训练。

4)生态系统理论取向

近年来,班级管理的研究开始关注教室生态及群体发展的过程,这主要是受生态系理论影响的结果。从教室生态观点来看,利用班级中人与人及人与环境之间的互动所形成的秩序与学习气氛是一种教室生态系统,其中包含了群体动力的形成与班级文化。教师和学生都生活在这个生态环境中,思考与行为也受这个生态环境影响。因此,教师可以通过掌控全局、创造积极的班级管理气氛,以维持群体成员的注意力,达到教学目的。因此,要想成为一位有效的班级管理者,就必须能细心观察教室的生态环境与班级管理中所发生的事件。

(三)班级管理存在的问题

第一,班级管理研究的总体理论水平不高,同一内容、同一角度、同一层次的重复研究较多,不同视角、多重视角的研究较少,学科探讨的总体分布不尽合理。

第二,在班级管理研究中,经验研究较多,而理论研究不足,也就是说,研究较多地停留在零散的、片面的、单一的经验研究的层面,尚未提升到系统的、整体的、多维的理论研究层面。

第三,即便是在理论性的研究当中,一般化的、个别的、空洞的、泛泛的、心得体会式的主观议论十分普遍,而有新意的、有深度的、有经验数据支持的理论分析较少。

第四,研究方法不够规范。这主要表现在研究设计的简单化、资料分析的表面化、数据表达的百分比化,缺乏对结果的统计检验,等等。方法的贫乏,使得那些精心设计的、客观的、针对性较强的解释性研究较少,特别是着重于现象间关系的深入探讨的研究较少。

(四)班级管理有待进一步探讨的领域

20世纪80年代以后,日本教育界在班级管理方面提出了如下五个新课题。
(1)为了把学生培养成有道德的人,应该怎样进行管理。
(2)怎样进行管理才能创造轻松愉快、内容充实的班级生活。
(3)创造"掌握基础学习,发展个性和能力"的条件。
(4)改善人与人之间的关系。
(5)加强与家庭教育和社会教育的联系。

在我国,班级管理研究的现状与基础教育改革的发展很不适应现状,无法满足班级管理实践的需要。迄今,我国的班级管理研究工作还停留在片面的、零星而不系统的、经验总结性的状态。对班级管理的基本特征、班级管理研究的基本范畴和基本原理的认识还不甚明了。为了使班级管理研究体系建立在坚实的理论基础之上,提高班级管理工作者的理论水平,必须建立起科学的班级管理研究体系,这也是当前班级管理研究的战略任务。

具体来说,班级管理研究的任务主要包括以下几个方面:第一,确立班级管理研究的基本概念、范畴、基本理论,构建科学的班级管理研究的理论体系;第二,对我国班级管理的实践进行科学的概括,使之上升为理论;第三,把班级管理研究的基本原理应用于班级管理实践中,使班级管理科学化;第四,用科学的理论武装班级管理者,提高班级管理者的理论素养;第五,建立和完善中国本土化的班级管理研究。

二、班级管理的具体内容

班级管理是指为实现教育目标、保证整个班集体教育教学活动的协调统一所进行的计划、组织、指挥、协调和控制等一系列活动的总称。班级管理的内容是指根据班级管理的对象,从哪些方面来管,或者说管哪些具体工作。班主任的班级管理活动是琐碎的,涉及学生学习生活的方方面面。具体包括以下几个方面。

(一)班级教学管理

所谓班级教学管理,就是指班主任通过课堂教学的形式,激发、培养学生的学习兴趣、习惯、方法、能力等,提高学生学习的兴趣,提高学生学习的能力,从而达到教育教学一体化、全面提高学生的学习能力与学习素质的管理。

1. 明确班级教学管理的目标和任务

学习是学生的基本任务,对学生学习的管理是班级教学管理的重要内容。班级教学管理的根本目的,在于提高学生的学习质量,并促进学生的全面发展。为此,班主任不仅要加强对学生学习目的教育,端正其学习态度,使其掌握学习方法,还要分析学习质量,严格学习纪律,建立学习制度,培养学习习惯,使学生树立勤奋好学的学风。

2. 健全教学规章制度，维护良好的教学秩序

教学工作应当遵循教学过程的科学性与合规律性，健全各种规章制度，建立正常的教学秩序，使教学各个环节规范化、制度化、程序化，以达到教学过程管理的最优化。

3. 加强教学质量管理，开展教研、教改活动

教学质量是教学管理的出发点和归宿，班主任以教育科学理论为指导，通过积极开展教研教改活动提高教育教学质量。

4. 重视人际关系环境的管理

班主任要重视教学环境管理，主动建立一种民主平等、宽松和谐的教学氛围，形成良好的师生双边互动关系。同时，班主任应指导并处理好学生与学生之间、学生与家长之间的关系。

（二）班级德育管理

班级德育管理对一个良好班集体的建立有着重要的作用，它是学生全面发展教育中必不可少的重要内容之一，也是班级管理的必要内容。德育与智育并重，为学生的全面发展提供方向性的保证，是班级管理工作发展的内驱力。

班级德育管理工作主要有以下几个方面的内容。

1. 树立与时代精神相通的科学的人才观

班主任要树立与时代精神相通的科学的人才观，全面理解当代人才的规格和要求，重视班级德育，把学校班级德育工作落到实处。

2. 有效地利用各科教学中的教育性因素

班主任要有效地利用各科教学中的教育性因素，尤其是通过品德课、政治课的课堂教学形式，加强学生对德育理论知识的学习，使班级形成良好的德育氛围。

3. 开展丰富多彩、有层次的班级德育活动和社会实践活动

班主任要开展丰富多彩、有层次的班级德育活动和社会实践活动，例如：参观革命烈士故居、纪念馆，观看相关图片展、电视电影，组织爱国主义等方面的知识竞赛、朗诵、歌唱竞赛，善于开展"树榜样、学模范"的活动等，使学生真正成为德育的主人，把一定的道德规范、德育目标内化为自身的行为准则。

4. 努力形成"学校为主、社会支持、家庭配合"的德育网络

班主任要在学校领导、全体教师的支持、配合下，加强学校、社会、家庭的联系，努力形成"学校为主、社会支持、家庭配合"的德育网络，促使学生的思想品德健康地发展。

 典型案例

王某，女，初一，父母离异，一直跟着母亲生活，生活很贫困。特殊的成长环境加之家长的教育方法简单粗暴，致使她性格很怪癖，不善于交际，与同学关系不好，时常因小事与老师、同学发火，有时甚至故意给班干部出难题，在不喜欢的课上恶作剧。有一次，她与班里一位女生因一点小事闹得不可开交。班主任多次找她谈话，做思想工作，从小事着手关心她，用事实说明学会宽容的重要性,并对她体育训练积极、肯于吃苦、积极参加劳动等优点予以肯定。有时候我故意"糊涂"地安排一些好事给她做,把一些管理班级的事情交给她,帮助她重树信心,给她创造充分发挥自己特长和潜能的锻炼机会,引导她学会与人相处,鼓励她融入集体,并要求班干部不计前嫌地去主动帮助她、关心她、团结她,使她终于有了转变,树立了生活的信心,逐步融入集体。

诚然,教育学生应善于发现学生自身的优势与长处,更应教育他们看到自身的不足,方能扬长避短。只有这样,才能真正教会学生如何学习、如何生活、如何做人。

(三)班级日常生活管理

班级日常生活管理,即教师按照教育目的和班级管理任务,有计划、有组织、有目的地对班级日常生活进行科学的管理,这涉及学生日常生活的方方面面,主要是对学生的日常生活行为提出要求,并加以积极的引导、点拨,不断地完善学生的日常行为,直至其达到"不教之教"的自律境界。

班级日常管理的内容大致包括以下几个方面的内容。

1. 班级目标的管理

班级目标管理包括制定班级目标、班级公约,以及制订班级工作计划、团支部工作计划、班主任工作计划。

制定班级目标,即制定班级整体奋斗目标,如建立一个具有良好班风、学风、团结向上的班集体,争取获得"校三好班级"。另外,还可以要求每个学生根据自己的特点,提出自己的奋斗目标。

制定班级公约,使班级工作有章可循,可以避免工作的盲目性和随意性。班级公约可以规定一套较科学、全面可行的班级运行规章。

制定班级工作计划(团支部工作计划、班主任工作计划),是班主任有的放矢地进行工作的重要环节,有利于协调各方面、各因素之间的关系,有利于统一师生的行动方向。

2. 班干部队伍的建设

对一般新组班,可先暂时确定课代表及主要班干部,待同学间情况熟悉后组织选举最终确定班干部队伍。

3. 班级行为常规的管理

班级行为常规的管理包括考勤、请假制度、升旗、穿校服、课间的良好行为、做广播操、自行车的排放、爱护公物、学生交通管理、学生值周等。

4. 教室文化的建设

教室文化的建设包括黑板报的落实、教室文化的布置、图书角的管理等。

教室是学生日常生活和学习的主要场所,教室精心的文化设计对学生能产生潜移默化的影响,有助于优化育人环境,涵养学生艺术气质,形成积极向上的文化氛围。同时对环境的营造,能推动班级的文化建设。

5. 了解、研究学生

班主任了解、研究学生的方式很多。在日常管理中,班主任一般可以通过建立学生档案、班级日记、学生周记等方式了解、研究学生。

6. 对教学设备的管理

教学设备是办学的物质基础,班主任对教学设备的管理,主要是指对教室内的桌凳、灯光、电教设备等的管理。

（四）班级活动管理

班级活动管理是一种组织活动过程。班级活动可以增强班级凝聚力,促进教师与学生良好关系的发展,班主任可以利用班级活动间接地进行思想道德教育,创造一个良好的学习环境,提高教学质量。

班级活动的管理主要包括以下几个方面的内容。

1. 组织开展系列性主题班会活动

开展系列性主题班会活动要主题明确,说服力强,能够有计划、有系统地对学生进行情感教育、人生观教育、理想教育、信念教育。

2. 组织开展夏令营、春游等室外活动

室外活动主要是寓教育于玩的活动中,使学生在玩中受益,这就要求班主任组织好室外活动,要有好的班风和集体形成的基础。

3. 组织开展知识学习、能力竞赛型活动

每个学生都有某种智能发展的可能。班主任应尽力想办法,在学生的学生时代给其创造各种条件,让他们在知识的海洋中遨游,使其个性潜能得以充分发挥。

4. 组织开展节日性班级活动

一年中有多种节日,根据节日的性质、特点,组织开展节日性的班级活动,可以使学生同时接受学校、社会、家庭的教育影响,在创造性活动中激发他们的创造热情,鼓励他们个性发展,奋发向上。

总之,班级管理的内容较多且具体。它包括对班级各项工作进行有效的规划、组织、指导和控制,以求得班级管理工作总体的最优化。

 **视野拓展**

班级管理的格言效应

再寒冷的日子,内心也要有火热的梦想!

——写于寒冬的早晨

理性的思考,能给燥热的世界生成一抹沁人的清凉!

——写于炎炎夏日的午后

用深沉的思考去预约今天的幸福!

——写于美好的清晨

让我们拥着一天的充实安然入眠!

——写于疲乏的夜晚

温故知新

　　班级管理是一项复杂的系统工程。班级既是学校系统的子系统，又是一个相对独立运行的系统，有着自己的运行规律。德育作为一种社会现象，是施教传道和受教修养的统一。在当前形势下，探讨班级管理与德育的理论及其方法，旨在使学习者能够认识到班级组织在学生成长中的作用，修正长期以来对班级工作中的一些片面认识和做法，并形成科学、民主的班级管理理念及方法，同时有效地指导班级的教育管理实践，实现班级组织的目标。

　　班级组织的结构和特点如何，在一定程度上制约着班级组织功能的发挥。班级是一种社会组织，是由班主任、学生和教师共同组成的群体，这种特殊的结构和特点决定了班级组织具有特殊功能：社会化功能和个性化功能。

　　人是管理活动的主体，是管理的核心和动力，管理者必须发挥组织成员的积极性与参与精神，建设良好的人际关系。现代管理的一个重要思想是"人本"思想，在这种现代管理理论的指导下，班级管理必须突破"以教师为中心"的传统管理模式，把学生作为班级管理活动的主体，加强班级的人性化管理，促进学生增强自主、自律及参与的意识。

　　现代学生睿智、情感丰富、个性鲜明，因此，对学生的班级管理，需要管理者调整管理理念，认真分析学生的个性，采取更合理、有效的管理办法，让学生在一个比较宽松、民主、和谐的班集体中生活、学习、成长。

【本章练习】

1. 什么是班级管理？试结合新课改背景谈谈中学班级管理的特点。
2. 班级管理有哪些功能？
3. 谈一谈中学班主任怎样才能民主化管理班级。
4. 班级管理类型具体包括哪些内容？试举例说明。
5. 调查一所中学的一个班级，完成一份班级德育管理或班级课外活动管理案例分析报告。

第二章
班级和班级管理观

【内容概要】

☆ 班级的定义及作用
☆ 班级授课制的定义及特点
☆ 班级授课制的组织形式
☆ 历史学视野内的班级理解
☆ 教育学视野内的班级理解
☆ 社会学视野内的班级理解
☆ 班级管理的心理咨询理念
☆ 班级管理的行为主义理念
☆ 班级管理的老师效能理念

第一节 班级是班级授课制的产物

 问题引入

一个班级通常是由几位学科教师与一群学生共同组成,整个学校教育功能的发挥主要是在班级活动中实现的。由此可见,班级在学校的教育中发挥着不可替代的作用。那班级到底是什么呢?

一、班级的定义及作用

(一) 班级的定义

班级是学校的基本单位,也是学校行政管理的最基层组织。班级教学是现代最具代表性的一种教育形态。一个班级通常是由几位学科教师与一群学生共同组成,整个学校教育功能的发挥主要是在班级活动中实现的。班级是学校为实现一定的教育的目的,将年龄相同、文化程度大体相同的学生按一定的人数规模建立起来的教育组织。班级既是学生接受知识教育的资源,也是学生社会化的资源、学生进行自我教育的资源。

"班级"这一词语来自于班级授课制。1632年,捷克教育家夸美纽斯出版了《大教学论》,形成了班级授课制的系统化理论,率先使用"班级"一词的则是埃拉斯莫斯。

班级是随着班级授课制的出现而产生的。早期的"班级"仅仅是教学"批量生产"的工具、纯粹的教学组织。随着社会的发展与教育观念的演进,学者们从不同的视角对班级进行了审视。在现代的素质教育中,班级就是班级授课制的产物。它是一种正式的社会组织,是学校教育教学活动的基本单位,是学生学习与生活的主要场所,是学校在特定的时间对特定的人群实施特定教育活动的组织。

 视野拓展

班级是古代官位的等级,亦指官位。例:汉·荀悦《申鉴·政体》:"高下失序则位轻,班级不固则位轻。"《晋书·刘颂传》:"官久非难也,连其班级,自非才宜,不得傍转以终其课,则事善矣。"唐·刘禹锡《代谢男师损等官表》:"下延胤息,叨践班级。"

(二)班级的作用

1. 发展学生的社会性

教育社会学认为,班级是一个微型社会。就是说,班级存在一定的组织结构,履行学校的社会职能,班级集体的共同愿景、发展目标、组织结构、角色分配、人际互动等,都是社会关系的缩影和投射,深刻地影响着学生社会化的发展。

第一,班集体为学生参与社会性的实践活动创造条件和机会。班级是学生最主要的学习、交往和进行其他各种活动的环境,班级组织机构和人际关系是社会组织及社会关系的反映,班级情境中的活动和师生关系的处理、同学关系的处理,实际是为学生参与社会生活和处理社会关系提供了学习和实践的平台及机会。

第二,班集体为学生选择职业、扮演社会角色及发展相应能力奠定基础。班集体各种活动的开展,为学生提供了多种实践的机会,在活动中学生往往被归属于不同的群体,分别扮演不同的角色,承担不同的任务,受到不同的期待,得到不同的体验,这些对学生社会性的发展都将产生积极的影响。实践中经常可以发现,长期担任班干部的学生在班级生活中普遍具有较强的成功感,他们积极组织和参与集体活动,并且要求别人服从自己的权威意志。担任班干部的经历对提高他们的组织能力、协调能力具有很大的影响,也为他们今后的社会实践和生活奠定了一定的基础。

2. 发展学生的个性

班集体的学习、交往及活动的经历和体验是学生个性发展的重要资源。一方面,班集体能够提供学生个性发展的有利条件。另一方面,班集体为学生特殊才能的发展提供有利条件。在班级活动中经常得到重视、受到关注、赢得肯定和欣赏的学生,往往有积极的体验,容易形成积极进取的个性,反之则可能会形成消极的个性。关注班级每一位学生的成长,为他们提供展现才能、发挥作用的机会和条件,让每一位学生都在班集体中找到自己发挥作用的舞台,使他们的个性在班级的各种活动过程中得到更好的发展是成功的班主任共同的经验。

3. 保障学生身心安全和健康

班集体可以说是教育化的微型社会。班级健全的规章制度、和谐的人际关系及各种有利的环境和条件,都为学生身心的安全和健康发展提供了重要的保障。同时,班级教育管理者的责任感、专业素养,以及对班级学生的关注,都能够及时预测、发现和干预危害学生身心发展的不良因素,为学生提供有利的成长环境和条件,保证学生身心的健康发展。

心语感悟

班级就像一个大家庭,同学们如兄弟姐妹般互相关心着、帮助着,互相鼓舞着、照顾着,一起长大了、成熟了,便离开这个家庭,走向了社会。"

——魏书生

二、班级授课制的相关概念

(一)班级授课制的定义

班级授课制又称课堂教学,是把一定数量学生按年龄特征和学习特征编成班组,使每一班组有固定的学生和课程,由教师根据固定的授课时间和授课顺序(课程表),根据教学目的和任务,对全班学生进行连续上课的教学制度。班级授课制理论最早由夸美纽斯提出,后来赫尔巴特完善了这一理论,苏联的教育家凯洛夫最终完善了这一理论。我国最早使用班级授课制是在1862年。

(二)班级授课制的特点

一是,以"班"为人员单位,按年龄和知识水平分别编成固定的班级,即同一个教学班学生的年龄和受教育程度大致相同,并且人数固定,教师同时对整个班集体进行同样内容的教学。

二是,把教学内容及实现这种内容的教学手段、教学方法展开的教学活动,按学科和学年分成许多小的部分,分量不大,大致平衡,彼此连续而又相对完整,这每一小部分内容和教学活动,就叫作一"课",教师一课接着一课地进行教学。

三是,把每一"课"规定在固定的单位时间内进行,这单位时间称为"课时",它可以是50分钟、45分钟、30分钟、25分钟、20分钟、15分钟,但都是统一的和固定的。课与课之间有一定的间歇和休息,从各学科总体而言,可能是单科独进,也可以是多科并进,轮流交替。

(三)班级授课制的组织形式

1. 全班教学

全班教学是目前学校教学中最基本的组织形式。这种形式的特点是把学生按年龄和学业程度编成固定人数的教学班,教学班内的学生按照统一的课程表共同接受同一位教师的指导,在这种形式下,既可以根据教学内容的序列由教师在教室系统地进行教学,又可以把学生带到事物发生、发展的现场等来开展,还可以通过各种参观、见习等来开展,还可以在教师的引导下开展课堂讨论,等等。全班形式教学的效果如何,主要看任课教师是否了解班上大多数学生的学习需要和学习准备,是否调动了学生的学习积极性,并使自己提出的教学目标转化为学生自己的学习目标,是否呈现了难度适中的教材内容,以及教学进程是否连贯有序。

2. 班内小组教学

班内小组教学是把一个班暂分为若干个小组，由教师规定共同的学习任务并由学生分组学习的班级授课制形式。它具有班级教学中教师面对学生群体进行教学的特点，但是联系这个群体的主要纽带是共同感兴趣的某门学科或某项活动。

3. 班内个别教学

采用班内个别教学，教师可以因人而异地给学生布置学习任务，并花一定的时间以一对一的形式给学生辅导。其特点是：在全班上课的基础上主要面向班上的差生或学习速度快的学生；教师给学生布置的学习任务及教师进行的辅导必须以该生的学习准备、学习难点和性格特点为依据；教师的作用主要在于指导和帮助学生自学和独立钻研。班内个别教学的"代价昂贵"。

视野拓展

班级授课制的发展

班级授课制起源于16世纪欧洲，兴起于17世纪乌克兰的兄弟会学校。之前所有教学都是采用游离形式的班级授课制，没有形成系统性、科学性，在1632年捷克教育家夸美纽斯出版了《大教学论》一书后，才形成的班级授课制的系统化理论。班级授课制在我国兴起的时间是1862年，当时的北京京师同文馆是第一家采用班级授课制的院校；在清政府颁布《奏定学堂章程》(即1903年的"癸卯学制")后，班级授课制才在全国广泛推广。

（四）班级授课制的优越性和局限性

1. 优越性

班级授课制可以大规模地向全体学生进行教学，一位教师能同时教许多学生，扩大了单位教师的教学能量，不仅有助于提高教学效率，而且使全体学生共同前进。它以"课"为教学活动单元，能保证学习活动循序渐进，并使学生获得系统的、扎实而又完整的学科知识。

由教师设计、组织并上"课"，以教师的系统讲授为主兼用其他方法，能保证教师发挥主导作用。固定的班级人数和统一的时间单位，有利于学校合理安排各科教学的内容和进度并加强教学管理，从而赢得教学的高速度。

在班集体中学习，学生之间由于共同目的和共同活动集结在一起，可以互相观摩、启发、切磋、砥砺，学生可与教师及同学进行多向交流、互相影响，从而增加信息来源或教育影响源。班级授课制在实现教学任务上比较全面，有利于学生多方面的发展。它不仅能比较全面地保证学生获得系统的知识、技能和技巧，而且能保证对学生经常受到思想政治影响，使其思维、想象能力及学习热情得到启发等。

2. 局限性

班级授课制教学活动多由教师做主，学生学习的主动性和独立性受到一定程度的限制。学生主要接受现成的知识成果，其探索性、创造性不易发挥。学生动手机会较少，教学的实践性不强，不利于培养学生的实际操作能力。

班级授课制的时间、内容和进程都固定化、形式化,不能够容纳和适应更多的教学内容和方法。它以"课"为活动单元,而"课"又有时间限制,因而往往将某些完整的教学内容和教学活动人为地分割以适应"课"的要求。

班级授课制强调的是统一,齐步走,难以照顾学生的个别差异,缺乏真正的集体性。教师虽然向许多学生同样施教,而每个学生各以自己独特的方式去掌握,并分别对教师负责,每个学生独自完成自己的学习任务,学生与学生之间没有分工合作,也无必然的依存关系,所以班级授课制不利于因材施教。

第二节 不同学科视野内的班级理解

问题引入

班级是学校最基层的组织,教育者会通过各种手段将班级培养成班集体,以完成教育教学任务。班级管理是班主任的中心工作,是学校教育教学和管理工作的基础。针对班级与班级管理的研究著作在国内外已有很多。不同的学者对其也有不一样的看法。

一、历史学视野内的班级理解

法国著名历史学家阿里埃斯把"班级"比作"组成学校结构的细胞"。"班级"拥有一定年龄的学生、固定的教学大纲、固定的教室、固定的班主任教师,这就使"班级"有了"固定的相貌",成为"幼儿期与少年期分化过程中的决定性因素"。也就是说,班级作为一种组织形式,是随着班级教学的产生而形成的。

二、教育学视野内的班级理解

捷克教育家夸美纽斯总结了前人和自己的实践经验,在他的《大教学论》(1632年)一书中主张:"国语学校的一切儿童规定在校度过六年,应当分成六班,如有可能,每班有一个教室,以免妨碍其他班次。"他说:"我认为,一个教师同时教几百个学生不仅是可能的,而且是紧要的;因为,为教师,为学生,这都是一个最有利的方法。教师看到跟前的学生的数目越多,他对工作的兴趣便越大(正如同一个矿工发现了一线矿苗,震惊的手在发抖一样);教师自己越是热忱,他对学生便越热心。同样在学生方面,大群的同伴不仅可以产生效用,还可以产生愉快(因为人人乐于在劳动的时候得到同伴);因为他们可以互相激励,互相鼓励。"他在《泛智学校》中说:"分班制度是指通过把学生按年龄和成绩分成班组,在学校中建立起的关于人员的制度……班不外乎是把成绩相同的学生结合为一个整体,以便更容易地带领学习内容相同、对学习同样勤勉的学生奔向同一目标。"可见,夸美纽斯的"班级授课制"奠定了班级组织的理论基础和实践基础。

1820年,英国的倍尔和兰卡斯特推行"导生制",即从儿童中选择优秀者施以特别训练,充当老师的助手。通过这个方法,一名教师可以同时教授数十名乃至数百名学生,"导生制"也因此迅速在西欧各国普及起来。到了19世纪,法国教育家赫尔巴特提出的班级形式日趋规范。后来,苏联教育家凯洛夫又集夸美纽斯、赫尔巴特之大成,提出了分科课程论、教师主导论和课堂教学的原则、环节等,构筑了班级授课制的教学论模式。在这个理论模式中,班级授课制基本组织形式的是教学班,"班"与"课"是形式与"内容"、手段与目的的关系,授课是教学班唯一的内容和目的。

北京师范大学教育学院谢维和教授将班级视为一种特殊的社会初级群体,并指出这样认识有助于学生全面、健康地发展,可以更好地发挥学生的主体作用,促进教育教学目的的实现,使班级中的各种非正式群体获得比较合理的对待,从而更好地发挥不同学生的特色与优势,增强学生对班级的认同感和归属感,提高班级的凝聚力。

三、社会学视野内的班级理解

较多的学者是从社会学视野来认识班级的本质的。涂尔干认为,班级作为一个微型社会,不同于家庭,而类似于成人社会。班级社会体系的功能,就是把一个"个别存在的人"变成一个"社会存在的人",即使其社会化,也就是在班级社会中,使个体成为具有社会观念、分享社会情感、遵守社会规范的一分子。

德里班认为,班级体系结构有别于家庭,班级成员较多,组成的体系较复杂,接触时间具有明显的阶段性,学生群体的出身背景各不相同。在这样的群体中,学生学到了扮演成人的社会角色所必须具备的独立意识、成就感、普通化、专门性四种特质。班级社会体系提供给学生这些经验,因而能促使其成为现代社会的一个有效的成员,使其"社会化"。

第三节 班级管理的理念

 问题引入

管理学中的管理,一般是指管理者为了达到某一共同的目标,通过计划、组织、实施、控制、监察、总结等过程,有意识地对人、财、物、时间、空间和信息不断地进行协调和综合从而实现目标的过程。班级管理作为一种活动,也是随着班级授课制的产生而产生的。自有班级,便有班级管理活动的产生。由于不同的学者的教育理念不同,因此他们对班级管理的思考也不一样。

一、班级管理概述

(一)班级管理的定义

班级管理是一个动态的过程,它是教师根据一定的目的和要求,采用一定的手段措施,带领全班学生,对班级中的各种资源进行计划、组织、协调、控制,以实现教育目标的组织活动过程。班级管理是一种有目的、有计划、有步骤的社会活动,这一活动的根本目的是实现教育目标,使学生得到充分的、全面的发展。

(二)班级管理的内容

班集体是学生学习、生活和成长的重要场所,班级管理是以班集体为基础展开的。因此,建设培养良好的班集体是班级管理的核心工作,也是班主任工作成果的体现。班级管理的内容一般包括班级组织建设、班级制度管理、班级教学管理、班级活动管理和班级卫生管理。

(三)班级管理的功能

1. 有助于实现教学目标,提高学习效率

班级组织产生的根本原因是为了更有效地实施教学活动,因此,运用各种教学技术手段来精心设计各种不同的教学活动,组织、安排、协调各种不同类型学生的学习活动,是班级管理的主要功能。

2. 有助于维持班级秩序,形成良好的班风

班级是学生全体活动的基础,是学生交往活动的主要场所,因此,调动班级成员参与班级管理的积极性、共同建立良好的班级秩序和健康的班级风气,是班级管理的基本功能。

3. 有助于锻炼学生能力,学会自治自理

班级组织中存在着最基本的人际交往和社会联系,存在着一定的组织层次和工作分工。因此,班级管理的重要功能就是不但要帮助学生成为学习自主、生活自理、工作自治的人,而且要帮助学生进行社会角色学习,使其获得认识社会、适应社会的能力,这对促进学生的人格成长也是极其重要的。

(四)班级管理的模式

1. 班级常规管理

班级常规管理是指通过制定和执行规章制度去管理班级活动的一种管理模式。规章制度是学生在学习、工作和生活中必须遵守的行为准则,具有管理、控制和教育作用。规章制度的制定使班级各项工作有章可循、有条不紊,规章制度的贯彻有助于培养学生良好的行为习惯及优良的班风。

2. 班级平行管理

班级平行管理是指班主任既通过对集体的管理去间接影响个人,又通过对个人的直接管理去影响集体,从而把对集体的管理和对个人的管理结合起来的一种管理模式。

3. 班级民主管理

班级民主管理是指班级成员在服从班集体的正确决定和承担责任的前提下,参与班级管理的一种管理模式。它实质上就是发挥每个学生的主人翁精神,让每个学生都成为班级的主人。

4. 班级目标管理

班级目标管理是指班主任与学生共同确定班级总体目标,然后将班级总体目标转化为小组目标和个人目标,使其与班级总体目标融为一体,形成目标体系,以此推进班级管理活动,实现班级目标的一种管理模式。

二、当前我国学校班级管理中存在的问题和解决策略

(一) 存在的问题

1. 班主任对班级管理方式偏重于专断

长期以来,我国实施的是应试教育,分数和排名是学校和教师工作业绩的衡量指标,这导致了班主任高度重视课堂教学和考试成绩,而忽视了学生的内在需求。班主任一直在做程式化的教育教学工作,他们最关心的是如何让学生在考试中获得好成绩,确保班级的成绩在学校中的排名和使学生服从老师,以维护教师的权威。学生服从教师指挥,必须被动地按照教师的要求去做,缺乏自主性。

2. 班级管理制度缺乏活力,民主管理的程度低

在班级中设置班干部,旨在培养学生的民主意识和民主作风,使学生学会自治自理。然而很多中小学的班干部相对固定,使得一些学生形成了"干部作风",不能平等地对待同学,而多数学生却缺少机会。学生在社会环境及部分家长的影响下,往往把干部看成是荣誉的象征,多数学生在班级管理中缺乏自主性。

(二) 解决策略

要解决我国学校班级管理中存在的问题,必须建立以学生为本的班级管理新机制。在班级管理中,只有确立学生的主体地位,才能从根本上解决班级管理中存在的问题,这就要求做到以下三点。

1. 班级管理以满足学生的发展为目的

学生的发展是班级管理的核心。纪律、秩序、控制、服从是传统班级管理所追求的目标。在现代教育活动中,班级活动完全是培养人的实践活动,满足学生发展的需要既是班级活动的出发点,又是班级活动的归宿。班级管理的实质就是让学生的潜能得到尽可能的开发。

2. 确立学生在班级中的主体地位

发展学生的主体性是学校管理的宗旨。现代班级管理强调以学生为核心,尊重学生的人格和主体性,充分发挥学生的聪明才智,发扬学生在班级自我管理中的主人翁精神。建立一套能够持久地激发学生主动性、积极性的管理机制,是确保学生持久发展的有效途径。

3. 有目的地训练学生进行班级管理的能力

要实行班级干部轮换制,让每个学生都有锻炼的机会,使其学会与人合作。以训练学生自我管理能力为主的班级管理制度改革的重点是:把以教师为中心的班级教育活动转变为学生的自我教育,即把班集体作为学生自我教育的主体。具体的做法包括:适当增加"小干部"岗位,并适当轮换;按照民主程序选举班干部;引导学生干部做"学生的代表";引导学生

"小干部"做好合格的班级小主人。

 心语感悟

尊重与发展学生的人格和个性,会使师生生活在一种相互理解、尊重、关怀、帮助、谅解、信任的和谐气氛中,从而真正体验到做人的幸福感与自豪感,减少内耗,提高工作和学习效率。

——魏书生

三、班级管理的理念

20世纪下半叶以来,班级管理理念的发展脉络可划分为三个方向,并几乎都在60年代至70年代被提出,在80年代中后期得到修正和发展。

(一) 班级管理的心理咨询理念

现在,人们都知道儿童和成人一样,也会存在着这样或那样的行为问题或心理问题,但是历史上直到20世纪30年代,儿童心理学的鼻祖斯坦利·霍尔的儿童心理病理学研究才问世,人们才开始对儿童的行为问题或心理问题给以特别的关注。德斯波特(1965)指出其意义在于给儿童贴上了"问题"标签,为人们更好地理解并有的放矢地处理儿童的行为提供了新的、较为科学的视角,转变了人们对待儿童的态度。

心理分析方法主要有三点基本假设:一是问题性行为是潜在原因的表征;二是治疗方法主要是允许儿童充分表达自己的情感;三是良好的人际关系是成功治疗的基本前提条件,治疗人员与儿童的良好关系是转变儿童行为的关键因素。于是,第二次世界大战以后到50年代,精神分析理论开始风靡心理学界,各种心理咨询机构遍设美国各地;20世纪60年代晚期70年代早期,心理咨询疗法开始运用于班级管理中,其主要关注的是班级纪律问题。这一时期出现了几位有代表性的人物,其中最早、最广泛得以运用的班级管理模式是"现实疗法"模式,其代表人物威廉姆·格拉瑟于1965年出版了《现实疗法:精神病学的心理方法》,将人们对问题行为的分析从追忆过去事件转向关注当下现实问题,从而获得了人们的赞许与关注,后来他又将自己的工作扩展到学校场景中。另一位代表性人物是鲁道夫·德雷克斯,他主张建设一种民主的班级生活氛围和教学风格,以帮助学生获得归属感,识别并处理学生由于归属感得不到满足而给自己设立的错误目标,如寻求报复或故意喧哗以引起他人的注意。此外,还有一些自我概念理论也属于这一理论模式,如拉贝纳、格林和普克等人的理论。这些心理咨询法在班级纪律中的运用效果如何,我们尚没有这方面的研究材料。但列维特和艾森克等人的评价性研究表明其运用效果并不明显。后来的情况也表明,传统心理咨询法的确没有在改变儿童的消极行为方面产生明显有意义的效果。

(二) 班级管理的行为主义理念

20世纪70年代中期,由于心理咨询法的效果并不明显,儿童问题性行为出现的频率越来越高,社会对青少年的问题性行为也更加焦躁不安了,在此情况下,行为主义心理学扛起大旗,宣扬自己的主张,与心理咨询法抗衡。行为主义心理学关注外显行为,强调教师和父母作为行为调节者的重要性,主张将"偏常态"行为常态化,把行为看作是问题性行为而不是病理性行为,并对行为进行诊断,对目标性行为及其环境因子进行评价,等等。受行为主义理念的影响,人们对班级纪律问题的关注开始从关注儿童的内心需要转向教师控制,大多数教师培训课程都以帮助教师运用行为调节技能处理儿童的干扰性行为为目标。持此理念的主要是凯特尔夫妇和弗雷德瑞克·琼斯夫妇的班级管理方案。1976年,凯特尔夫妇出版了《钢性纪律》一书,中心理念是向教师说明如何负责地运用权力管理一个班级,并建立能够满足教师自身需要的班级氛围,如该书第一章的章名是《还教师以权力》,开篇写道:"你,教师,在班级中必须确保能够满足你的需要……我们认为当你运用了下列两种'权利'时,就可使你的需要变为现实:一是根据自己的优势和不足建立班级结构和常规的权利,以建立理想的学习环境;二是决定和要求学生的恰当行动以满足你的需要,并鼓励学生积极地使用社会权利和教育权利。"后来,许多评价性研究结果表明,钢性纪律方案的确在一定程度上取得了成功,如在其最初的十年间就培养了近50万个教师。当然,钢性纪律方案也遭到了许多人的批判,如有的人认为它把班级看作了战场,把师生关系对立化了,有的人认为它是一个人(教师或行政人员)主宰一群人,剥夺了大多数学生的自由选择权,是对学生权利和需要的否定。弗雷德瑞克·琼斯夫妇多年来一直致力于编制培训方案的工作,旨在提高教师在调节、管理和教学指导中的效率,但直到1987年他们才出版了行为管理方面的书:《积极的班级纪律》和《积极的班级指导》。这两种书强调了教师的体态语、面部表情、目光接触和身体接近等非言语交流在维持班级纪律方面的重要作用,以及教师在学生独立学习遇到困难时必须提供有效的帮助。这些倡议得到了许多教师的响应和学习。

当然,这一模式因忽视了学生自身的内在动力而显得不足,而且实施它的方式方法也很难把握。

(三) 班级管理的教师效能理念

教师效能理念出现于20世纪70年代,这一新理念注重的是如何阻止学生不当行为的发生和学生不当行为的改正。这一理念分为以下三个研究方向。

1. 教师组织和管理技能研究

教师组织和管理技能研究又包括以下三种研究方案。

第一种是杰克布·库因的研究,他和同事对两种班级活动的情况做了对比性的、上千小时的录像,并进行了系统的分析,以判断当学生在两种类型的班级中出现问题性行为时,教师会做出哪些不同的反应。分析结果表明,在对学生不当行为出现后的反应方式上,有效管理班级的教师反应行为与无效管理班级的教师反应行为没有显著的差异,有显著差异之处表现在学生不当行为出现之前教师的行为方式上,有效班级管理的教师一般会运用各种方法以防止学生不当行为的出现。

第二种具有里程碑意义的研究是"德克萨斯州教师效能研究"项目,布劳菲和艾沃斯顿等人用了两年的时间观察了59位教师,并要求每位教师提供两类在标准化成绩测验方面持续有差异的学生名单,课堂观察关注点是与有效教学有关的教师行为。研究结果印证了杰克布·库因的上述结论。

第三种是20世纪80年代,德克萨斯大学的教师教育研究发展中心的几位研究者,艾默尔、艾沃斯顿和安德森等人又在"班级组织与有效教学项目"中对如上两种研究做了进一步的拓展。研究者们发现有效管理班级的良好运营状况主要归结于学校开学几周内的有效安排与组织。在学校开学的最初几周内,有效管理班级的教师往往为学生理想的行为表现提供明确的指导,并认真调控学生的行为表现,一旦学生没有充分掌握行为要领,教师就会重新教他们。另外,有效班级管理的教师还让学生知道一旦出现某种不当行为将出现什么样的后果,并且在班级一以贯之地执行下去。

2. 教师指导技能研究

最早从事这方面研究的是亨特。她在这方面的主要贡献是让教师理解有必要制定明确的教学指导目标,让学生也了解这些教学目标,主张教师为学生提供有效、直接的教学指导,并掌握学生的进步状况。亨特的研究后来为许多可称之为"过程-结果式"的研究所拓展,"过程-结果式"检验了教师所运用的各种教学指导模式与学生成绩间的关系。但这一研究却遭到了许多批评,许多人认为它将教师行为与学生的成绩之间进行了简单的线性对应,过分强调了教师某些具体教学技能的作用。

教师教学技能研究的第二个研究方向是检查竞争式、合作式和个体式教学活动的相关价值,主要发起人是明尼苏达大学的罗杰尔和约翰森。他们的工作表明:合作式学习活动与许多理想的学习结果紧密相关;合作学习活动中的学生能够积极地对待同伴、学习任务,能够掌握更多的学习信息。

第三个研究方向是杜恩、兰祖利、格里高等人的研究。他们的研究表明,当学生处在有利于激发学习的环境中时,其学习主动性、效果和行为表现都较佳。另外,教育工作者们还越来越强调在班级中进行多种族、多元文化教育的重要性。

 心语感悟

我们做教师的人,必须天天学习,天天进行再教育,才能有教学之乐而无教学之苦。自己在民主作风上精进不已,才能以身作则,宏收教化流行之效。

——陶行知

3. 师生关系研究

师生关系研究又可分成两大部分:一部分是师生交往的频率和质量对学生学业的影响;另一部分是师生关系的个人因素和情感因素及对学生的态度和学业成绩的影响。

1968年,罗森塔尔和杰克布森两人出版的《课堂中的皮格马利翁》一书告诉人们,教师对学生学业成绩的期望往往能变为学生自我实现的动力。受其启发,学者们将问题转成为:教师如何将其对学生或高或低的期望传达给学生呢?布劳菲和古德最早在德克萨斯大学开展了这方面的研究。另外,还有一些人运用归因理论检验了教师的控制感问题,如师生交往是如何阻碍了女孩子的学业成绩的。比如,1992年美国大学教授学会所提交的《学校如何公正地对待女孩子》报告书告诉人们,学校应当改变态度,公正地对待女学生。师生关系的情感质量及其对学生态度和自我概念影响的研究,最初广泛地出现在20世纪60到70年代的一些著作中,如拉贝纳和格林所著的《自我概念理论的教育意义》(1969),波克所著的《自我概念与学校成效》(1970)等。到了20世纪80年代早期,有关班级人际关系的研究更加丰富了。

温故知新

  班级是学校的基本单位,班级教学是现代最具代表性的一种教育形态。班级生活利于发展学生的社会性和个性,促进学生身心健康成长。班级是班级授课制的产物,班级授课制又称课堂教学,是把一定数量的学生按年龄特征和学习特征编成班组,使每一班组有固定的学生和课程,由教师根据固定的授课时间和授课顺序(课程表),根据教学目的和任务,对全班学生进行连续上课的教学制度。班级授课制最早由夸美纽斯提出,后来赫尔巴特完善了这一理论,苏联的教育家凯洛夫最终完善了这一理论。我国最早使用班级授课制是1862年。

  针对班级与班级管理的研究著作在国内外已有很多。不同的学者也有不一样的看法。法国著名历史学家阿里埃斯把"班级"比作"组成学校结构的细胞"。捷克教育家夸美纽斯的"班级授课制"奠定了班级组织的理论和实践基础。较多的学者则是从社会学的视野来认识班级的本质的,如涂尔干认为,班级作为一个微型社会,不同于家庭,而类似于成人社会。由于不同的学者教育理念不同,所以他们对班级管理的思考也不一样。班级管理是一个动态的过程,它是教师根据一定的目的和要求,采用一定的手段措施,带领全班学生,对班级中的各种资源进行计划、组织、协调、控制,以实现教育目标的组织活动过程。

  传统心理咨询法没有在改变儿童的消极行为方面产生明显有意义的结果;班级管理的行为主义理念因忽视了学生自身的内在动力而显得不足,而且实施它的方式和方法也很难把握。而教师效能理念弥补了上述两种理念的不足,这一新理念注重的是如何阻止学生不当行为的产生和学生不当行为的改正。

【本章练习】

1. 名词解释:班级、班级授课制、班级管理。
2. 请简述班级授课制的发展史。
3. 请结合本章内容,谈谈你如何理解教师在班级管理中所起的作用。

第三章
班级常规管理

第三章　班级常规管理

【内容概要】

☆ 班级常规管理概述
☆ 班级常规管理的基础工作
☆ 班级常规管理的基本原则
☆ 每日常规管理
☆ 阶段性常规管理

第一节　班级常规管理概述

 问题引入

要探讨班级常规管理的原则和方法,必须先明确界定班级、常规和管理这三个子概念的基本内涵。我们此处探讨的班级,是全部由未成年人(6岁至17岁)组成,以学习为目的、成长为方向的特殊团队。班主任作为这个特殊团队的管理者,应该掌握一些基本的管理策略。什么是班级？什么是常规管理？面对一个全新的班级,班主任应该从哪些方面入手开展班级常规管理？带着对这些问题的思考我们一起进入本节的学习。

一、相关概念的界定

(一) 班级的概念

一个班级的学生不是一群孩子的简单组合。班集体是按一定的教育目的、教学计划和教育要求组织起来的学生群体,经过培育和提高,逐步发展。——所谓"集体",则是"群体"发展的高级阶段,或者说应该是一个"服从统一管理、遵守共同规则、树立一致目标"的高级群体。

如果要进一步深究班级的内涵,就必须先了解"班"和"级"各自的含义:"级"是一个纵向概念,代表着学生的发展程度,是比"班"更高一层次的概念;"班"是一个横向概念,是为了方便教育教学管理而对同级学生进行的(或随机的或刻意的)二次划分之后而形成的学生群体。[①]

(二) 管理的概念

管理,是指管理主体有效组织并利用其各个要素,借助管理手段,完成该组织目标的

---

① 田恒平.中小学班级常规管理[M].上海:华东师范大学出版社,2008.

过程。

如果把"管理"二字拆解开来,我们从字面意义便可以了解这个概念的全部内涵——"管"和"理"。"管",即通过各种手段,使对象达到预期目标;"理",即厘清对象各个要素之间的关系。于是我们可以发现,在实际的操作中,"理"毫无疑问是应该在"管"的前面的。只有"理"得清,才能够"管"得顺。

(三)班级常规管理的概念

综上所述,以班级为单位的学生群体自形成之日起,其每一个成员参与学校生活的各个环节之中的所有行为的总和,就是"班级常规"的全部外延,也是班级管理和学校管理的关注焦点和工作重心。班无"常"不稳,学无"常"不立——这是每一位年轻班主任需要谨记的准则。

班级常规管理既是一种管理对象,即对班级成员日常各种行为规范实施管理,又是一种管理手段,即通过运用常规条例,达到班级整体运行常态化的目的。常规管理覆盖班主任管理的大部分领域,可以说,班主任的各方面工作都渗透着常规管理的内容。常规是班级学生学习、生活、休息的最基本要求,与每一个学生息息相关,常规管理是对班级学生一般因素、通常状态的管理。因此,班主任抓常规管理,就是在班级建立基本的秩序,为全班学生创造一个有序的学习生活环境。

二、班级常规管理的基础工作

对于一个新组建的班集体来说,建立良好的行为规范并运作一套行之有效的管理机制,并对此进行常态化管理,是班主任顺利展开其他班务工作的前提和保证。而要实现这一点,班主任需要从以下几个方面打下良好的基础。

(一)了解学生基本情况

班级组建之初,班主任和学生之间都有一个互相了解的过程。而对于班主任来说,这个"了解"的难度是要远大于学生的。

首先,从信息量的大小来看,几十个学生面对的只是一个班主任,而一个班主任要面对的是几十个学生。

其次,从任务的紧迫性来看,学生对班主任的了解可以持续到漫长的学习生活中,而班主任对学生的了解必须在尽可能短的时间内完成。

因此班主任必须抓紧一切契机观察和了解学生,摸清学生的基本情况——生源情况、家庭环境、基本素质和能力等,所以一般小学在学生入学前会安排学前教育,而初中、高中入学前会安排学生军训,为班主任提供了了解学生的时间和空间。

(二)制定日常行为规范

了解学生的基本情况,仅仅是"理"的开始。在"预备期"结束,班级正式开始运作之后,班主任应及时根据自己对学生的了解,制定符合学生实际的班级日常行为规范,从而把班级管理迅速条理化、细节化。

《班级日常行为规范》简称"班规",是班级所有成员(理论上包括班主任)的行为准则。

班规的制定不仅仅要符合班级的实际情况,更要符合班上多数同学的民情民意,切忌生搬硬套现成范例,更不能制定一些大而无当、毫无可操作性的条文。

关于制定班规的方法,这里提供三条建议供班主任参考。

一是,班主任制定纲领性的条例作为班规,全班同学根据班规自主制定《操行条例》,并共同遵守。比如说,某班级将班规制定为三句话:不做伤害自己的事,不做危害他人的事,不做损害集体的事。三句话言简意赅,既可以作为每一个同学的行为准则,又可以此为板块制定相应的《操行条例》。

二是,班主任划定大条款,由学生代表在征求同学意愿的基础上根据班主任所划定的板块补充细则,形成《班规》或《操行条例》。一个完整的《操行规则条例》应该包括以下几个方面的内容:学习常规、课间常规、清洁常规、值日常规、集会常规等。上述每一项用三个左右的条款来阐述该项的内容。

三是,班主任设定大的条款并在全班进行宣讲,在实施过程中不设定具体条款,但要亲自掌控评价尺度,将评价行为适度下放给分管同学,并在同学间评判发生争议的时候给予仲裁和指导。这种非细节性条例最大的好处就是操作简单,适用于低年级的班级管理。

总之,班规的条款不宜过多,但又不能词不达意、表意模糊,要对学生的行为具有明确的导向性,并为对学生的奖励或惩戒提供足够的依据。更重要的是,它除了规诫学生不能做的行为之外,必须告知学生应该有的做法,这样才能使班级管理的每一个细节都有章可循。

(三)组建自主管理机构

班级自主管理机构就是班级的班、队、团干部组织,我们不妨将其简称为"班委"。班委组建应该是和班规制定同步进行的工作,而在班级建立到班委组建这段时间的"真空期"正好是班主任了解和考查学生的最好契机。常用的方法是组建"临时班委",一方面管理班级事务,一方面考查学生的综合能力。

"临时班委"一般包括:班长一名、学习委员一名、纪律委员一名、清洁委员一名、宣传委员一名、小组长数名。"临时班委"可由同学自荐产生,也可由老师指定,或二者兼用。"临时班委"的任期一般是两周,最长不能超过一个月,超出两周或一个月的时间后,班主任必须正式任命或开展正式的班委选举。

这里涉及组建班委的两个基本途径:"民主选举"和"班头任命"。从严格意义上来说这两种方法都是有缺陷的:"民主选举"无法保证每个班委岗位上都是其最合适的人选;"班头任命"无法保证所选班委在开展工作的时候能够得到同学们的普遍支持。所以就需要把二者相结合——民主选举产生"班委入围名单",再由班主任根据入围同学特长确定每个人所担任的职务。

班委的设置可以有各种不同的模式,在这里不作赘述。班委无论人数多少,都是班主任进行班级常规管理的最佳助力,也是班级常规由他律走向自律的关键角色。对于刚刚组建的班委团队来说,初次介入班级管理肯定会遇到这样或那样的困难。在这个时候,班主任要充分作为,扶上马、推一把,使班委真正成为班级管理的主角,这也就是人们所说的——管,是为了最终的不管。

关于组建自主管理机构有几条建议供年轻班主任们参考。

1. 班主任要放手让学生干部开展工作

第一，班主任要做好一个旁观者，把舞台和空间留给学生干部，放手让他们大胆自主地开展工作，以培养班集体的自主管理能力。在对他们进行工作思路和方法的基本指导之后，班主任就应该适时退居幕后，观察学生干部的工作态度和工作能力，同时观察班上的学生对学生干部的认可度和配合度，及时发现并解决学生干部独立工作时遇到的问题。

第二，班主任要做好一个救火员，对学生干部放手而不甩手，在他们工作上遇到困难的时候及时给予指导和帮助。学生干部毕竟还是孩子，身心还不够成熟，工作经验不足，难免出现差错，而此时班主任就应该挺身而出、重回台前，引导他们积极总结工作中的经验教训，并为他们出谋划策，提出改进工作的方法。

2. 班主任要引导学生干部勇于承担责任

我们可以从以下两个方面来理解这句话的含义。

1）班干部要勇于承担责任

班主任应该着力培养学生干部的责任意识——对在自己所负责的工作中出现的问题及由于自身工作能力差而导致的问题，学生干部要勇于承担责任。一方面来说，这是一种集体主义精神的体现；另一方面来说，敢于承担责任的人才能迅速解决问题，并从不断的纠错中完善和发展自己。

2）班主任要敢于为学生干部承担责任

作为未成年人，学生干部毕竟不具有成熟的行为能力，所以如果他们在工作中出现任何问题，班主任肯定是第一责任人，也必须站出来承担这个责任，一方面为全班同学做出表率，另一方面可以避免激化同学和干部之间的矛盾。班主任切不可过多地责怪工作失误的班委，以免打击学生为集体服务的热情。

综上所述，如果说班规的制定是为了让班级常规管理"有法可依"，那么班委的组建则是为了让班级常规管理"执法必严"。班级的常规是否良好，班委的作用举足轻重。班主任能否打造出一支得力的学生干部队伍，将决定班级常规管理是事半功倍还是事倍功半。

（四）推行配套的奖惩机制

完成了前面的工作，班主任接下来要做的就是要树立在全班同学中的威信。班主任要在班级中树立威信有很多种途径。这里单讲一种——由信生威。班主任要言必行，行必果，不折不扣地兑现自己的所有承诺，以此增加自己的话语在学生心中的分量。特别是事关对学生的奖惩，班主任必须不折不扣地按照事先的承诺执行，否则所立规则将对其他同学无任何约束之力。

推行一套行之有效的奖惩机制是提高班主任"威信"的有效途径之一。因为无论是小学生还是中学生，都处于未成年阶段，其自觉性和自控力都很差，他们即便对班级常规主观上认同，也无法约束自己绝对严格地遵守，所以才需要"奖励"和"惩罚"这两根杠杆来撬动他们的热情，增加他们遵守班级常规管理的动力和压力。

常规管理奖惩机制既可以针对个人，又可以针对小组。当然，将二者相结合也是一个不错的选择，因为这样可以充分发挥二者的优势、弥补各自的短处。

1. 优秀个人评比可以充分调动学生的竞争意识

以每周或每月为时间节点,公布操行优秀学生的名单,给予适当的物质奖励,并把获奖者的照片上墙公示。无论对于哪一个年龄段的学生来说,这种方式都有很好的激励作用。从学生的心理需求来说,被认同和被肯定是占据很重要的位置的。特别是成绩不大好的学生,这种不以成绩论英雄的评比,更是会格外地积极和投入。对操行评比后进的学生,适度的惩戒是必要的、无可厚非的,但惩戒的手段却是需要煞费思量的——体罚显然是违背原则的,请家长也只会是事倍功半。从操行评比的本义来说,最好的办法有两个:其一,责令他们在规定的时间内,通过自己的表现加回扣掉的分数;其二,让他们以"班级服务"的形式,通过参与班级的常规管理或者集体劳动,用自己的表现抵扣失去的分数。

2. 优秀小组评比更能够培养学生的集体荣誉感

培养学生们的集体荣誉感,可以整合个人力量,达到"一加一大于二"的效果。单纯的个人评比可能会长期让后进的同学丧失斗志,而小组评比则给这些同学增加了一个不得不努力的理由——为了集体的荣誉。在小组评比的机制中,个人的表现将不再仅仅决定个人的荣誉和奖惩,更会决定小组其他成员的荣誉和奖惩,这将会给学生带来更大的压力和动力。如果一个小组成员表现不佳,小组的其他成员自然会主动地对他进行监管和督促,而这种同学之间的监管往往会比班主任的监管更为细致和有效。班主任不妨用类似于篮球几分牌一类的东西把各小组的分数即时公布,这样可以产生更鲜明的对比效应、强化小组间的竞争意识。优秀小组评比可以每周一小结,每月一表彰,半期一汇总。对小组的奖惩方式可以参照个人评比的奖惩模式,以促进班级常规管理更规范有序为目标。

 心语感悟

先生不应该专教书,他的责任是教人做人;学生不应该专读书,他的责任是学习人生之道。

——陶行知

(五)搭建师生沟通桥梁

没有规矩,不成方圆,但是规矩不是万能的。由于班级学生的综合素质不同,他们对常规管理的接受度和认可度也不同。即便是综合素质较高的班级,学生个体对常规要求的接受度也是不一样的,既有对班级常规要求接受度很高的学生,又有个别对班级常规要求接受度很差的学生。对这两类学生,班主任都有必要给予足够的关注,因为他们往往会成为班级常规管理的变数。除了密切注意他们在课上课下的言行,班主任还应该抽出时间和他们进行一些个别交流。在班级组建初期,这些功课是班主任所不可缺少的。

对常规表现突出的学生,班主任一方面要观察他在学习上的表现,考查他是否品学兼优的学生,另一方面要观察他在课下与同学相处的情况,是否有较强的号召力,是否是部分同学中的"核心人物"。

对品学兼优又有较强号召力的学生,班主任应在个别交流中鼓励他在同学中多多传播正能量,用自己优异的表现去感染更多的同学。

对只顾自己学习、不太爱跟同学交流的学生,班主任应鼓励他走出封闭的空间,更好地融入班级的大家庭中。对常规表现明显后进的学生,班主任应该观察他在学习上是否同样具有较大的障碍。因为不少学生常规较差都是由学习后进的挫败感使自己不再愿意在常规上严格要求自己而造成的。对这种并非一日而成的散漫,班主任不可操之过急地想要学生迅速改变,更不宜采取高压政策和过于严厉的惩戒措施。唯一正确的选择是通过交流首先取得学生的信任,然后再慢慢将自己对他的期望渗透给他,让他逐渐跟上班级整体常规的要求。

(六)着力培养团队精神

要想培养团队精神,班主任必须首先做到亲身垂范。俗话说"言传不如身教"——要求学生做到的,班主任自己首先就要做到;禁止学生去做的,班主任自己首先就不能做。比如要求学生按时到校,班主任就不能在早读开始后才姗姗来迟,要求学生遵守集会纪律,班主任就不能在集会的时候和同事谈天说地。有的时候学生嘴上虽然没有说,但是班主任的行为他们看在眼里、记在心里,自然也就会受到影响。

班主任的亲身垂范,可以起到一个很好的榜样作用:一方面,告诉学生班级常规的每一条要求都是可以做到,而且是应该做到的;另一方面,可以传递给学生一个重要的理念——作为集体的一分子,无论小到一个小组还是大到一个班级,个人的表现都会影响集体的荣誉,所以必须严格地要求自己,为集体争光。

 拓展阅读

人格的力量——张伯苓先生以身作则戒烟

我国著名教育家张伯苓,1919年之后相继创办南开大学、南开女中(现改名为"天津第二南开中学")、南开小学。他十分注意对学生进行文明礼貌教育,并且身体力行,为人师表。一次,他发现有个学生手指被烟熏黄了,便严肃地劝告那个学生:"烟对身体有害,要戒掉它。"没想到那个学生有点不服气,俏皮地说:"那您吸烟就对身体没有害处吗?"张伯苓对学生的责难,歉意地笑了笑,立即唤工友将自己所有的吕宋烟全部取来,当众销毁,还折断了自己用了多年的心爱的烟袋杆,诚恳地说:"从此以后,我与诸同学共同戒烟。"果然,从那以后,他再也不吸烟了。

三、班级常规管理的基本原则

在班级常规慢慢粗具雏形、走上正轨之后,班主任在常规方面的工作强度即会逐步降低,但是这绝不意味着对班级常规管理重视程度的降低。面对程序化的班级常规工作,班主任需要把握好以下三条原则。

(一)评价标准一致和差异相结合的原则

根据班级常规管理细则制定的评价标准和奖惩条例毫无疑问应该是同一性的,不应该有双重标准。班主任对每一个学生都应该一视同仁,这也是班级管理公正性的体现。然而在具体的班级管理实践中,有经验的班主任懂得把手中的评价标尺灵活运用,以达到不一样的效果。

对比较听话的学生,有的时候要求的尺度可以略严于标准,特别是他们由于"不在乎""不重视"等理由违反规则时,可以给他们偏严的训诫。这样一方面可以起到防微杜渐的作用,另一方面也可以给其他同学以警示——班规面前人人平等。而在他们发生一些非故意性过错的时候,班主任也可以给予适度的宽容,这样可以告诉学生,平时的良好表现可以提升班主任的宽容度,对平时遵规守纪的学生也是一种鼓励。

对常规表现较差的学生,班主任同样应该灵活掌握评价尺度。如果屡教不改,那么一定要严加训诫,必要的时候还要利用家长的力量,以惩前毖后,避免他的行为习惯变得更差。而对正在努力改正错误的同学,班主任应该给予足够的鼓励。对不断在进步的学生,如果偶有小错,班主任可以酌情网开一面,以免打击他们改正错误的信心和决心。

以上种种范例,都需要建立在班主任对班级学情和舆论高度掌控的基础上。如果没有把握,则不宜尝试,若引起了学生的不满和抵触情绪,就事与愿违了。班级没有特殊人物,但是遇到特殊情况,班主任应有特殊处理的意识和技巧,这样才会收到特殊的效果。

(二)奖惩杠杆并用与专用相结合的原则

"奖励"和"惩戒"就像掌握在班主任手里的两根杠杆,时时撬动着学生的心灵。从宏观的班级管理上来讲,奖励和惩戒并用不仅可以强化学生的规则意识和是非观念,还可以培养学生遵规守纪的自律意识。但从具体的班级管理细节来说,奖励和惩罚的运用应该是有所侧重的,不可随意而为。运用奖励和惩罚要注意以下几种比较特殊的情况。

1. 关注基本性的常规工作要求

班级管理要关注常规工作要求。如按时到校、课堂安静等,应以惩戒为主,起到惩前毖后的作用。能够达到这些要求,并不值得奖励;而对反复触犯的同学,则必须以严厉的态度告诉他们不可再犯。

2. 关注原则性的问题

班级管理要关注原则性的问题。如对抽烟喝酒、打架斗殴等个别学生,必须以惩戒为主,此类事件属于班级常规管理的"红线",班主任在处理的时候必须有雷霆手段,否则会带来班级秩序的动荡和班级舆论的混淆。

3. 关注学习成绩的评价

班级管理要关注学生的学习成绩。小到一次测验,大到期末考试,都应该以奖励为主。奖励学习努力、成绩优异或进步突出的同学,并把他们的名字公示在班级最显眼的地方,对成绩暂时后进的同学也是一种动力和压力。

4. 关注只有少数同学能够完成的要求

班级管理应该以奖励为主。所谓"法不责众",当惩戒的范围过大,它的效果也就随之衰减了。此时只有高调奖励先进,才能给更多的同学指引努力的方向。

总之,"奖励"和"惩戒"都不是目的,目的是不让学生偏离班级常规要求的轨道而朝着班主任所指引的方向前进。如果能让得奖的同学为其他同学信服,让受罚的同学自己心服,那么就说明班主任在这方面的工作是卓有成效的。

心语感悟

  教师的赞赏，教师的激动，更是超越了知识的本身，赋予了知识以人文的特性。教育的艺术就在于，要让受教育者把周围的东西加以人化……从这些物品中感到人性的东西——人的智慧、才干和人对人的爱。

——苏霍姆林斯基

（三）执行力度紧收与宽松相结合的原则

  在各项规则完备的情况下，班委是各项规则的执行者，而班主任既是执行情况的监督者，又是执行力度的掌控者。班主任只有随时根据班级情况的变化，调整常规管理的执行力度，才能实现最佳的班级常规管理效果。

  当班级较长时间处于秩序井然的良性发展态势时，班主任一方面应该继续保持常规管理的常态化和习惯化，另一方面应该不拘泥于管理条例的执行，用更多的精力来关注学生的学习状态，缓解学生的学习压力，通过各种活动来激发学生的学习热情，避免班级学习进入疲劳期、学习效果不佳。

  当班级出现纪律涣散、常规废弛、学习动力衰减等状况时，班主任不仅需要加大常规管理力度，还需要深入班级日常生活，把自己的办公室搬进教室，及时发现和处理各方面的问题，做到防患于未然。对违规的现象，发现一起处理一起，以在班上形成一种相对高压的态势，使班级秩序尽快回到正轨。

  正所谓"一张一弛，文武之道"，班级常规管理的力度不能是一成不变的。收紧尺度可以使学生绷紧脑中那根弦，严谨地对待学习生活中的每一个细节，而适当宽松尺度可以避免学生把弦绷得过紧从而出现厌学情绪，使他们能够及时调整自己的学习状态，更好地投入下一阶段的学习中。

 心语感悟

  培养教育人和种花木一样，首先要认识花木的特点，区别不同情况给以施肥、浇水和培养教育，这叫"因材施教"。

——陶行知

第二节 每日常规管理

 问题引入

  作为班级的管理者，班主任要做的事情有很多。在班级每日学习生活的各个环节中，班主任都起着举足轻重的作用。特别是在班级建立初期,班主任的到位与作为更是班级常规工作的决定性因素。那么在班级每天的学习生活中,班主任有哪些必须到位的场合?班主任在常规管理中要注意哪些要点?班主任每天的基本工作内容有哪些?带着对这些问题的思考我们一起进入本节的学习。

一、班主任每日常规管理关键词

从早晨第一个孩子走进教室,直到下午最后一个孩子离开教室,班级常规管理工作持续在一整天的班级生活中。对于年轻的班主任来说,会有无所适从的感觉。然而再浩大的工程也是由每一项具体的工作组成的,再复杂的管理也是从每一个微小的细节做起的。老子说"治大国若烹小鲜",治理一个班级也是如此。下面几个关键词可以说涵盖了班主任在班级一日常规管理中的全部工作。

(一) 关键词一:陪伴

"好学生是陪出来的",这一观点目前正在得到越来越多人的认同。其实即便是成绩不好的学生,同样有获得陪伴的需求和资格。班主任通常都会要求家长抽出更多的时间来陪伴自己的孩子,那么在学校中陪伴学生的任务,自然也就更多地落在了班主任的头上。这也是多数学校对班主任实行"坐班制"的原因。学生一天的在校时间是比较长的(特别是中学),要求班主任始终陪伴在学生身边未免有些强人所难,但是以下几个关键时间点,班主任还是不应该失位的。

1. 晨读时段

班主任未必是晨读的科任教师,但如果班主任能够早早到校,让学生进教室第一眼就能看见自己充满期待的笑脸,那么对于他们来说这一定又将是一个良好的开始。班主任的在场,对于孩子们来说既是一种鼓励,又是一种督促——这样一方面能让孩子们尽快摆脱刚到校时不知所措的状态,使其能够迅速投入学习;另一方面是为孩子们做出了一个良好的表率,能够有效地减少或杜绝班级迟到现象的发生。

2. 课间时段

课间十分钟虽然短暂,但对于学生来说却非常宝贵。脱离了课堂的束缚,学生往往会表露出最本真的状态。班主任在此时走出办公室,走进学生中间,一方面可以了解到学生的真实状态,另一方面可以督促学生自我调整状态。无论是有心无意的玩笑,还是严肃认真的提醒,抑或是讨论几道课堂上没有解决的难题,都能给学生一种发自内心的动力,既能使班级的课间秩序不断规范,又能使班级凝聚力和向心力得到不断加强。

3. 锻炼时段

"体锻一小时"是班级每天的必修课,也是展示班级风貌、团队精神的大舞台。无论是职责所在还是情感所系,班主任都应该参与。在身体允许的情况下,班主任可以全程参与,如果确实吃不消,可以部分参与,但一定要站在他们旁边,用充满期许的微笑鼓励他们完成每一个锻炼任务。真正充实的体育锻炼必然是较为辛苦的,班主任的陪伴便是最好的兴奋剂:拍拍肩膀、摸摸脑袋、擦擦汗、递上一张纸巾……任何一个细小的动作都会使孩子们活力重现。

4. 放学时段

一天的学习生活终于结束了,孩子们准备离开教室,这就又到了班主任出场的时候——确认所有学生都记好了作业;提醒清洁小组打扫卫生;叮嘱学生放学路上注意安全……然后组织学生集合,并把他们送到校门口。低年级的孩子要由班主任亲自把孩子交到家长手上,高年级的孩子要确保他们迅速离校,不在学校过久逗留。和每一个孩子击掌话别之后,班主任要回到教室,检查清洁卫生是否打扫完毕,督促未离校的孩子迅速离开,关好教室的门窗水电。

需要班主任出场的时候还有很多,比如,班级获得荣誉或者受到批评的时候,班主任一定要和学生在一起,荣辱与共。班主任陪伴的最大意义就在于告诉学生:你是和他们在一起的。这样他们才能把自己真正融入这个集体。

(二)关键词二:观察

"观察"这个词语也可以表述为"监督",因为班主任对学生"观察",于学生的身上所起到的作用就是"监督"。从出发点来说,班主任的这一行为并不带有那么强的目的性和功利性,仅仅是搜集信息,以此作为以后工作的依据。

1. 观察的内容

1) 观察学生的身体和心理状态

这一条应该是放在首位的,也是班主任每天要做的第一项"功课"。环视全班,观察是否有精神状态或身体状态明显很差的学生,若有,班主任要及时询问情况并采取措施。在班级日常管理中,班主任也要注意观察学生的心理状态,发现有情绪严重低迷的学生要及时给予关怀,特别是在批评完学生之后,要注意观察学生是否对老师的批评有强烈的抵触情绪或严重的不适应情绪,如果有就要及时处理,以免造成不良后果。

2) 观察学生的课上和课后的学习状态

这是班主任最需要重视的地方。学生课上的学习状态主要体现在:坐姿是否端正、眼神是否专注、手中是否握笔、笔记是否记得及时、是否有和邻座闲聊的现象、是否有玩手机和看课外书的现象。

学生课后的学习状态主要体现在:是否做好课前准备、是否主动向老师提出问题、是否能够静心在座位上看书、是否过度疲劳。

3) 观察学生的休闲和交往的状态

这是班主任最容易忽视的地方。无论是课间休息、午间休息还是课外活动,越是无压力状态下表露的信息越值得班主任观察和重视。例如以下的几点。

(1) 学生主要的娱乐方式和讨论的主要话题。

(2) 班级中存在的诸多小团体和其中的"领军人物"。

(3) 是否存在"交往过密"的学生及被多数同学普遍排斥和孤立的学生。

(4) 哪些学生乐于助人并热心为班级服务;哪些学生相对自我,不愿意付出。

(5) 学生对班级管理、班主任工作和科任老师的意见。

2. 观察的方式

1）深入学生中间观察

在陪伴学生的时候,班主任要观察他们的一举一动、一言一行。这是最直接、最简便的方式,而且能够在学生不经意之间完成。

2）做好一个旁观者

无论是上课还是活动,班主任也可以不参与其中,而在旁边通观全局,将所有同学的表现尽收眼底,所以这样的观察更清楚、更全面。

3）安排"眼线",掌握班级学生私下的舆情动向

此条可以用但是应当慎用,班主任切记不能直接根据学生的反应情况立刻做出处理,否则既不利于学生之间的团结,又不利于师生关系的融洽。

3. 观察的要领

1）重在采集信息,不可武断结论

既然是观察,那么就要多用眼,多用心,少动嘴,不动手。班主任对或明处或暗处观察到的信息要先进行充分的梳理和提炼,然后再采取相应的措施,若非特殊情况或紧急情况,切忌立即进行干预,一方面是因为没有经过深思熟虑的决定未免失之草率;另一方面也是为了避免师生关系陷入过于对立的状态。

2）心中有重点,眼中有对象

班主任对班级的观察不应该是走马观花、笼而统之的,而应该有自己的重点关注对象——既可以是一个人,又可以是几个人;既可以是成绩优异的重点培养对象,又可以是行为习惯较差的"后进分子"。班主任在对班级情况进行整体掌控之后,就要将目光转移到近期需要重点关注的对象上,观察他们的行为变化以调整相应的教育策略。

3）要有持续的改变,就要有持续的关注

紧接上一点说,要想使某一个学生有较大转变,班主任必须对他进行持续的跟踪观察,并做下相应的要点记录,以检测种种措施在他身上的收效如何;同理可证,要想使班级的风貌有一个较大的改变,班主任就更需要花费更长的时间和更大的精力在教室里,耐心关注、细心观察。"守得云开见月明",每一个班主任都应该有这样一种执着的精神。

（三）关键词三：评价

1. 做出评价的时机

1）正向的评价

正向评价要在以下几个关键时候进行：

（1）学生取得优异学习成绩的时候；

（2）学生为班集体争得荣誉的时候；

（3）学生乐于助人的时候；

（4）后进生有积极进取、改变现状的努力的时候；

（5）班级整体阶段性表现良好的时候。

所谓"正向评价",就是"表扬",这是班主任管理班级的"第一利器"。年龄越小的学生越在意班主任的表扬。能够在学生有良好表现的第一时间给予准确、到位的表扬,对每一个学

生都是一种莫大的鼓励。

2) 负向的评价

负向评价要在以下几个关键时候进行：

(1) 学生有严重出格的违纪行为的时候；

(2) 班级秩序出现较大混乱的时候；

(3) 某同学的状态持续低迷的时候；

(4) 学生干部带头违纪的时候；

(5) 优等生成绩开始明显下滑的时候；

(6) 后进生屡教不改的时候。

所谓"负向评价"，就是"批评"，这是班主任管理班级的"尚方宝剑"。它告诉学生什么事情不该做、什么事情不能做，它可以让偏离方向的个人或团队迷途知返，重新回到正确的轨道。

2．进行评价的方式

(1) 正面的好人好事，要直接地、大声地进行公开表扬，在全班大张旗鼓地宣扬正能量，树立积极向上的正面典型。

(2) 对"后进生"的优异表现更要不吝任何溢美之词，无论是灵光一现的闪烁还是改变现状的决心，都不能让它转瞬即逝。

(3) 对全班共同的出色表现同样不可放过表扬的机会，不仅要表扬，还要通过各种方式让学生记住良好的表现给他们带来的荣誉与快乐。

(4) 在班级局面失控或学生所犯错误比较严重的时候，教师必须立刻做出对不良行为的评价，以制止错误，控制局面。

(5) 无论犯错的学生多少，班主任的评价都要尽量对事不对人，要让学生意识到这是某种行为的错误而不是某个学生的错误。

(6) 在课堂上不要因为个别同学的表现而做过多的评判，教师应在尽快控制局面之后继续上课，将对个别学生的处理留到下课之后。

3．采集评价的反馈

班主任在对部分学生或全体学生做出了评价之后，需要立刻采集学生对这一评价的反馈。评价的反馈主要有以下几个方面可以作为参考的依据。

(1) 学生对班主任现场要求的执行力度，包括执行速度和到位程度。

(2) 非当事学生对班主任处理事件的认可度，以及关注的神态和表情。

(3) 班级学生在事后对这件事情的议论和评价，即班级整体舆论导向。

(4) 以后遇到类似事件学生的表现，是否令行禁止，是否有所改进。

班主任要正确预估自己的话语效果，出言一次就令行禁止的可能性很小。学校毕竟不是军队，学生行为习惯的"反复性"是很强的，班主任应对这种"反复性"的唯一办法就是反复强调、反复纠正。学生只要对班主任的评价在主观上是认可的，那么就可以在反复训练中逐渐提高对相应规则的执行力。

(四) 关键词四：交流

"交流"是指班主任和学生之间平等地、平和地就某一问题或某些问题相互发表看法、力争达成一致的过程。"交流"和"评价"的区别是:"交流"是双方以平等的地位和同等的话语权展开的双向沟通行为;"评价"毫无疑问是单向的且地位不对等的沟通行为。

1. 交流的时机和地点的选择

(1) 交流时机的选择与交流的内容相关——如果内容比较少,达成共识的难度比较小,就可以利用下课时间;如果预期难度较大,可以利用晨读或者午间休息的时间;如果时间不够,事情又比较紧急,那么就只能选择放学的时候,或者占用上课时间了。

(2) 交流的地点也需要班主任做一番考量,总的来说要以保护学生的隐私为出发点,选择较为私密的地点,如楼道的角落、没有人的办公室、操场等。这样有利于孩子消除戒备心理、在班主任的面前敞开心扉。如果事发突然,交流的地点无法选择,班主任可以压低声音,尽量不要让别人听到;如果交流的对象是全班或者相当数量的学生,那么交流的地点自然是教室。

2. 交流的形式和内容的选择

(1) 班主任和学生的交流形式主要有一对一个别交流,一对多群体交流,一对众团体交流和书面交流等。

① 一对一个别交流主要用来解决某一个同学发生的问题。
② 一对多群体交流主要用来解决几个学生的共同问题。
③ 一对众团体交流主要解决集体存在的普遍问题。
④ 书面交流主要用来解决长期持续性的问题。

(2) 交流的内容其实就是班主任期望通过交流解决的问题,内容可以涉及学生学习生活的方方面面。班主任需要在交流之前对交流的内容做好预设——要讲哪些,先讲什么,再讲什么,如何去讲……以下是几个值得注意的细节。

① 交流切忌面面俱到,要有一个重点。班主任不要期望通过一次谈话解决一个学生的所有问题,所以应针对该学生最主要的问题安排交流内容。

② 交流中要体现班主任对学生的关心,少用或不用指责的语气,要站在学生的立场上去和他探讨问题,为他想办法、找出路。

③ 交流中要注意观察学生的反应,从而调整谈话的节奏和内容,不能让师生交流成为教师的独角戏,要想法让学生开口,这样交流才有实效。

④ 在团体交流中,如果交流的内容只与部分同学相关,对其他同学并没有太大的借鉴意义,则无须在全班同学面前宣讲,择机与部分同学交流即可。

3. 有效交流和无效交流的区别

有效交流与无效交流的最大区别在沟通的结果上,即交流结束后学生是否朝着班主任所预设的方向发生变化,但这也不能作为唯一标准,因为毕竟学生作为未成年人,思想和行为都有很多不确定性,所以就应该有第二个辅助标准——学生的思想是否真正受到触动、他是否真正在主观上有了改变的意愿。如果有,那么交流就是成功的,即便短时间没有明显的实质性改变,但至少为后面的工作打下了很好的基础。

无效交流其实在交流的过程中就可以通过对学生的观察判断出来。学生所表露出的以下几个特征说明此次的交流是无效的,班主任应另谋良策。

(1) 在整个交流过程中一言不发,目光呆滞,基本没有情绪流露。

(2) 一边点头,一边摆手,语速很快地做出各种心不在焉的保证。

(3) 目光游移,不敢直视老师,顾左右而言他,回避班主任的问题。

(4) 情绪激动,出言顶撞,坚持自己的道理,不认错。

出现无效交流的原因要么是学生对班主任并没有完全的认可和信任,要么是班主任所预设的此次交流在某些环节上出了问题,班主任切不可"牛不喝水强按头",以强势和高压逼迫学生做出妥协,因为这是毫无价值的。此时只有回头重新审视自己的工作思路和策略,才能取得新的进展。

二、班主任每日常规管理基本点

(一)学习常规管理

学习是学生在校的主要任务,也是学生在校从事的最经常、最大量的活动,还是学生成长的主要途径。学生通过学习前人留下的知识和改造客观世界的间接经验,逐渐形成自己对世界的一般认识。与此同时,学生的个体经验也在学习中不断地积累和改造,学生结合所学的知识形成自己的富有个性的价值观。学生在学习知识的同时,还应该学会学习。在构建学习型社会、倡导终身学习的时代大背景下,学会学习可能比学习知识更加重要。为此,加强班级学习的常规管理十分关键。

对于学生来说,要想把学习搞好,需要做三个方面的准备:一是勤于学习,这是决定学习成效的动力基础和态度选择问题;二是精于选择,这是决定学习内容和人生规划的战略问题;三是善于学习,这是决定学习成效的方法问题。

所以,班主任应该结合这三个方面,针对性地开展工作。而对于班级学习常规管理来说,最大的难题莫过于如何让学生勤于学习。

人与人之间的智商差距并不大,但人生的成就差距却很大,其中最为关键的原因就在于每个人对待学习的态度不同。作为班主任,要想加强学生的学习常规管理,就要激发学生的学习兴趣,使他们养成一种良好的学习习惯,使其终身受益于学习。

1. 培养学生的学习兴趣

学习兴趣是学生对学习活动或学习对象的一种积极认识,或趋近的意识倾向。它是一种学习动机,是学习积极性中最现实、最活跃的心理成分。皮亚杰说过:"兴趣,实际上就是需要的延伸,它表现出对象与需要之间的关系,因为我们之所以对一个对象发生兴趣,是因为它能满足我们的需要。"当一个学生对某种学科产生兴趣时,他总是心情愉快地去学习,积极主动地获取知识,否则,学生就会感到学习是一种负担。班主任可以主要通过以下几种方法来激发学生的学习兴趣。

1) 以奇激趣

苏霍姆林斯基曾经说过:"思维是从吃惊开始的。"好奇心人皆有之。所谓"奇",就是某一事物所表现的状态异乎寻常,大大超乎人们的想象和原有的经验,这种新的刺激与原有认知之间的极大反差,容易引起人们高度的兴奋,使其产生质疑和释疑的强烈冲动。所以如果能够在教学中实现以奇激趣,一定能够收到意想不到的好效果。

2) 以疑激趣

兴趣是以需要为基础的,虽然不是所有的需要都能产生兴趣,但是符合需要的事物,都能引起学生的兴趣。解决疑难是学生学习的需要,提出疑难,让学生思考,是激发学生学习兴趣的重要方法。一个好的问题,能够引起学生激烈争论、活跃思维。学生在用自己所学知识解决疑难的过程中既能增长知识,又能感受到成功的喜悦,使自己的学习兴趣更加浓厚。

3)以情激趣

人们对真理执着追求的背后,都有一股浓厚深沉的情感在支撑,只是这种情感往往不为人所察觉,学生学习也是如此。这里的"情",首先强调的是学生对教师的情感,这种情感极大地影响着学生的学习热情。其次强调的是学生的学习心情,它和学习的效果也有紧密的联系。最后,学习内容中的真情也能激发学生浓厚的学习兴趣。这些都是教师可以利用的元素。

典型案例

强按鸡头不吃米

一次,陶行知先生应邀到某大学演讲。他走进教室,就把一只公鸡往讲台上一放,抓起一把米让它啄食。可是,公鸡惊惶,不肯啄食。陶先生见它不吃,就强按鸡头"请"它吃,公鸡拼命后退,仍然不肯吃。陶先生干脆掰开公鸡的嘴使劲地往里塞米,公鸡拼命挣扎,死也不肯吃。之后,陶先生松开手,后退数步。公鸡稍稍平静,徘徊一阵后,慢慢靠近米粒,继而悠悠地啄起食来。陶先生以主动的事例启迪我们,教育者凭着主观想象去强迫孩子做某件事,实在是行不通的。当今的素质教育要以尊重学生的个性为前提,学生是学习的主人,教师应积极鼓励学生,使其充分发展个性。

2. 帮助学生养成爱学习的习惯

习惯是指长时间逐渐养成的、一时不容易改变的行为倾向,是后天获得的趋于稳定的动力定型。习惯形成的原因是一定的刺激情境与个体的某些动作在大脑皮层上形成了稳固的暂时神经联系——条件反射链锁系统。

学习习惯是指学习活动中形成的固定态度和行为。学习习惯对学生的学习有着直接的影响,良好的学习习惯是促进学生取得较好学习成绩的重要因素。良好的学习习惯养成了,学生将受益终生。

一般我们认为良好的学习习惯包括以下几个方面:在规定的时间里学习的习惯,不懂就问的学习习惯,复习和预习的学习习惯,做完作业细心检查的学习习惯,良好的休息习惯,勤于思考、敢于攻关的学习习惯。

尽早使孩子养成良好的学习习惯对孩子的终身发展是极其重要的。那么,我们应该如何帮助学生从小培养良好的学习习惯呢?

1)循序渐进

良好的学习习惯包含很多方面,它的养成有一个由简单到复杂的逐渐形成的过程,所以我们要根据学生的年龄特点和教学的具体情况,结合学生能力提高的需要,循序渐进,逐步对他们提出具体的、切实可行的要求,使他们良好的学习习惯持续稳定地得到发展。

2)榜样示范

适时地树立榜样,对学生学习习惯的养成有很大的促进作用。对小学低年级的学生,要多树立一些现实生活中的榜样,如在班上多表扬一些积极发言、作业认真、遵守纪律的学生,使其他学生自觉模仿,形成习惯。对高年级的学生,则要多给他们讲一些名人持之以恒、勤奋好学的例子,从而增强他们培养良好学习习惯的自觉意识。

3) 形成自觉

要想使学生养成好的学习习惯,就必须让他们的行为得到强化并成为自觉。关于强化,一般可以从以下两个方面入手:一是反复操作,形成条件反射;二是适当惩戒,当学生偶然没有完成学习任务时,必须进行惩戒,以从反面来强化习惯的养成,同时也让学生明白,破坏习惯必须付出代价。

(二) 生活常规管理

学生在学校的学习和生活都处于广义的班级范畴之中,如何让学生在这个集体中更好地成长和生活,是班级常规管理的一项重要内容。要让学生学会与老师、同学和睦相处,建立良好的师生关系、伙伴关系,使他们在班集体中感受到集体的温暖并保持一种愉快的心情。这种集体生活实际上就是学生踏上社会的前奏。班主任在实施班级常规管理的同时,要让学生理解合作在集体生活中的重要性和广泛性,使他们懂得合作与个人责任及成长的关系,初步学会与人共处,学会合作,初步确立集体意识和合作意识,养成与人合作的好习惯。

班级作为一个组织,是最基层的生活群体。在这个生活环境中,学生需要遵循一定的规范来维系公共生活秩序,这就是班级的生活常规管理。班主任对班级生活常规的管理,主要包括以下几个方面的内容。

1. 学生的集体公物管理

班主任应本着节约的原则严格管理公共财物,培养学生爱校如家、爱护学校和班级公共物品的品质,从而减少不必要的经费支出和损失。班级公物管理可以从以下几个方面来进行。

1) 公物管理依据

公物管理依据为《中小学生日常行为规范》——"爱护公物,不在课桌椅、建筑物上涂抹刻画","爱惜粮食和学习、生活用品","节约水电","损坏公物要赔偿"。

2) 公物管理办法

①谁使用,谁保管;谁损坏,谁赔偿。

②及时报备,申请维修。

③常规耗材,定期发放,节约使用。

④所有公物,登记造册,自助管理。

2. 学生的集体着装管理

1) 着装管理依据

着装管理依据为《中小学生日常行为规范》中的"衣着整洁"。

2) 着装管理要求

①穿戴整洁,朴素大方,提倡穿校服,禁止穿过紧、过透、过短的服装。

②头发干净、整齐;男生不留长发,男女生不染烫发,不留怪异发型。

③不化妆、不佩戴饰物、不留长指甲、不染指甲。
④星期一必须穿校服。

3. 学生的集体就餐管理

学生集体就餐管理的依据是《中小学生日常行为规范》中的"爱惜粮食""不比吃穿""饭前便后要洗手"等。作为班主任，主要应从以下几方面入手。

1）用餐秩序

排队打饭，不插队，不拥挤；用餐后，自觉清洗餐具，放到指定地点；安静用餐，有序离开，桌椅放整齐。

2）注意节约

按需取食，不随意浪费食物，剩余饭菜倒入专用桶内；若饭菜打翻在地，应及时清理干净。

3）饮食健康

注意营养搭配，不挑食，不厌食，尽量少吃或不吃零食，不吃长期存放或变质的食物。

4. 学生的生理健康管理

1）学生集体常见的健康问题

当前，中小学生常见的健康问题主要有近视、弱视、沙眼、龋齿、肥胖、营养不良、贫血、脊柱弯曲、神经衰弱，以及青春期生理健康卫生等问题。

2）学生生理健康的管理途径

第一，加强对班级学生的健康卫生知识教育。班主任虽然不能够传授系统的医学科学知识及保健知识，但是可以通过点滴的渗透让学生意识到学习相关知识的重要性，培养他们利用各种途径自主学习的意识和能力。班主任还要注意对学生在进行青春期心理教育的基础上进行生理卫生知识的传授。

第二，培养学生集体健康卫生的生活习惯。班主任一方面需要在日常的学习生活中有针对性地加强对学生的卫生行为指导，另一方面需要每天督促学生打扫教室和保洁区，每天打开门窗通风换气，教育学生保持良好的个人卫生习惯，如勤洗手、勤洗脸、打喷嚏或咳嗽不要影响他人，帮助学生养成健康的卫生习惯。

第三，加强班集体学生的体育锻炼。体育锻炼是促进学生健康的最有效的方法，但现在由于升学压力及其他多方面的原因，学校往往不太重视学生的体育锻炼。班主任在班级管理中应该重视对学生体育锻炼的引导，确保学生每天一小时的锻炼时间，并提高学生体育锻炼的质量。

5. 学生心理健康管理

学生集体心理健康管理活动主要表现为班主任对班级进行的心理辅导活动。班主任进行心理辅导的目标是提高全体学生的心理素质、促进学生人格的健全发展。

1）开展集体心理辅导的主要途径

班主任对学生开展心理辅导原则上应该是全程的、全方位的。班主任开展集体心理辅导的主要途径有以下几种。

第一，开设以讲授为主的心理辅导课程。在开展心理辅导工作初期，这种方式比较易于为教师所掌握。但从解决学生身上存在的实际问题来说，其作用还是有限的。因为心理辅导的作用不仅仅是扩展学生的知识,更重要的是改善学生的情绪状态,转变其态度。

第二,开设心理辅导活动课。心理辅导活动课应在形式上以学生活动为主,在内容上选取适合学生的实际需要,活动组织上以教学班为单位。开设这样的心理辅导活动课能够让班级全体学生在辅导活动中受益,但如何在班级活动中考虑每个学生的具体情况、实现集体与个体兼顾,则是要认真解决的问题。

第三,结合班级活动开展心理辅导。不把心理辅导作为一门课程单独开设,而是结合班会活动、课外活动和团体活动来进行,是这一途径的特点。这样能把心理辅导与班会和团队活动及学校的其他例行活动结合在一起,便于发挥这几项工作在统一的育人活动中的整体功能。但要注意不能让心理辅导因被班级、团队的日常活动代替而丧失自己的特色。

第四,个别辅导。个别辅导是班主任通过与学生一对一的沟通来实现的专业助人活动,比较常用的方式有个别交谈、电话咨询个案研究等。心理辅导的精髓在于个别化对待,所以个别辅导是不可替代的辅导方式。离开个别辅导的任何形式的心理辅导都是不完整的。

2) 开展集体心理辅导的主要内容

班主任在实际工作中辅导的内容大致可以分为学习辅导、生活辅导和职业辅导三部分,其中毕业班比较需要职业辅导,非毕业班的辅导主要集中在学习辅导和生活辅导上。

① 学习辅导的具体内容包括:使学生了解自己学习潜能的辅导;学习动机、学习兴趣、学习态度及学习水平的辅导;学习习惯、学习方法与策略、学习计划与监控的辅导等。其中,学习方法与策略的辅导强调"学习方法的学习",班主任应指导学生在学科学习中逐步掌握阅读的方法、记笔记的方法、检验的方法,以及掌握集中注意力的策略、理解与记忆的策略等。

② 生活辅导的主要内容有以下几点。

一是,生活目标与态度的辅导。班主任应指导学生形成有社会价值的生活目标,追求人生的意义。

二是,日常生活辅导。班主任应指导学生养成整洁、有秩序的生活习惯,培养他们的生活自理能力,使其注意个人卫生与公共卫生。

三是,社交生活辅导。班主任应使学生正确认识自己、认识他人,学会推己及人、接纳他人,建立正常的人际关系。

四是,情绪辅导。班主任应使学生认识人类情绪情感的丰富多样性,学会掌握控制、表达、宣泄情绪的适当的渠道和方式,以变消极情感、冲突情感为积极健康的情感。

五是,休闲辅导。班主任应使学生了解休闲生活的意义、建立正确的休闲观念、学会合理安排自己的休闲时间。

六是,性问题辅导。班主任应帮助学生认识性别差异、建立适当的性别角色、学会与同异性进行正常交往的方式,并解决青春期特有的性生理和性心理的问题。

③ 职业辅导。职业辅导的内容涉及专业选择、职业选择、就业准备、职业适应等问题,班主任应帮助学生掌握择业决策和技巧,正确处理个人职业兴趣和社会需要间的关系。

6. 学生的安全问题管理

安全责任重如泰山。事后处理不如事中控制,事中控制不如事前预防。可惜大多数班主任未能认识到这一点,往往等到危机发生后,才去"亡羊补牢"。其实,班主任在班级管理中应有足够的安全意识,对可能发生的任何事都要未雨绸缪。在日常管理中,班主任可以从以下几个方面进行安全问题管理。

1) 加强安全常识教育

应让学生了解安全设备的安放地点及使用方法,并了解基本的逃生方法;让学生熟悉教学楼、实验楼、餐厅的安全通道,以便于危险来临时逃生;可以适当让学生学习灭火器的使用,但一般不建议学生参与抢险,学生应以自我保护和安全脱险为主,同时应熟悉110、120、119等救援电话的使用情况。当然,还有其他的一些安全常识需要掌握,学校可根据实际情况,适当聘请一些专业人士到班级给学生讲解。

2) 培养学生的安全意识

班主任应将对学生进行安全教育作为一项经常性工作,列入班级日常教育计划,以普及安全知识,增强学生的安全意识和法制观念,提高防范和自我保护能力。从学生入学到毕业,在各种教学活动和节假日集体活动中,班主任都要进行活动前的安全预感、活动中的安全教育和活动后的安全总结,并根据上级安排适时组织各种安全演习,提高学生应对各种突发情况的能力。在班级生活中,班主任还应该通过各种途径增强学生的安全意识,比如通过板报和张贴来宣传展示,观看相关新闻、纪录片等。同时,班主任要教育学生严格遵守国家法律、法规和学校的规章制度,注意自己的人身和财物安全,以防止各种事故的发生。

3) 建立家校电话联络网

首先,将班主任和学校主要部门电话告知家长,并明确学生的任何状况以班主任的电话及网络联系为准;其次,随时更新家长的联络方式,班主任要随身携带家长的微信、QQ、邮箱等联系方式,并做一个备份送至学校医务室备用;最后,学生也应该记住必要的求救电话和联络电话,以备不时之需。

4) 明确校园突发事件处理流程

班主任应反复跟学生强调发生安全事故应第一时间通知班主任,班主任在赶到现场之后应立即将受伤学生送到医务室进行初步的检查。如果伤势较重无法处理,班主任则应首先通知家长,然后通知学校主管部门,如果家长无法及时赶到学校,应立即将学生送往医院治疗。

第三节　阶段性常规管理

 问题引入

前面讲了班级常规管理中的一些日常性事务,学会应对和处理这些事务是每个班主任的必修课。然而班级的状态和状况并不是一成不变的,它会随着不同的阶段体现出不同的特征。那么在班级发展中,有哪些阶段需要班主任加以重视?这些阶段的学生状态有怎样的特点?班主任应该如何针对性地采取措施?带着对这些问题的思考,我们一起进入本节的学习。

一、按学段划分

(一) 起始阶段(小学 1、2 年级,初中、高中 1 年级)

俗话说"万事开头难",班级建立之初,要做的事情很多。班主任此时更需要胸有成竹、有条不紊地开展工作。只要能走好最初几步,班级管理就能逐渐走上正轨。

1. 制定基本的班级管理模式

首先,班主任要根据班级实际情况,结合学校要求,制定班级学生基本的日常行为规范,并对学生进行反复培训直到他们能够基本遵守各项规范。对小学生,需要班主任不断强调和纠正;对中学生,班主任则可以要求他们先熟背甚至默写规范后再遵守执行,这样能取得比较好的效果。

然后,就需要有一个班级的基本管理模式。小学低年级的班主任可以和副班主任或者主要科任教师共同管理班级,并让学生从小组长做起,逐渐学会自我管理。而初中班主任则需要立刻组建临时班委,大胆任用通过前期观察选定的几名骨干学生参与班级管理,其余学生担任小组长,配合班主任开展工作。

最后,在观察一周左右时间之后,班主任就可以在班级管理中加入"奖惩杠杆",施于遵守常规要求表现较好和较差的同学,这样既可以进一步在班级内部树立正确的舆论导向和价值取向,又可以给予处于中游的同学以足够的动力和压力,让他们积极向上、更严格地要求自己。

2. 培养师生间的相互信任

班主任在基本熟悉学生和组建临时班委之后,就应当着手培养与同学之间的相互信任,因为这是开展班级馆管理工作的基础。既然是相互信任,自然就包括以下两条指标。

(1) 学生对班主任的信任源于教师对学生发自内心的爱及师生之间开诚布公的沟通。教学工作的对象是学生——一群心灵纯洁、未受过多世俗污染的孩子,要想获得他们的信任,班主任必须先付出自己的真挚的关爱,让学生感受到你是爱他们的,你是为他们好,这样哪怕你对他们如此严厉,他们也会甘之如饴。班主任能够获得学生情感上的认可,不但对班级管理会有很大的促进作用,而且对教学工作也会有很大的促进作用。亲其师方能信其道,只有这样才能为后续工作奠定坚实的基础。

接下来就是沟通,班主任不是高高在上地发号施令,而是放低身段,站在学生的立场上告诉他们——这应该是一个怎样的班级,自己对他们有怎样的期望,自己能给他们带来怎样的变化……这样的一次沟通应该在开学之前或者开学后尽可能短的时间内完成,这样才能让所有学生在班级组建之初就对自己和班级的发展目标形成一种共识,对学校和老师的要求形成一种认同。

(2) 班主任对学生的信任并不是盲目的无条件的信任,而是建立在"听其言,观其行"的基础上的信任。这里所谓的"信任",包括以下两个层面的含义。

其一是班主任首先相信学生所说的话是真实的,然后通过对学生言行的观察和一些其他的信息来确认这种真实是否确然。也就是说对学生的任何陈述,班主任的初始态度都是"信任"——无条件的信任。虽然学生的偶尔的谎言会让班主任出现误判,但是这份"信任"

远远比一开始的"怀疑"更能让学生明白应该如何做一个诚实的人。

其二是班主任首先要相信学生能够出色地完成任务,然后为学生创设尝试的平台,无论其成功与否,班主任都要及时给予充分的肯定和必要的指导。简而言之,就是班主任允许学生犯错误并给学生犯错误的机会。成功固然可喜,而一次失败的经验对学生的价值必然要高过班主任无数次空洞的说教。如果班主任缺少这种基本的魄力,那么所有的教学活动不过是纸上谈兵而已。

3. 建立良好的常规秩序

班级始建,班主任的办公地点不应该在办公室,而应该在教室。因为所有的规则本质上对学生来说都是一种约束,而无论年纪大小的学生对约束都是不适应的和不愿适应的,而且学生年纪越小,对规则的不适应程度就会越大。班级新组建的头1~2个月,就是学生对所有新规则的适应期,哪怕是任何再严明的规则抑或是再严厉的惩戒都无法阻止学生不断地去触碰规则的红线。于是班主任的作用就显得至关重要了。以下从几个方面来进行解读。

(1) 学生对班级所要求的基本行为规范是否清晰?特别是小学低年级的学生,班主任是否让他们清楚——该做什么?该怎么做?不该做什么?为什么不该做?如果他们清楚了之后,是否又很快遗忘,班主任是否在反复地强调。

(2) 班主任对学生遵守规则的训练是否到位?班主任是否对班级常规进行了板块分解并逐一进行了针对性训练。单纯的宣讲是无法让所有学生真正懂得如果去遵守规则的,只有在实际场景中进行演练才是更为有效的方法。

(3) 对学生的违规现象,班主任能否第一时间发现并进行恰当的处理?反复地训练之后便是一个与积习和遗忘做斗争的过程。在这个特殊的阶段,班主任不需要对犯规的学生做任何的评判,只需要要求学生重新来过。

(4) 预设的行为规范是否完全恰当和适用?即便是班级共同通过并确定的行为规范,在具体实施中也有可能发现不合班情、学情的地方,比如标高不合适,学生执行起来有难度等。这就需要班主任在观察确认之后及时修改。

班主任的陪伴和观察的重要性在班级初建的时候是尤其明显的。只有班主任的全程参与,才能让这艘刚刚起航的航船不至于偏离航道,班主任也只有在最初几个月的全程陪伴让班级走上正轨之后,才能比较放心地逐渐放手,让孩子们慢慢学会自我管理。

4. 搭起家校沟通的桥梁

家庭教育是学校教育的拓展和延伸,父母于孩子来说是二对一的常规管理者,其影响力毫无疑问是超过老师的。所以家庭教育最终会成为学校教育的"助力",还是"阻力",取决于班主任是否能够做好有效的家校沟通,让家长真正成为班主任最可靠的"盟友"。

1) 应该让家长知晓班主任对孩子在校的要求和对孩子在家的要求

无论是小学还是初中、高中,孩子升入一个更高的学段,对其行为习惯和常规管理的要求都会有一个层次上的提高。家长对这些要求的及时知晓,一方面可以相应调整在家中对孩子的要求,另一方面也可以协助孩子做好充分的精神准备和物质准备。

2) 应该让家长知晓孩子在学校的表现,并参与对孩子的管理

"请家长"是班主任的"撒手锏",特别是对于某些行为习惯较差的学生而言,家校协同管理更显得重要。家校协同管理一方面可以把学校教育向家庭延伸,让家长协助老师把常规

训练持续下去;另一方面也可以彰显班主任从严治班的决心,警示其他同学。

3) 应该让家长全面地提供学生信息,以便自己在工作中参考使用

班主任对学生的单向观察毕竟是不完整的,学生的家庭背景、成长经历、性格特点等信息通过家校沟通来完善毫无疑问是一条捷径。所以家校沟通应该是双向的,特别是对被列为工作重点的学生,班主任更需要向家长了解尽可能多的信息,以在后续的工作中做到成竹在胸。

(二) 分化阶段(小学 3、4 年级,初中、高中 2 年级)

分化阶段是一个很特殊的阶段。在这一阶段,不仅学生与学生之间会出现两极分化,班级与班级之间也会出现两极分化。学生出现两极分化的根本原因是不同的学生因为自身的学习状况和外界的各种因素的综合影响而在潜意识中做出的不同选择;班级出现两极分化的根本原因是班主任没能始终以正能量主导班级舆论,并激励大多数同学树立积极向上的人生目标。

1. 通过抓两头带中间来避免班级学生成绩出现两极分化

所谓"分化",就是指处于班级成绩榜两端的同学的差距越来越大。而要避免这种分化,就要缩短这种差距。

缩短差距当然并不是要领先者放慢步伐,恰恰相反,只有优生的不断勇往直前才能真正带动班级的整体进步。这就需要班主任对优生群体密切关注,关注他们的学习状态、心理状态,如果有问题则及时敲打,如果有困难则及时给予帮助,让他们真正当好班级的"领头羊"。

对暂时成绩落后的同学,班主任不仅要鼓励他们迎头赶上,更关键的是要帮助他们重获学习动力。而学困生丧失学习动力的根本原因要么是学习难度过大而造成的挫败感的累加,要么是外部诱惑过大而造成的方向感的迷失。班主任首先要找准问题,然后才能对症下药。

对占班级人数一半以上的中等生,班主任或许没有足够的精力去一一过问,但也绝不能放任自流,应用严格的制度约束他们的行为,用良好的氛围感染他们的思想,用榜样的力量激励他们不断奋发向上。一个班级中多数中等生的发展方向将决定这个班级的发展方向。

2. 通过抓大放小来培养班委自主管理的能力和培养学生自我管理的习惯

随着师生之间彼此熟悉程度和信任程度的加深,班主任应逐渐开始尝试培养孩子的自主管理的能力和自觉学习的习惯,减少他们学习的依赖性和被动性。

1) 建立值日班委责任制,加强班委培训,培养他们每个人独当一面的能力

班委培训的主要内容是"班委如何做好班级自主管理?"首先是工作内容,即应该做什么;其次是工作技巧,即应该怎样做;最后是工作语言,即工作状态下的班委和普通同学应有怎样的区别。

2) 创设工作场景,考查班委能力,同时培养全班同学自主学习的意识

可在小学三年级开始设置自习课,中学可适当提前。班主任还可尝试把每节课的一个固定时间段留给学生上自习,这段自习时间由值日班委负责管理,班长和纪律委员协助,班主任暂时退居幕后观察。

3) 及时总结点评,表扬优秀带动后进,从态度上表明班主任的重视

对每周自习课的表现,班主任应专门进行点评,反复强调上好自习课的重要性,并维护值日班委的权力和权威。对个别不服从管理或易与班委发生冲突的学生,班主任要出面进行处置和协调。

班主任在场时班级秩序的井井有条并不能说明班主任的能力,班主任不在时学生的各司其职才是班主任能力的体现。而要做到这一点,须从上好自习课做起。

3. 在教室中营造一个动静有致和井然有序的学习氛围

浓厚的学习氛围是良好的班级常规的根本保障。在一个人人思学的班级里,自然不会有人刻意去违反班级常规,班主任自然也可以"一劳永逸"了。不过这种氛围的营造,需要一个漫长而艰巨的过程。

1) 基础与前提:培养学生强烈的集体荣誉感,树立"班荣我荣"的意识

要让学生明白,自己身为集体的一员,一言一行小而言之会影响班级的学习氛围,大而言之则会影响班级的整体形象。而班级的形象将决定着班级的每个成员在他人心目中的印象。集体荣誉感的形成将促使班级中每一个学生一言一行都要深思熟虑而不敢任性妄为。

2) 方法与措施:发挥宣传功能,弘扬正能量,激发学生学习热情

宣传作用是不容小视的,形式多样的宣传远胜于千篇一律的说教。宣传分为立体宣传和平面宣传两种。立体宣传是通过语言等形式实现的;平面宣传则通过黑板报、宣传栏、公示栏、标语牌等途径将班主任的治班理念,班级中的先进优秀、好人好事等宣扬出去。

3) 保障与提升:树立正面典型,用榜样的力量鼓舞其他学生追求进步

榜样的力量是强大的,特别是对于人生目标还不甚明确的中小学生来说,身边的优秀人物比遥远的英雄模范更具有感染力。身边的优秀人物一方面更容易引起他们的触动,另一方面更容易被他们模仿。班主任还可以指定优生进行一对一个别帮扶,这样会有更好的效果。

4) 目标与方向:形成一个动静有致的团队,使二者相得益彰

有一条班规被很多班主任沿用:"入室即静,入室即轻,入室即学。"因为它道出了一个良好的班级氛围和教室氛围的核心——"安静"。"安静"意味着思考和投入,意味着互不干扰。特别是安静的自习和安静的课间,所有的交流沟通都应以不影响他人为前提。

4. 加强沟通,解决学生心结,鼓励他们积极进取

分化阶段的学生经常会被种种心结所困扰:家庭问题、情感问题、学习问题、目标问题……很多成年人看上去微不足道的问题却会成为他们前进的巨大障碍。班主任要搞好这个阶段的常规管理,就要解决好学生的这些心结。

1) 注意观察,及时发现精神状态和思想状态不正常的学生

学生的精神状态和思想状态有很多外显特征,是班主任可以观察和发现的。比如:某学生的精神状态极差,连续几天都显得极度疲倦;某个性格开朗的学生突然变得沉默寡言,不爱和别人说话;某学生无论上课下课都目光呆滞,眼神空洞,别人说什么都像没听见;某个学生不想吃饭,吃很少或者一到午餐时间就躲起来不吃;某个学生面有泪痕,神情悲伤,而且拒绝同学的关心等。

以上现象都意味着学生遇到了某种困难和障碍,班主任应及时给予帮助。

2) 抓住契机,通过沟通了解学生的真实困难,并给予及时的帮助

与前文所述不同的是,这种沟通针对性很强,目的就是帮助学生解决困难。班主任需要运用智慧,让学生敞开心扉,告知实情,才能有针对性地提供帮助。如果学生对班主任的信任度不够,或许会拒绝倾诉,那班主任就只能通过其他途径了解真实情况了。

3) 多方协力,借助家长和专业心理咨询机构的力量,共同开展工作

一般来说,班主任对师生交流的内容应该保守秘密,以保护学生隐私。但如果班主任感觉问题已超过了自己的应对能力范畴,就应该及时求助专业的咨询机构或人员,以获取解决方案。而班主任如果对学生的状况把握不清,就需要联系家长进行进一步的信息采集。

4) 持续关注,避免学生的心理状态出现反复甚至倒退

与常规问题的沟通一样,心理问题的沟通也不是一次性的,需要班主任给予持续的关注和帮助。班主任一方面应继续把学生作为重点观察对象,另一方面应再度寻找沟通时机以检验沟通效果。如果发现学生的心理状况有所反复,班主任应及时寻找原因并调整策略。

(三) 冲刺阶段(小学 5、6 年级,初中、高中 3 年级)

行百里者半九十。冲刺阶段是学段的最后阶段,也是出成绩的收获阶段。怎样让学生发挥出最好的状态?怎样让班级取得最好的成绩?班主任的首要任务还是要抓好常规,以下几条工作思路可供参考。

1. 燃起每一个学生心中的斗志,并帮助他们调整状态,以迎接新的挑战

只有心往一处想,劲才能往一处使。这一条是一切工作的前提,班主任只有把绝大多数同学的思想统一,才能为后期的管理扫清障碍。

1) 培养学生远树目标、近找对手的竞争意识和拼搏意识

学生进入毕业年级,首先要明确奋斗方向——无论是一个具体的目标分数,还是一个身边的竞争对手,都可以使自己更清楚地把握自己的状态,审视自己的不足。目标也好,分数也好,都应该是和学生的现状有一定距离但可以实现的指标,这是班主任需要把控的原则。

视野拓展

一句话改变学生的命运——皮尔·保罗校长"妙手回春"

"我一看你修长的小拇指就知道,将来你一定会是纽约州的州长",一句普通的话,改变了一个学生的人生。此话出自美国纽约大沙头诺必塔小学校长皮尔·保罗之口,话语中的"你"是指当时一名调皮捣蛋的学生罗杰·罗尔斯。罗杰·罗尔斯出生于美国纽约声名狼藉的大沙头贫民窟,这里环境肮脏、充满暴力,是偷渡者和流浪汉的聚集地。因此,他从小就受到了不良影响,读小学时经常逃学、打架、偷窃。一天,当他从又窗台上跳下,伸着小手走向讲台时,校长皮尔·保罗将他逮了个正着。出乎意料的是,校长不但没有批评他,反而诚恳地说了上面的那句话并给予语重心长的引导和鼓励。当时的罗杰·罗尔斯大吃一惊,因为在他不长的人生经历中,只有奶奶让他振奋过一次,说他可以成为五吨重的小船的船长。他记下了校长的话并坚信这是真实的。从那天起,"纽约州州长"就像一面旗帜在他心里高高飘扬。罗杰·罗尔斯的衣服不再沾满泥土、罗杰·罗尔斯的语言不再肮脏难听、罗杰·罗尔斯的行动不再拖沓和漫无目的。在此后的 40 多年间,他没有一天不按州长的身份要求自

己。51岁那年,他终于成了纽约州的州长。

2)培养学生为班争光、为校添彩的团队意识和集体荣誉感

要让学生有更高的奋斗激情,就必须告诉学生:他们的成绩并不是单靠他们自己就能够取得的,而这成绩同样不单单属于他们自己——班级和学校都在期待着他们以优异成绩作为最好的回报。这样可以增强他们前行的勇气和决心。

3)培养学生为自己争气、为人生定向的责任意识和规划意识

随着学生年龄的增长,班主任应逐渐开始培养他们的人生责任感,而毕业的方向选择就是一次很好的机会。所以即便是小学毕业生,家长和老师都应充分引导孩子表达自己的择校意见,并清楚地阐述理由。这种思考和选择对孩子今后的人生将产生很大的促进作用。

2. 从细节做起,加强常规管理,以避免偶发事件和安全事故

一般来说,冲刺阶段的学生对各项常规要求的适应度已经比较强了,所以班级的常规秩序将进入一个比较平稳的阶段,但下面几条仍然不可忽略。

1)加强安全管理,注意对各种集会、活动、体育锻炼等开展安全保障

安全管理原本就是常规管理中的重中之重,在这个阶段更是出不得半点差池。大到统一集会、外出活动,小到一次讲座或者体育锻炼,都要有详尽的安全预案,班主任和相关科任老师必须各就其位、各司其职,避免任何安全事故的发生。

2)强化安全教育,增强学生的安全意识,尽量避免偶发事件

在强化学科训练的同时,班主任也不能够放松安全教育:一方面要教育学生注意上学放学途中和独自在家时的安全,如交通、饮食、用气、用电等;另一方面要引导学生学会缓解学习压力和紧张情绪,避免因为学生之间的偶发矛盾而导致安全事故。

3)重视安全巡查,及时发现各种安全隐患,防患于未然

班主任要在学校的统一布置和安排下,密切关注和巡查班级的安全隐患:一方面是巡查水、电、仪器设备等设施安全,发现问题即刻上报并督促解决;另一方面是每天上学之前和放学之后空档时间的巡查,特别是放学之后,班主任一定要在每个学生安全离校之后方能离校。

3. 充分利用各种手段来缓解和调剂学习压力

在冲刺阶段,随着学生的学习任务不断加重,学生的学习压力也在不断加大。各科任教师都在压担子,班主任则必须从中协调,既不能影响学习进程和最后冲刺,又不能让学生不堪重负,使得物极必反。

1)确保学生的午休时间,不占用,不挪用,让他们充分休息

对于每天在校学习时间如此之长的学生来说(特别是初中、高中毕业班),中午的休息时间是非常宝贵的,是保证他们下午良好学习质量的基础。从生理学的观点上来讲,午餐过后即刻强行用脑,效果也不过是事倍功半而已。

2)确保学生的体锻时间,保质保量地按学校要求进行锻炼

对于长时间伏案学习的学生来说,每天一小时的体育锻炼时间是必不可少的调剂,是对身体健康的保障。班主任要把好关,带好头,一方面要带领学生按要求完成规定体育锻炼项目;另一方面要用好自由活动时间让学生充分调整,要明确制止部分只顾学习、逃避参加锻炼的同学。

3) 确保学生的活动时间,充分利用班会等舞台,多途径调动学生的积极性

在繁重的学习之余,班主任应利用各种机会组织形式多样的文化、娱乐和休闲活动,班会就是一个最好的舞台。这样一方面可以帮助学生调剂学习的紧张情绪,另一方面还可以调动学生的学习积极性。

4. 取得家长的充分配合,做好孩子的后勤保障工作

家长的配合在这个关键时刻同样显得尤为重要。班主任在毕业年级开始的时候就要及时召开家长座谈会,明确家长在最后一学年中应该如何配合学校助推孩子的学习。

1) 要求家长从物质上和精神上给予孩子充分的保障

要和家长达成共识:面临毕业,不仅是孩子需要加大投入,做好吃苦的准备,家长们同样如此。家长既要加大对孩子学习资源的投入,又要给孩子充分的营养保障。对于个别家庭来说,父母要搁置矛盾,共同为孩子营造一个安静、充裕、宽松的应考环境。

2) 要求家长在时间上要充分投入,对孩子要充分监督

要让家长们明确,此时家长的陪伴就是对孩子最大的鼓励,过多的询问反而可能会给孩子过大的压力。另外,班主任还应要求家长无论再忙都要抽出一个人投入时间陪在孩子身边,特别是周末和假期,这一方面是一种爱的支持,另一方面也是一种无形的监督,避免孩子出现松懈情绪。

3) 对单亲家庭和留守儿童,班主任应进行个别交流

单亲家庭和留守儿童是需要班主任给予特别关心的。因为家庭的缘故,孩子往往不能得到足够的关怀和支持。班主任一方面要对他们多加关心,另一方面要亲自家访或单独约谈孩子的监护人,提出要求并询问困难,必要的时候可以代为向学校和社区寻求帮助。

二、按学期划分

(一) 收心期(每学期的第一个学月)

收心期是学生从休假状态到学习状态的一个过渡期,班主任要做的就是帮助学生尽快进入学习状态,投入新学期的学习。

1. 重复常规要求和常规训练,让学生早日回归学习状态

收心期的重复常规要求和常规训练就是一个与遗忘与惰性做斗争的过程。学生在开学之初一般都有一种新奇感和决心,这是班主任开展常规训练的前提和基础。

(1) 和学生一起重温班级基本常规要求,对遗忘的部分进行温习和巩固。

(2) 以整肃仪容仪表、服饰发式为切入点,整顿班级作风和面貌。

(3) 以路队训练为突破口,强化学生服从命令、听从指挥的纪律意识。

2. 及时开展班委改选和班委培训,充分发挥班委的自主管理作用

(1) 结合上学期班委的工作情况,改选部分或全部班委,调整部分岗位设置。

(2) 针对班级管理重难点进行班委培训,教给他们新的工作方法和技巧。

(3) 为班委提供实践操作的平台,同时锻炼班级自主学习的意识和能力。

3. 重新打造班级文化,营造浓郁的学习氛围和竞争氛围

(1) 换掉陈旧的张贴或板报,体现出应有的新学期、新面貌。

(2) 按照学校要求,确定新学期宣传主题,精选素材,引起共鸣。

(3) 班级文化力求多元化,留出足够空间进行小组宣传,营造竞争气氛。

(二) 适应期(每学期的第二个学月)

通过一个月左右时间的适应,学生的状态应该有所回升,班主任此时应该适时提高常规管理要求,以促进学生学习成绩的进一步提升。

1. 狠抓状态,对状态持续低迷和不断反复的学生都要给予重点关注

(1) 首先抓精神状态,要求学生以充分的休息确保以饱满的精神状态投入学习。

(2) 其次抓听课状态,无论是听讲、笔记还是讨论,都要紧跟课堂节奏。

(3) 再次抓路队状态,以一招一式的准确到位培养学生的团队精神。

对状态持续低迷或者不断反复的学生,班主任要及时从正面或侧面了解原因,并帮助他(她)认识到自己的问题并拿出提升的措施。如果效果仍然不佳,就必须以严厉的态度责令限期整改,以免成为班级的不良导向。

2. 严抓习惯,对听课习惯、课间习惯、提问习惯等都要从严督促

(1) 培养学生听课时笔不离手、手不离桌、目不斜视、头不伏案的习惯。

(2) 培养学生课间时做好候课、轻声慢步、适度休息、自觉保洁的习惯。

(3) 培养学生课余时有疑必询、有问必提、合作探究、解惑方休的习惯。

需要培养的习惯还有很多,此处无法一一列举。习惯的养成不是一日之功,班主任在这项工作上要有足够的耐心,首先要让学生明白为什么要这样做,然后要让他们熟悉应该怎样去做,最后通过不断重复让这些行为规范内化为学生的习惯。

3. 勤抓细节,不忽视学生每一个看似微小的举动,及时纠正

(1) 纠正学生爱嚼口香糖的习惯,避免精力的分散和注意力的转移。

(2) 纠正学生爱用涂改液的习惯,培养谋定而后动、下笔准备的能力。

(3) 纠正学生爱对答案的习惯,要求学生学会独立思考,增强自信。

细节决定成败,以上列举的是学生中常见的几种容易被忽视的细节,也是一些不良的习惯。班主任需要细心观察、耐心指导,帮助学生纠正这些不良习惯。只要班主任学会做一个有心人,一定还会有其他的发现。

(三) 疲劳期(每学期的第三个学月)

半学期左右的时间又是班主任需要注意的一个时间节点,部分学生都会陷入一个相对疲劳和低迷的阶段,所以班级常规管理也要做相应的调整。

1. 找准症结,对每个学生开出不同的处方,分类要求,分层推进

(1) 学习方法的问题要加强相关指导,并派专人进行一对一帮扶。

(2) 学习习惯的问题要明确要求、反复训练,并要协同家长一起监督。

(3) 学习态度的问题要找准最大的干扰点,通过反复交流逐渐转变学生思想。

每一个学生有各自不同的情况,不能概而论之。但一把锁总有一把可以打开的钥匙,只要班主任有足够的细心和耐心,就一定能够找到。对极个别和老师尖锐对立的学生,班主任切不可与之正面发生冲突,只能从大局上控制事态发展,同时让其他学生去发现和批评他的错误。

2. 调整常规管理节奏和班级运行节奏,给学生以缓冲空间

(1) 首先要调整自己的治班心态,不可急于求成,心态平和地面对问题。

(2) 然后要调整自己的工作状态,用更多的微笑和赞美去对待每一个学生。

(3) 最后要调整自己的管理常态,将工作问题类型化、处理方式程序化。

对疲劳期的班级常规管理,班主任必须静下心来慢慢做,遇到工作难题要戒骄戒躁,切忌简单粗暴地应对,一时解决不了的问题不妨先放一放,让时间来告诉学生孰对孰错。班主任只需要把控大局,班级整体方向不偏离轨道,再多的问题都是可以一一迎刃而解的。

3. 以点带面,找准重点对象,用几个学生的改变来带动多数学生的改变

(1) 要鼓励和宣传后进生永不言弃、超越自我的精神。

(2) 要鼓励和宣传中等生不甘平庸,力争上游的精神。

(3) 要鼓励和宣传优等生百尺竿头、更进一步的精神。

总而言之,就是班主任在普遍关注的同时,要有重点牵挂的对象,而且这牵挂的"阳光"不能仅仅撒向某一个角落,更应该普照到班级的每一层次的学生。简言之,就是要在班级的每个层次的学生中都能够找到典型、树立榜样,这样才能为班级中其他学生更好地做出表率。

(四) 突破期(每学期的第四个学月)

每学期的最后一个月一般是各科进行总复习的阶段,班主任在此时需要起到"催化剂"和"助推剂"的作用。

1. 激发热情,在学生中培养"比学赶超"的斗志

(1) 要求学生制定期末考试目标,包括学科分数目标和班级名次目标。

(2) 要求学生之间寻找竞争对手,写出挑战宣言,贴在各自的课桌上。

(3) 设置考试倒计时牌,配合以鼓励性的标语,营造竞争气氛。

经历了三个月的积淀,最后这个月应该是一个释放和超越的过程。班主任在管理中要注意正向引导学生的情绪,激发和调动学生内心深处的荣誉感和好胜心,培养他们的竞争意识,以实现更加理想的学习效果。

2. 班科协调,使每个学生的"短板"得到弥补、长项得到发挥

(1) 做好班科协调,让各科任老师明确各自学科重点培优、辅差的对象。

(2) 让每个学生明确自己的薄弱环节,且要有明确的提升措施。

(3) 合理安排每一个学科的辅导时间和辅导人员,让效果最大化。

要让学生的成绩在短期内获得最大提升,就要找到他(她)的最大提升点(科目),并通过相应的措施使其获得突破。而要让每个学生都得到这样的提升,班主任居中协调的重要性就显而易见了。如果各科任老师各自为战,就会导致学生不知所措,结果也就可想而知了。

3. 分秒必争,要求和教会学生如何合理利用课余时间

1) 指导并监督学生利用好课间时间

课间时间较短,学生除了抓紧咨询当堂教师1～2个问题之外,更重要的是调整大脑思维状态和做好下节课的准备。过多的习题练习或知识背诵反而会影响下节课的状态。

2) 指导并监督学生利用好午间时间

午餐后有一个较长的空档时间,科任老师一般都会对重点关注的学生进行辅导。而学生也应选择自己的薄弱学科,首先要掌握当天的知识,然后选择性地弥补以前欠缺的知识。

3) 指导并监督学生利用好自习时间

自习时间是学生自主学习的黄金时间,学生应首先完成自己最薄弱学科的作业,这样遇到不会的题目可以及时询问老师,做到当天知识当天掌握,不把问题遗留到明天。

最后一个学月是一寸光阴一寸金的黄金时间,大多数学生都会有再拼搏一把的念头,却不一定有具体的方法和计划,这就需要班主任的指导和监控。除此之外,在家的时间安排其实是更加重要的,其变数也更大,需要班主任根据自己的经验,结合学生实际情况进行具体的处理。

三、按状态划分

(一) 低迷期:指整个班级从常规到学习状态都不好的阶段

当师生共同意识到班级处于一个不大好的状态的时候,其实也就是这个状态开始转变的时候,班主任不妨从以下几点入手。

1. 坦诚沟通,师生共同反思、总结班级和个人存在的问题

(1) 师生明确:反思现状的目的不是追究责任,而是寻找方法。

(2) 师生明确:班级现状不是哪个人造成的,改变现状也非一人可以做到的。

(3) 师生明确:问题不能回避,更不能逃避,只有面对才可能解决。

反思现状重在开诚布公,班主任应该首先消除学生的畏惧心理,这样他们才能真正畅所欲言。对搜集上来的意见,班主任应该辩证地看待,并要能够筛选出其中重要的信息作为今后工作的依据。

2. 树立目标,从个人、小组到班级,都要有近期和中期可实现的目标

(1) 个人要有近期和中期的整改目标,内容要包括学习和常规两个方面。

(2) 小组要有小组建设规划,重点是学习互助和责任分担的安排。

(3) 班级要有一个大家都认可的近期目标,务必脚踏实地,切忌空谈。

对目标的确定,第一要建立在认清现状的基础上,不能搭建空中楼阁;第二要掌握好目标与现实之间的跨度与区间,过大过小皆不适宜;第三要有具体细致的指标,切忌大而无当的口号。借用一句名言概括——跳一跳,可以够到。

3. 制定措施,被大家认可的、具有可操作性的执行措施和考核措施

(1) 班级要针对问题最严重的常规项目制定整改措施,具体到步骤和要求。

(2) 个人要针对最薄弱的学科制定整改措施,具体到时间和行为。

(3) 班级的措施要公示,个人的措施要展示,接受大家的监督和考验。

所制定的整改措施必须简单、明了,具有可操作性和可执行性。一个阶段应以解决好一个问题为宜,如果面面俱到则必然会顾此失彼。只有切实地把一个问题处理好了,才有解决下一个问题的资本。这样积少成多,才能够形成良性循环,促进班级正向发展。

（二）上升期：指全班的状态开始恢复，各项指标进入良性发展轨道的阶段

经过一段时间的努力，虽然还有一些地方不尽如人意，但只要班级有逐步进行良性循环的指标，就说明前期的努力收到了效果，应该继续做下去。

1. 及时鼓励，而且是具体到人，明确到行为的表扬和鼓励

(1) 首先鼓励和表扬取得明显进步的学生，要把他们作为全班的榜样。

(2) 然后还要鼓励和表扬有刻苦努力表现的学生，要给他们充足的信心。

(3) 最后还应表扬思想有所转变、希望改变现状的学生，要教给他们方法。

这个阶段是扭转乾坤的关键，班主任要善于发现学生的优点，善于利用他们的转变。无论这种转变是成效上的、行为上的，还是仅仅是思想上的，班主任都要带着放大镜把它找出来，因势利导，促使学生有更大的转变，只有这样才能由量变到质变，实现学生面貌的真正改变。

2. 排除干扰，要求学生正确处理所有会对学习产生干扰的因素

(1) 指导学生如何排除学校内的干扰，特别要学会处理友谊和学习的矛盾。

(2) 指导学生如何排除家庭里的干扰，特别要学会克服手机和电视的诱惑。

(3) 指导学生如何排除社会上的干扰，特别要学会树立正确的人生价值观。

学习停滞不前，十有八九是因为外界的干扰大于学习的决心。所以要想学生走得更远，就一定要告诉他们放下身上和心中的包袱。但此处切忌矫枉过正，学生不能和外界绝缘。如果把学生都培养成了"两耳不闻窗外事"的书呆子，也同样失去了教育的本来意义。

3. 且行且思，结合学生实际情况对班级常规管理策略进行调整

(1) 思考班级的常规管理是否足够全面细致，是否有疏漏的地方。

(2) 思考班级的奖惩措施是否对学生有激励作用，尺度是否得当。

(3) 思考下一阶段班级迫切需要解决的问题及其对策。

以上班主任需要完成的功课，在这个阶段的重要性尤为突出。班主任不能因为情况的暂时改观就放松了紧绷的那根弦。规章和制度不能一成不变，只要有利于班级发展，就要大胆地尝试。

（三）收获期：指班级发展态势良好，取得阶段性成绩的时期

班级在全体学生的努力下，取得了阶段性的成绩，这既是一个结束，又是一个开始。只要还没有通过最后的毕业检测，努力就不能停止。

1. 充分肯定，让班级每一个学生都感受到奋斗的收获和成功的喜悦

(1) 要充分肯定每个学生的努力和进步，让他们充分体会到成就感、自豪感。

(2) 要充分肯定包括老师在内的集体的力量，增强他们的集体荣誉感。

(3) 要充分肯定家长们的支持和付出，要让他们见证孩子的成长。

让学生充分体会到成就感和自豪感，是发挥学生自主学习积极性的前提和基础。一次成功的经历会让他对今后的成功产生热切的向往，所以班主任应加深这次成功的印象，应及时举行阶段性表彰大会，且一定要邀请家长参加，一方面可以让他们见证孩子的成长，另一方面可以提高他们配合学校工作的积极性。

2. 正确认识,明确暂时的成功只是为明天的奋斗提出了更高的要求

(1) 引导学生正确认识:现在的成功不等于将来的成功,二者之间的距离只有通过不断地奋斗才能最终跨越。

(2) 引导学生正确认识:学习如逆水行舟,暂时的成功使他已经达到某一个水平,如果不能继续前进,那么只会不断倒退。

(3) 引导学生正确认识:如果他是这个团队中还不那么成功的个人,那么这个成功的团队将成为他前进的巨大动力而非压力。

成功的喜悦之后一定要有冷静的思考,学生如果不能及时冷静,就要由班主任来泼这盆冷水,使学生既总结成功的经验,又反思尚存的不足,还丢掉思想上满足现状的包袱,只有这样,他才能真正轻装上阵,继续前行。

3. 更高要求,从常规上确保班级的良性运转和上升态势

(1) 在日常行为规范上提出更高要求,从令行禁止到不令而行。

(2) 在自主学习意识上提出更高要求,从自觉学习到自发学习。

(3) 在拼搏竞争精神上提出更高要求,从超越他人到超越自己。

庆祝和反思之后,班主任就要为明天的发展制定规划,也就是要寻找班级进一步发展的上升空间。以上三个方面只是一个范例,既指明方向,更明确要求,才能让学生目标明确、步伐坚定。当然,还可以找出更多的角度,这就留给年轻的班主任们自己去思索和发掘了。

综上所述,班级常规管理是班级建设的核心内容,其复杂性是任何理论著作都无法预设和描述的,任何理论或技巧不过是前人经验的总结,仅仅起一个引领和辅助的作用。毕竟昨天的理论是无法指导今天的班主任去管理明天的学生的,更多的方法还需要班主任在实际工作中去不断地积累和提炼。正所谓教无定法,有用才是硬道理。

 温故知新

班级常规管理既是一种管理对象,即对班级成员日常各种行为规范实施管理,又是一种管理手段,即通过运用常规条例,达到班级整体运行常态化的目的。常规管理覆盖班主任管理的大部分领域,可以说,班主任的各方面工作都渗透着常规管理的内容。常规是班级学习、生活、休息的最基本要求,与每一个学生息息相关,常规管理是对班级学生一般因素、通常状态的管理。因此,班主任抓常规管理,就是在班级建立基本的秩序,为全班学生创造一个有序的学习生活环境。

学生在学校的学习和生活都处于广义的班级范畴之中,如何让学生在这个集体中更好地成长和生活,是班级常规管理的一项重要内容。要让学生学会与老师、同学和睦相处,建立良好的师生、伙伴关系,在班集体中感受到集体的温暖并保持一种愉快的心情。这种集体生活实际上就是学生踏上社会的前奏。班主任在实施班级常规管理的同时,要让学生理解合作在集体生活中的重要性和广泛性,懂得合作与个人责任及成长的关系,初步学会与人共处,学会合作,初步确立集体意识和合作意识,养成与人合作的好习惯。

教学工作的工作对象是学生——一群心灵纯洁、未受世俗过多污染的孩子。要想获得他们的信任,班主任必须先付出自己真挚的关爱。让学生感受到你是爱他的,你是为他好,哪怕你对他如此严厉,他也会甘之如饴。能够获得学生情感上的认可,不但对班级管理有很大的促进作用,而且对教学工作也会有很大的促进作用。亲其师方能信其道,只有这样才能为后续工作奠定坚实的基础。

【本章练习】

1. 班级的定义是什么?班级常规管理的定义是什么?
2. 班主任应该怎样在班级中树立威信?
3. 班主任每日常规管理的关键词有哪些?请试选一个进行阐述。
4. 班主任应该如何在日常常规管理中确保学生的安全?
5. 班级处于"疲劳期"时,班主任应该以怎样的管理手段来有效应对?

第四章
班集体建设

【内容概要】

☆ 班集体的概念
☆ 班集体的发展阶段
☆ 班集体形成的标志
☆ 班规的定义
☆ 制定班规的原则
☆ 班规执行原则
☆ 班干部的选拔与培养
☆ 班风的定义
☆ 班风的培养
☆ 班级文化的定义

第一节 班集体建设概述

 问题引入

把集体作为班主任进行教育的一种工具。这话怎么理解呢？做班主任工作，我们力求实现对每一个学生的影响，但这种影响从何而来？当然通过教师本人的工作而来——通过和他谈心，或者通过其他方式转化了他。但我们要意识到，整个班集体也是教育资源，"集体"本身也会有影响力，也就是说要靠班集体去影响、转化班级的每一个成员，这是非常重要的。

一、班集体的概念

班集体不同于班级。

班级是校内行政部门依据一定的编班原则把几十个年龄和学龄相当、程度相近的学生编成的正式群体。班集体是按照班级授课制的培养目标和教育规范组织起来的、以共同学习活动和直接性人际交往为特征的社会心理共同体。

第一，班集体是一个以学生亚文化为特征的社会群体，它传导和积淀着班级制度的社会文化基因（教育目标、规范和组织模式）。

第二，班集体又是一个以教学为中介的共同活动体系，它以课堂教学为中介，整合学校、社会、家庭的教育影响，社会化的共同学习活动是班集体形成和发展的主要整合因素。

第三，班集体还是一个以直接交往为特征的人际关系系统，正是交往和人际关系动态地反映了集体与个体、个体与个体、集体与环境的相互作用，标志着集体形成的过程。

第四,班集体是一个以集体主义价值为导向的社会心理共同体,集体心理的统一性和社会成熟度综合反映了集体主体性的水平。

 心语感悟

我们的教育任务在于培养集体主义者……我在自己从事苏维埃教育工作的16年中,把主要的力量都用在解决集体和集体机构的建立、解决权能的制度和责任的制度等问题上了。

——马卡连柯

班集体是与班级不同、却极易与之混淆的概念。它不是学生的简单集合,是不会自发形成的。若说班级是一个有组织的学生正式群体,那么,班集体则是班级群体的高级形式,班集体的形成需要全班学生和班主任及各科任教师的共同努力。

因此,我们一般将班集体界定为:在教育目的规范下的,由具有明确的奋斗目标、坚强的领导核心及良好纪律和舆论的班级学生所组成的活动共同体。

二、班集体的发展阶段

一般,新组建的学生班级要发展成为班集体,需要经历一个有序的动态发展过程。这一过程可分为四个基本阶段。

(一)组织规范的认同阶段

班集体是一个规范化的社会组织,建立相应的组织规范既是班集体发展的基础,又是班集体建设的基本内容。班集体的组织规范包括两类:一类是由学校组织所规定的班级规范,这是不以学生意志为转移的客观存在,如作息制度、课堂纪律要求、班委会(少先队、共青团)组织及规范等;另一类是根据班级情况所制定的具体化的规范,这些规范是可以创新和调整的。

这一阶段的主要任务是:在班主任的引导下,形成一个有序稳定的班级组织,保证班级各项教育、教学活动的开展。

(二)集体心理的优化阶段

在班集体的组织规范形成并被成员认同后,优化班集体心理便成了班主任工作的重点。优化集体心理是一个班集体形成的关键。根据调查,目前学校中相当一部分班级,尽管做了大量工作,但由于集体心理不和谐,始终难以形成有凝聚力的班集体。

班集体心理主要反映在集体成员的人际关系(包括师生关系,生生关系)、集体的情绪气氛、集体凝聚力和集体舆论等方面。健康、和谐的集体心理,表现为人际关系的平等、融洽、真诚。

这一阶段的主要任务是:使班内具有积极向上的风气,形成积极价值导向的集体内在规范,确保班级内没有孤立者,学生在班级生活中有愉悦感和自豪感。

(1)深入了解和客观分析班集体心理,特别是人际关系、舆论的水平,寻求优化集体心理的切入点。

(2) 通过师生对话,开展班级集体愿景设计,形成集体成员积极的价值共识,以唤起学生对集体的积极期待。

(3) 在集体活动中培养相互理解、真诚合作和积极进取的集体心理。

(4) 引导学生参与解决班级问题的讨论与评价,形成健康的集体舆论。

(5) 通过真诚对话、沟通,排解各种集体心理障碍。

(6) 班主任应注意协调好科任教师与班集体的关系。

(三) 集体主体性的发展阶段

班集体建设的过程本质上是集体主体性逐步发挥、发展的过程。班集体的主体性是指集体成员在班级生活中表现出的自主性、能动性和创造性。集体主体性的发展阶段是以班主任为主的管理逐步让位于集体自主管理的过程。

这一阶段的主要任务是:尊重和发挥集体的主体性,使集体逐步解决面临的各种集体问题,使学生从中获得成功和自信的体验。

(1) 在形成集体发展共识的基础上,形成发展集体主体性的目标系列。

(2) 逐步扩大集体在班级愿景、管理、活动和评价中的自主权,使集体拥有与之发展水平相适应的权利和责任。

(3) 通过各种活动丰富集体的精神生活,让集体成员在分享交流中丰富集体体验。

(4) 班主任和科任教师应尊重学生集体,允许学生集体有不足和犯错误的权利,并给予学生集体自己纠正不足,得到成长的机会。班主任既要给学生集体以及时的帮助、引领,又不能越权。

(5) 经常组织集体性评价活动,培养集体自我教育反思和解决问题的能力。

(6) 运用各种方式注重培养积极向上且富有个性的班集体精神。

(四) 成员个性的发展阶段

促进集体成员个性的发展是班集体建设的最终目标。当班集体基本形成、集体主体性发展到一定阶段时,应把发展每个成员的个性和价值作为班集体建设的共同责任和努力目标。

这一阶段的主要任务是:使班集体具有丰富的影响每一个成员个性发展的因素和机制。

(1) 在班集体中形成关心每个成员发展、重视每个成员价值和作用的共识。

(2) 在班级活动中,注重发挥每个成员的作用和独特价值,使每个成员在集体生活中成为发挥作用、承担责任、自我满意的角色。

(3) 引导集体接纳、关心帮助那些学习困难、行为怪异和有特殊需要的学生。

(4) 当集体与个体发生矛盾时,不是简单地以"个人服从集体"解决了之,而是从有利于每个成员个性的健康发展出发,在指导、帮助学生适应集体规范的同时,能及时反思和变革集体自身的制度和管理方式,实现集体与个体的共同发展。

这一阶段是以促进集体成员的个性发展为导向,丰富集体和个体的精神生活,建设一个高水平和富有特色的班集体的过程。

在实践中,这四个方面实际上是相互影响和不可分割的。如在建立组织规范阶段,虽然以组织规范为主,但人际关系协调、集体意识的唤起等也应同步考虑。班集体发展阶段划分是相对的,只能反映一种发展趋势。有时由于班集体的不成熟和不稳定,会因某些因素导致班集体发展产生波折,甚至可能出现倒退。

由于集体成员个性需求、班级环境条件、班主任管理风格等不同,因而,班集体发展具有个性化的特点,而个性化正是班集体发展的魅力所在。

还必须指出的是,班集体发展受集体成员心理成熟水平的制约,所以在理解班集体发展规律的同时,还要理解集体成员的心理、社会性发展的水平,避免用标准化、成人化的集体模式去看待和教育班集体。

三、班集体形成的标志

班集体一经形成,一般具备以下标志。

(一)共同的奋斗目标

共同的奋斗目标,是班集体发展的方向和动力,是班集体形成的基础条件。它使集体成员在认同目标的基础上,保持行动的一致性,并在实现目标的过程中相互配合、团结奋进。

(二)有力的领导集体

班级领导集体包括班委会、小组长、各学科代表,以及班级团队组织等。实践研究表明,在班集体建设中,班级学生干部是班主任工作的得力助手,团结有力的班干部是组织实施班级活动的重要保证力量,也是良好班级舆论与班风形成的保障。

(三)有健全的规章制度

健全的规章制度对集体成员的行为具有规范和约束作用,使他们在行动上达到一致,有利于班级共同目标的实现。当然,在实践中,良好的班级制度与纪律应为班级成员所认同,并自觉遵守,能将外在规范内化到每个成员的思想中,使其完成由"他律"向"自律"的转变。

(四)有健康的舆论和良好的班风

集体舆论是班集体中形成的为大多数成员所赞同的意见和思维取向。健康的舆论是影响学生发展的巨大精神力量,对学生起着潜移默化的作用。通过感染与熏陶的方式,健康的舆论使学生明辨是非、美丑与善恶,对集体成员具有约束力。

班风是班级中多数成员所表现出的共同思想和行为倾向,包含情绪状态、言行习惯、道德面貌等,它是经过一定时间的相互影响而逐渐形成的,是班集体形成的重要标志。良好的班风是班集体发展的结果,是一种强大的教育力量,对全班学生具有无声的全面教育作用。

(五)学生个性能充分发展

班集体的形成虽然强调共同的奋斗目标和集体的规章制度,但并非以压制学生的个性为代价。一个班级几十个学生一定不仅会有不同的兴趣爱好,也会有不同的学习方式和审美情趣,必然还有不同的人生目标与理想追求。因此,班集体建设成功与否,很大程度上取决于学生参与班集体建设的积极性发挥程度,取决于学生个性的发展结果。

第二节　班规的制定和执行

 问题引入

国有国法,校有校规,班级也应该有自己的一些规定才行。班级如果没有规定约束,那就会像一盘散沙,到处流放。我们每个人都渴望自由,但自由是建立在遵守法律的基础上的,如果一旦违反了法律,那只能失去自由。在班集体中,我们该如何处理自由与规则的辩证关系呢？如何制定班规呢？

一、班规的定义

班规是指中学生管理班级中采取的规章制度。班规的制定是为了更好地规范班级成员的行为,以形成一个健康向上、团结互助的集体氛围。每个班的班规可能会有所差异,主要涉及学习、记录、出勤、卫生等诸多方面。

建立班规,就是为了约束小部分同学的不良行为,帮助他们改掉不良行为。每个人都有惰性,如果无法自律,只有依靠他律。既有自我教育,又有外在的教育,他律和自律的统一,才是完整的教育。或者说,通过他律最后达到自律,这也是自我教育自我约束的最高境界。就制度而言,民主有两个原则:行动上,少数服从多数;精神上,多数尊重少数。

二、制定班规的原则

班规的制定要遵循以下三个原则。

（一）广泛性

广泛性是指班规应尽可能穷尽学生和老师今后可能发生的任何违纪现象。比如,班规没有对迟到做出限制,那么,学生天天迟到,老师也不能批评他们,因为他们并没有违反班规。这就需要"依法治班"了。当然,这里"法"并不是真正意义上的"法",一个班是没有立法权的。在这里只是打个比方。班规就相当于一个班级的法律。而法律在制定的时候应该尽量不要有漏洞。

（二）可行性

可行性是指班规制定出来后,要能够落实而不能是一纸空文。要做到可行性,首先,班规的条文应该是对行为的约束,而不是思想道德的提倡。也就是说,班规只管行为,也只有行为才能被约束。比如,过去有一些班规是这样制定的:"爱祖国、爱人民"……请问,你怎样知道别人爱不爱祖国、爱不爱人民？像这样的条文毫无可行性。又如不能这样制定:"勤奋学习",这也不可监督,如果写成"课堂认真听讲,按时完成作业"之类,就具备可行性了。另外,班规的可行性还体现在所做出的规定要有弹性,不能太绝对。班规如果没有一点弹性,是很难实行的。举个例子,可以规定按时交作业,但总有一些时候因为特殊原因——生病或者忘记带作业本,就有可能不能按时交。那么,也可以这样制定:每学期缺作业或不按时交作业不得超过一次,也可以规定不得超过两次,但同时要写明,缺作业必须向老师说明原因,这样富有弹性并不是降低要求或迁就不交作业的同学,而是让班规更加符合实际,从而能够真正实施。

(三) 制约性

制约性是指学生之间和师生之间的互相制约。也就是说,这个班规不只是班干部和老师用来管学生的,而应该约束每一个人。要特别强调的是,这个班规必须有对班主任的制约。对于一个班集体来说,任何一个成员包括老师都必须遵守共同制定的班规。通过对班规的制定,班上的一切事情走上了正轨,不管是老师还是学生都因为有了制度的约束,在学习、教学、管理等方面都有了明显变化。班规并不是约束,而是更好地管理好自己。

 **班规样本**

李镇西的班规

一、学习纪律

(1) 课间即做好下堂课的准备,桌面放好有关教材及学习用品。上课音乐一响即保持绝对安静,回忆上节课内容,预习新课。除负责纪律的干部外,任何学生不得以任何理由离开座位,找同学说话和讨论问题,也不能问问题。违者扣2分。此项由纪律委员监督执行。

(2) 早读课提前十分钟为读书时间,所有学生必须听从老师或科代表的要求。违者扣2分。此项由纪律委员和科代表监督执行。

(3) 上课不得说小话,不得做与当堂课无关的事,违者扣2分。此项由纪律委员监督执行。

(4) 上课时不得离开座位去书柜取学习资料。违者扣2分。此项由纪律委员监督执行。

(5) 课堂上必须坐端正,违者扣2分。此项由纪律委员监督执行。

(6) 早晨到校后不得在教室外逗留,应立即进教室做学习准备工作,并不得说话。违者扣2分。此项由纪律委员和科代表监督执行。

(7) 早晨进教室即将有关作业放在自己课桌上,由组长来收。预备铃一响,不再收作业,违者扣2分。此项由纪律委员监督执行。

(8) 不得抄作业和赶作业,违者扣4分,超过三次通报家长配合教育。对有关责任人的处罚同此。此项由学习委员监督执行。

(9) 上课、自习无故迟到全学期不超过2次,违者扣2分,并写一篇不少于500字的文字,记述迟到经过及心理活动。此项由纪律委员监督执行。

(10) 课堂上被老师点名批评者,扣4分,并写一篇不少于500字的文字,向同学和老师表示歉意。此项由纪律委员监督执行。

(11) 上课、自习说话影响他人学习者,扣2分,经提醒一次后仍然说话,罚其当一次值日生。此项由纪律委员监督执行。

(12) 上课、自习无正当理由睡觉者,扣2分,罚其当一次值日生。此项由纪律委员监督执行。

二、清洁卫生

(1) 在教学区内不得吃任何零食,也不许把任何饮料和面包带进教室。违者扣2分。此项由生活委员监督执行责。

(2) 每人负责处理自己座位周围的垃圾,负责周围的保洁,违者扣2分。此项由生活委员监督执行。

(3) 课堂和课间均不得向垃圾桶远距离扔垃圾,违者扣2分。此项由生活委员监督执行。

(4) 按时按要求高质量完成所承担的清洁任务,违者扣2分,并重做卫生。此项由生活委员监督执行。

(5) 乱扔纸屑、粉笔、墙上乱画、随地吐痰者,一经发现,罚其扫教室。此项由劳动委员监督执行。

(6) 打扫教室卫生小组,被检查的分数不得低于10分,若两次低于10分,或年级倒数第一,罚该组重扫一周。此项由劳动委员监督执行。

(7) 打扫教室卫生脱逃者,罚其独自打扫教室一天,扣4分。此项由劳动委员监督执行。

(8) 打扫寝室卫生,若不合格被通报者,罚其重扫一天。此项由生活委员监督执行。

三、体育锻炼

(1) 认真上好体育课,违纪者(如课前集合不认真、逃课、活动期间到教室、不按老师要求训练等),扣2分,罚跑200米。此项由体育委员监督执行。

(2) 认真做好课间操。不认真做课间操者,扣2分,并重做课间操。无故不做课间操者,扣4分,罚跑800米。此项由体育委员监督执行。

(3) 做眼保健操必须认真,动作标准,违者扣2分,并重做。此项由体育委员监督执行。

(4) 无故不出早操、课间操者,扣2分,罚其跑操场5圈。此项由体育委员监督执行。

(5) 无故早操、课间操迟到者,扣2分,罚其跑操场2圈。此项由体育委员监督执行。

班规班训

班训:小事成就大事,细节成就完美。

奋斗目标:在快乐中成长,在耕耘中收获。

团队精神:青春无畏,逐梦扬威。

班级格言:弱者等待时机,强者争取时机,智者创造时机。

班主任寄语:仅凭一股冲动,跑不完万米远程;仅靠一股热情,攀不上理想巅峰;矢志不渝,百折不挠,远大的目标一定能达到。

第三节　班干部的选拔与培养

 问题引入

现代社会,媒体发展了,信息广泛了,可孩子们的世界观模糊了,性情浮躁了,不可预测的毛病越来越多了,这一切对班级管理提出了新的挑战。怎样才能培养出一支优秀的班干部队伍?怎样才能够创建出优秀的班集体?是"什么样的老师带出什么样的班级",还是说,"什么样的班委会带出什么样的班级"?

一个团结友爱、积极向上的优秀班级,必须有一个坚强的班级核心、一支团结在班主任周围得力的班干部队伍。班干部是班级的骨干力量,是班主任的得力助手。一个班级教育管理的质量,往往与班干部的强弱及其发挥作用的大小有着密切的关系。因此,每一位班主任在开学之始,就应特别重视对班干部的选拔和培养,并认真做好这项工作。

一、班干部的地位和作用

班干部是沟通教师与学生的桥梁。由于班干部来自学生,所以他们最了解班级成员的想法和要求,班干部把这些情况及时、准确地反映给班主任,有利于班主任了解情况,开展工作。班干部还通过开展丰富多彩的活动,为学生们创造交流的机会。因此,班干部在这些沟通交际中起着举足轻重的中介作用。

(一)班干部在班集体中起着模范带头的作用

中小学生都喜欢模仿别人,而班干部是班集体中比较优秀的部分,常受到老师和家长的称赞,自然而然他们就会成为同学们模范的对象,因此,班干部的先锋和模范作用可以带动中间和落后的学生,从而有利于班级工作的开展。

(二)班干部是班集体的中坚和支柱

班主任不可能每时每刻都出现在班集体上,所以在很多的时候管理班级的重任就落到了班干部的身上了。因为班干部是班集体的代表,具有很强的荣誉感、责任感和义务感,如果他们把力量发挥得很好,就能调动同学们的积极性从而形成合力,就能建成优秀班集体。

(三)良好班风的形成很大程度上取决于班干部的作为

班干部的选拔与培养是班级管理的核心工作。一支优秀的班干部队伍是班主任的"左右手",是班级的榜样,更是班级荣誉的守护者。班主任接手新班级后,应慎重选拔、耐心培养班干部,使他们在管理中学会管理,在尽职中体会责任,在成功中获誉。当班干部的荣誉与班级的荣誉融为一体时,管理班级就会成为他们的需要,随之而来的是,他们积极倡议、主动建议、创想提议等一系列"智慧"的展示,这样既优化了班级环境,又培养了优秀的管理人才。

二、班干部的选拔

班干部的地位和作用如此重要,班主任在选拔班干部的时候应一丝不苟。

(一)选拔依据

班主任对班干部的选拔依据要求应该要非常高,要求所选拔出来的班干部能为班集体的形成和促进班级工作起到一定的作用,班主任要以一个开拓者的行为大胆地去选拔班干部,而且所选的班干部要有朝气、有热情、有责任感等,因此班主任在选拔班干部的时候不能草率,一定要实事求是,确定相应的选才标准。所选的班干部一般要符合以下条件。

1. 要有能力

这里所说的能力主要包括组织能力、号召能力、协调能力和语言表达能力,这是当班干部的必要条件。如果作为一名班干部连基本的组织能力都没有,那么就很难尽快地形成一个良好的班集体了。

2. 要有良好的思想品德

作为一名班干部,最起码要为人诚实、关心集体、乐于奉献,这样才能以身作则,起到带头的作用。

3. 学习成绩良好

作为一名起带头作用的班干部,良好的成绩是不可忽略的。如果班干部的成绩太差,一些学生就会不服气,这样班干部的威信就很难树立。不过有些事也不能一概而论,譬如有位学生成绩虽然不是很好,但他劳动积极,具有很强的集体荣誉感,如果推荐他担任劳动委员一职,也许他能干得很出色。

(二)选拔方法

班干部是形成集体的有力核心,一个班级如果有一批积极工作的班干部,对形成好的班风、建设坚强的班集体具有很大的作用。那么如何选拔和培养班干部呢?

1. 调查

选拔班干部要慎重。班主任接手新班级后,首先要认真研究学生信息调查表,通过原始资料了解每个学生的性格、担任过的职务、学习态度、家庭环境等,为进一步的观察与选拔打基础。然后,在开学初,班主任要利用班会课和活动课开展各项活动,让学生充分地表现自我,譬如,三分钟自我介绍、毛遂自荐演讲、才艺小展示、活动组织、对班级发生的事情谈看法等,听其言,观其行,考查学生的实际能力,并做好详细记录。

2. 选拔

作为班干部,要有优良的思想品质,是榜样型的人物;要有良好的群众基础,善于团结同学;要有强烈的工作热情和团队精神,乐于奉献;要有明确的学习目标,学习态度端正;要有一定的组织协调能力。更重要的是,要善于发现问题,有勇气和胆量指出问题或解决问题。

班干部参选过程就是勇气和胆量的考验过程,参选过程分三个环节:报名、演讲、投票。

(1) 报名,即填报姓名、竞争的职务、特长、曾担任过的职务、最成功地处理过的一件事。

(2) 演讲。演讲时间不超过五分钟,演讲内容包含报名原因、竞选职务、如果入选将如何开展工作……这就为参选者提供了构想能力自我展示的机会。

(3) 投票。集体投票,公布参选者的得票情况。每个环节考验着参选人的勇气与胆识。正如一位参选者所说:"这次选拔锻炼了我,报名需要信心,演讲需要智慧和胆量,如果竞争失败了,更需要足够的勇气去面对。"

三、班干部的培养

班干部选出后,摆在班主任面前的一项重要的经常性的工作,就是抓紧对班干部的培养和教育。班干部的培养主要有以下五方面的内容。

(一) 传授方法

学生的管理才干不是天生就有的,是从实践中锻炼出来的。在具体工作指导中,班主任可采用以下方法。

1. 扶着走

班干部缺乏管理经验,遇到事情不知所措,这就需要班主任手把手地教他们怎么"当官"。首先,班主任应要求班干部熟悉各自的职责,明白自己的具体事务及工作方法。然后,班主任应要求班干部将每天的工作情况做简要的记录,及时请教,定时汇报。最后,班主任应暗中观察各班干部的工作态度与工作方法,并做好记录,为班委会会议的召开储存信息。

2. 领着走

领着走是半扶半放阶段。班干部有了一些工作经验之后,可以独立地干一些事,但班主任绝不能撒手不管,应要求班干部在工作中不断完善,总结属于自己的工作方法。遇到棘手问题,班主任不轻易指点,先要求他们独立思考,积极建议,再为他们指点补充,当参谋。班干部的工作一旦出现偏差,班主任提醒他们后多加鼓舞,分析后帮助他们解决,鼓励他们敢于尝试、放心工作。

3. 放开走

随着班干部渐渐成熟,班主任应彻底放手,将班级的一切事务交给他们,为他们提供大胆、创造性工作的自由空间,充分挖掘他们的聪明才智,允许他们有失误,即使有再大的失误必须为他们担着,确保他们的思想不受束缚,敢于独立承担一些大事。譬如,班会的组织、家长会的组织、大型歌咏比赛、节日活动的安排、班级各项事务的承包等,都由班干部自行组织,班主任退居二线,充当"旁观者",必要时给予指点,这样才能确保每一次活动、每一项工作都别开生面,充满创意,同时,班干部的工作能力也会得到很好的锻炼。

(二) 严格要求

俗话说"响鼓更需重槌敲",班干部不单纯是管理,重要的是以身作则。班主任可通过《班干部工作手册》指导、监督、评价班干部的工作。班主任通过定期或不定期的抽查,再配以民主监督和评议,便于及时发现他们存在的问题,做出妥善解决。在具体的工作中,班主任应要求班干部制订有效的工作计划,培养他们雷厉风行的工作作风,督促他们规范、认真地做好活动记录和工作小结,检查并指导他们的"计划"和"记录",针对班级存在的问题提出"高见",引导他们端正工作态度,努力把工作做细做实,并取得全班同学的认可,当个"好官"。

（三）树立威信

班干部威信的树立,一方面靠自己的行为表现,另一方面则需要班主任的帮助。对此,班主任的具体做法有以下内容。

(1) 任何一次决定,都应交给班干部去宣布。
(2) 将自己的"高见"转化给班干部。
(3) 当着同学的面不要正面拒绝班干部的提议。
(4) 恰到好处地给班干部摆功,对班干部在集体中做出的贡献大力给予表扬,让同学们感受班干部为集体付出的辛劳和智慧。
(5) 批评班干部时,尽量不当着全班学生的面,防止降低他们的威信。
(6) 针对焦点问题,让同学们体会到班干部的"难处"。
(7) 教育学生懂得:尊重班干部就是尊重班主任,尊重班干部就是尊重自己、尊重集体。

（四）民主监督

班干部是一把"双刃剑",既可以起好榜样的作用,又可以起坏榜样的作用。有的班干部工作一段时间后有了业绩,就飘飘然起来,居功自傲,目中无人,一些不良的习气慢慢地显露出来,给班级带来严重的负面影响。怎样预防并及时治疗这些不良的症状?民主监督是最好的办法。

班干部的工作与《学生手册》的积分评定直接挂钩,其中重要的一项积分是通过民主评定后酌情奖罚。民主评定时,允许班干部申辩,申辩后由班主任裁决。班干部特别关注积分结果,因为积分高低直接影响到综合素质评定,甚至会影响评优评先。

（五）协调关系

班干部在班级管理工作中必然会遇到各种矛盾,假如处理不好,就会影响学习成绩和工作情绪,所以班主任要帮助班干部重点协调好以下两种关系。

一是协调好学习与工作的关系。班干部首先是一名学生,学生的首要任务是学习,学习成绩更容易树立个人的威信。班干部不能因工作而影响学习,也不能因学习而放弃工作。班主任有责任帮助班干部协调好学习与工作的关系,指导班干部合理安排,提高工作效率,把学习与工作有机地结合起来,成为全面发展型人才。

二是协调好个人与集体的关系。班主任应要求班干部处处以集体利益为重,以身作则,坚持原则,不脱离群众,不做"老好人",善沟通,能容人。作为班干部,只要一心为着集体,就会赢得同学们的尊重。

当然,要培养一支优秀的班干部队伍仅仅靠这些是不够的,还需要学校做出统一的思想指导,并为班级安排更多的活动,需要各科任教师的积极配合,需要家长的理解支持,需要班干部对"自我锻炼"有积极的认识以及班干部自己有想"当个好官"的理想追求等。

第四节 班风建设

 问题引入

《孔子家语·六本》中记，子曰："与善人居，如入芝兰之室，久而不闻其香，即与之化矣；与不善人居，如入鲍鱼之肆，久而不闻其臭，亦与之化矣。"可见良好的环境对学生的成长具有重要的作用，因此营造良好的班风应该是班级建设的重点。

一、班风的定义

（一）班风的概念

班风，即一个班级的风气，是由班级成员共同营造的一种集体氛围。班风反映了班级成员的整体精神风貌与个性特点，体现出班级的内在品格与外部形象，引领着班级未来发展的方向，对班级建设具有重要的导向作用。

（二）班风的形成

班风的形成，不是局限于个人的风尚，而是整个集体的风貌。它的形成有利于培养、塑造班级成员的良好形象，从而推动个人品德素养的发展，促进集体的良好作风。班风有利于培养集体主义精神。班风建设中，班风标准和具体行为规范是目标，活动是骨架，舆论是灵魂，骨干是核心，训练是动脉。有此五者，催人奋进的班风一定能形成。

班风的形成一般是以班主任带头为主、品格风尚良好的学生为辅自然形成的。品行恶劣的学生会带头破坏良好的班风，因而易形成差的班风。

（三）班风的作用

班风的作用不容忽视，一个良好的班风能够影响全体的团结，使得全体学生都有荣誉感，都愿意为自己的集体出一份力，不去拖后腿，从而起到规范的积极作用。而一个恶劣的班风则会导致班级涣散，使全体学生都不愿意为班级做出贡献，最终必然影响学生的学习生活。班风就像一个集体的标准一样，引导大家走向一个共同的目标。

 **视野拓展**

班级管理中防患艺术

唐诗有云："圆魄上寒空，皆言四海同，安知千里外，不有雨兼风。"《淮南子·说山训》中说："圣人者，常治无患之患，故无患。"北宋文学家欧阳修说过："疾小不加理，浸淫将遍身。"

这些名句古训说明了一个相同的道理,即人要有点忧患防范意识。这对我们进行班级管理工作也不无启迪。

晋·傅玄《太子少傅箴》:"故近朱者赤,近墨者黑;声和则响清,形正则影直。"靠着朱砂的变红,靠着墨的变黑,接近好人可以使人变好,接近坏人可以使人变坏,可见客观环境对人有很大的影响。

二、班风的培养

良好的班风将为班级学生的成长、发展提供一种有效的动力和压力,使班级里具有亲切、和睦和互助的关系,勤奋进取、文明礼貌的氛围,遵守班集体行为规范和维护班集体荣誉的精神状态。因此,班主任特别是新生班的班主任,一定要重视班风的培养,形成良好的班风。那么,班主任应如何进行这一长期和艰巨的工作?如何抓好班风建设?

 心语感悟

教育是什么,往简单方面说,只有一句话,就是养成良好的习惯。

——叶圣陶

(一)制定班规班纪

俗话说"没有规矩不成方圆"。班规班纪对于一个班级来说是很必要的,要形成良好的班风,必须制定相应班规班纪。制定班规班纪要有针对性,制定过程必须民主化,实施的方法又必须恰当。班主任应根据班级的具体情况,在全体同学的讨论研究下,制定相应的班规班纪,并由班委会和班主任联合实施。

为了增强学生自我管理意识,班主任应当坚持每天由一个值日班长记班级日志,记录当天班级的各种情况:如纪律、卫生情况、食堂吃饭、寝室就寝、好人好事及对班级管理的意见和建议等。学生如果能够始终如一、真实公正地记录班级的不足和进步,坚持多年,则有助于增强学生的自律、自强意识,从而使班规班纪真正地发挥应有的功效。

(二)师生和谐沟通

"人非圣贤,孰能无过",学生好心做坏事、偶尔犯错误都是难免的。那么如何使学生从思想上认识错误并加以纠正呢?这就需要情感陶冶,班规班纪只是治班之表,情感陶冶才是治班之本。情感陶冶就是利用各种环境因素,特别是教育者自觉创设的教育情境对学生进行感化和熏陶,潜移默化地培养学生积极健康的思想情感,从而提高学生思想觉悟和道德水平。情感陶冶并不是对学生提出明确的要求,而是寓教育于各种情境之中,使学生耳濡目染,在不知不觉中受熏陶和影响。班主任要想把班级管理好,就必须创设各种情境,做到以境育人、以情育人。作为"一班之首",班主任应该关心这一集体,爱护这一家庭中的每一位成员。

班主任不应以老师自居,动不动就训斥、挖苦、讽刺学生。人都是有自尊的,班主任要像保护自己的眼睛一样保护学生的自尊心。班主任对学生要公平,一视同仁,不能因为学生成绩的好差而持不同的态度。只要班主任能真情付出，学生必然会真情相报。

老师对学生的尊重、理解、信任和关怀是开启学生心扉的钥匙，是沟通老师和学生情感的桥梁。在心理相容的情境中，教育如春风化雨，点滴入土。

 **视野拓展**

阿希的从众实验

心理学家阿希曾做过这样一个实验，将每七名男生编为一个试验组，让他们看两张卡片，要求他们判断右边卡片上三条直线中的哪一条与左边卡片上的直线一样长（图4-1）。每七名被试中，有六名是假被试，他们一致做出错误的判断。结果发现，各组的七人中，共有37%的人放弃了自己的正确判断而顺从群体的错误判断。这种个体因感到群体的压力而在行为上与多数人取得一致的现象在心理学上称为"从众"现象。由于学生普遍存在"从众"心理，因而良好班风的培养就显得尤为重要。我们可以通过培养优良的班风对学生特别是后进生造成一种心理压力，促使他们按照正确的班风改变自己不正确的态度与行为。相反，如果班风不好，不良行为就会由于"从众"而像瘟疫一样在班级里蔓延开来，使那些意志薄弱的学生随波逐流。

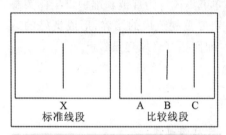

图4-1 阿希的"从众"心理实验

（三）开展课外活动

组织和指导学生参加课外活动，是中学班主任工作的一项重要内容，是班主任对学生进行思想品德教育的重要途径之一，是促进学生全面发展的有效手段。为什么广大学生对各种课外活动有着浓厚的兴趣？课外活动有什么特点？开展课外活动对学生有什么作用和意义？如何组织和指导学生积极参加课外活动？

1. 课外活动的概念

课外活动是相对于课堂教学活动而言的，它是指除学校有组织的课堂教学活动以外，由学生开展或参加的各种活动，包括周会、团队活动、科技活动、文娱体育活动、卫生活动等。开展课外活动，可以增强班级内部的凝聚力。

2. 课外活动的特点

课外活动与课堂教学相比具有许多特点。

1) 灵活性

课外活动可以超越课堂的狭小天地，可以不受教学计划、大纲、教材及时间和空间的限制。只要是能拓展学生视野、扩大其知识面、培养学生某方面的能力的活动，或者只要是有益于学生身心健康的活动，都可以开展。

2)多样性

由于课外活动的形式生动活泼,活动的内容丰富多彩,每个学生都可从自身的实际出发选择和参与各种各样的课外活动,从而使学生的课外生活呈现多样化。

3)实践性

课外活动作为一种社会活动,其本质是实践的,学生在课外活动中通过自己创造条件或环境,设计、组织或实施活动内容以达到一定的目的,即学生通过动手、体验和活动去丰富自己,因而课外活动有很强的实践性。

4)自主性

课外活动为学生提供了进一步学习和发展的良好环境,学生可以充分发挥自己在课外活动中的主体作用,即课外活动具有自主性。

中学生正值青春期,精力旺盛,活动量大,求知欲强。多数学生不满足学校单调的甚至有些枯燥的课堂生活,他们向往和追求一种多维的、多层次的和多色彩的立体生活。正是由于课外活动的丰富多彩满足了他们的求知、发展和实践的需求,诠释出他们的青春活力,使得他们对课外活动表现出强烈的兴趣和热情。

 **视野拓展**

中国古代的"课外活动"

在我国古代,已经出现了课外活动这一教育形式。《学记》中记载:"大学之教也,时教必有正业,退息必有居学。"所谓"正业",就是指课堂教学,"居学"就是指课堂教学以外的活动,即受教育者在课堂学习之外,还要进行与课堂学习有关的课外活动。这样,才能使受教育者"安礼""乐学",从而实现"安其学而亲其师","乐其友而信其道","虽离师辅而不反"的目的。

3. 课外活动的益处

1)课外活动能够使学生更有效地掌握知识、提高学习效率

丰富的课外活动,可以使学生在课堂内所学的知识得到巩固、加深和提高,同时,又可以使学生将已学到的知识初步运用到实践中去解决所遇到的一些实际问题。此外,课外活动还有助于扩大学生的知识视野,发展学生对政治、科学、文学、艺术、体育的兴趣和才能。

例如,在组织学生智力竞赛时,可以争取各科任教师的帮助和支持,将广泛涉及中学各科教学及涉及环境保护、生态平衡、人口、航天等内容的知识点大量编选到基础型和应用型的智力竞赛题中,这样做不但将课外活动与课堂教学联系起来,还深化了课堂教学。

2)课外活动能够充实和丰富学生的精神生活

中学生的身体正处于迅速成长的时期,他们有着衣、食、住、行的物质需求,同时,他们的心理发展和变化很大、很快,他们在集体中、在社会中,有着日趋强烈的精神追求。精神生活是一种高层次的生活。课堂活动也是一种精神生活。毫无疑问,班主任要抓学生的学习,但班主任更应该重视学生思想素质、文化素质、心理素质、身体素质和劳动素质等的全面发展和提高。

因此,衡量班主任工作的优劣和班主任每项教育措施、教育活动的价值,首先要看它在多大程度上有助于提高学生的思想觉悟、培养学生的优良品德、丰富学生的精神生活。

3) 课外活动能促进学生良好个性的发展

根据学生的特点,积极组织学生广泛开展课外活动,对促进学生良好个性的发展将起到非常重要的作用。由学生共同参加的课外活动,要求大家共同遵守其活动规则,要求参加者具有一定的能力和素质,它强调每一成员的配合、协调和互补。因此,在课外活动中,学生积极的良好的个性可以得到发挥和发展,而消极的不良的个性受到抑制和排斥。实践还表明,课外活动还可以为班级和学校培养有专长的学生及为社会培养有用的人才。

积极组织学生广泛开展课外活动,对增长学生的知识和能力、丰富学生的精神生活和全面发展学生的良好个性都有着重要的作用,同时,对班主任进行班级管理和集体教育及学生进行自我教育也都有着极其重要的意义。

4. 课外活动的形式

课外活动的组织形式和方法是多种多样的。按活动人数和规模,课外活动可分为群众性活动、小组活动和个人活动三类。

1) 群众性活动

群众性活动是指组织多数或全体学生参加的一种带有普及性质的活动。它可以在较短的时间内使较多的学生受到教育,对活跃学校生活有较大的帮助。这种活动有全校性的或校际性的,有全班性的或班际性的,参加活动的具体人数则根据活动的目的、内容而定。群众性活动的具体活动方式有报告会、讲座、演讲、社团、纪念日活动、文艺主题会、晚会、收听收看广播电视、看电影、参观、访问、游览、表演、各项竞赛、公益劳动、文娱训练、体育锻炼等。

2) 小组活动

小组活动是课外活动的主要组织形式。它是根据部分学生的兴趣、爱好和要求及学校的具体条件,就某一活动内容组成小组,进行有目的、有计划、经常性的活动。它小型分散,便于开展多种多样的活动,满足学生不同的兴趣、爱好,发展学生的才能,使学生得到更多的学习和锻炼的机会。它的种类有学科小组(文学、数学、历史、地理等)、科技小组(无线电、航模等)、艺术小组(音乐、绘画、书法、舞蹈等)、体育小组(体操、球类、武术等)、劳动技术小组(电工、电器维修、刺绣、公益服务)等。

小组活动在层次上有校级的和年级的或班级的。小组人数根据活动的性质和参加者的愿望而定,一般10~20人为宜,有的活动小组要求参加者较多,因此还可分成若干小小组。小组在吸收成员时,应以对该项活动有比较稳定兴趣的学生为对象,愿意参加的学生不要以课内成绩为条件加以限制。在组建小组时,要动员每个学生都至少参加一个项目的活动,但不宜同时参加过多的小组活动,以免导致负担过重。小组活动要制订活动计划,有固定的活动日和活动时间,有辅导员的具体指导,有严格的纪律制度。

3) 个人活动

个人活动是学生在课外进行单独活动的形式。它往往与小组或群众性活动相结合,由小组或班级分配任务,根据各个人的兴趣、才能,个别、单独地进行。个人活动的主要内容是:阅读课外书刊,写读书心得,记日记,练习创作、书法、绘画、演奏、摄影、采集标本,发动各自进行小发明、小制作、小论文、小实验、小改革活动,以及进行各种体育锻炼等。其作用在于充分发挥每个学生的积极性和创造性,丰富学生的个人生活,培养他们独立工作的能力,扩大和加深他们的知识,使其养成读书的兴趣和习惯,提高他们独立从事艺术创作和体育锻炼的能力。在现代信息传播工具日益发达的情况下,学生每天都可从报纸、杂志、课外读物、广播、电视等方面获得大量的社会、科技信息,这些信息对他们的发展起着越来越明显的作用。因此,组织和指导好学生的课外个人活动,是课外活动不可忽视的重要形式和方法。

课外活动除了根据活动人数和规模划分以外,还可有其他多种分类法。根据时间长短,课外活动可分为以下几种。

(1) 长期性活动,如科技实验、课外阅读、收听收看广播电视、社团、协会、墙报、小组活动等。

(2) 短期性活动,如训练班、演出队、科技制作、科技活动月、宣传周。

(3) 临时性活动,如报告、讲座、竞赛、展览、表演、调查、参观、劳动等。

根据活动场地,课外活动可分为室内活动(报告、讲座、阅读、晚会、创作练习等)、室外活动(体育锻炼、校园劳动等)、校外活动(调查、访问专家、社会服务等)。

根据活动机能,课外活动可分为接受性活动(报告、讲座、阅读等)、创造性活动(科技制作、科学实验、制作练习等)、训练性活动(文娱、体育训练等)。

班主任对班级进行管理时,不仅要关注班级的纪律和学习制度的遵守,还要从心灵上对学生进行塑造,使他们成为一个能自我约束的人。在班级管理中,班主任使学生的个性不断获得发展,在学生遵守各项规章制度的时候,能使学习和思维都能创新性地提高。教师是人类灵魂的工程师,班主任也担任着对学生灵魂塑造的责任,所以,班主任在管理班级时要激发学生的创新性,对他们进行健康积极的引导,使班级管理能真正有效地促进学生的成长。

 温故知新

班集体是按照班级授课制的培养目标和教育规范组织起来的,以共同学习活动和直接性人际交往为特征的社会心理共同体。新组建的学生班级要发展成为班集体,需要经历一个有序的动态发展过程。这一过程可分为四个基本阶段:组织规范的认同阶段;集体心理的优化阶段;集体主体性的发展阶段;成员个性的发展阶段。班集体一经形成,一般会具有共同的奋斗目标、有力的领导集体、健全的规章制度、健康的舆论和良好的班风。

班规,是指管理班级中采取的规章制度。班规制定要遵循三个原则:广泛性、可行性和制约性。班规并不是约束,而是更好地管理。

班干部是班级的骨干力量,是班主任的得力助手,是沟通教师与学生的桥梁。良好班风的形成很大程度上取决于班干部的作为。班主任对班干部的选择一般要符合以下条件:要有能力;要有良好的思想品德;要有较好的学习成绩。班干部选出后,班主任要抓紧对班干部的培养和教育。

班风即一个班级的风气,是由班级成员共同营造的一种集体氛围,对班级建设具有重要的导向作用。班风的形成一般是由班主任带头,品格风尚良好的学生为辅而自然形成的。班风就像一个集体的标准一样,引导大家走向一个共同的目标。抓好班风建设可以从以下几个方面着手:根据班级具体情况,制定相应的班规班纪;师生之间和谐沟通;开展丰富多彩的课外活动,促进学生良好个性的发展。

【本章练习】

1. 名词解释:班集体、班风。
2. 班集体的形成大致分几个阶段?
3. 试论班风对学生成长的重要作用。
4. 有些家长认为,学生只需要学好课本知识,能在当今严峻的考试竞争机制中胜出即可,因此,不要将时间浪费在课外活动上。你认为上述观点正确吗?请运用所学理论进行分析。
5. 请调查某一所中学高年级学生,统计从未当过班干部(包括小组长)的学生有多少。

第五章
班级活动

【内容概要】

☆ 班级活动的概念
☆ 班级活动的性质及特点
☆ 班级活动的类型
☆ 主题教育活动的概念、类型及操作流程
☆ 例行性班会的概念、类型及操作流程

第一节 班级活动概述

 案例引入

一位初中二年级班主任带领学生去区劳动技术中心开展"一日实践"活动,看到了同学们勤快能干、相互合作,感受到他们品尝劳动成果时的快乐。因此,她想利用这样的教育机会,让学生体会实践活动带来的快乐,组织学生筹备一次以"实践活动——劳动技术中心"为主题的班会。他们初步的设想是:请三组同学把在劳动技术中心的实践活动进行回顾总结,其间穿插一些互动节目,在轻松活泼的氛围中,让学生体会到热爱劳动是一种美德,在家中分担家务劳动是一种职责。

一、什么是班级活动

班级活动是一项规范人的外在行为、完善人的内心世界、培养创新人才的系统工程。活动是人类特殊的存在方式,教育活动是实现个体社会化和社会个性化的途径,班级活动是教育活动的主要组成部分。广义的班级活动,是指教育者为了实现一定的教育目的而组织班级全体成员参加的一切教育活动,包括班级课堂教学活动、班级课外活动、社会实践活动等。狭义的班级活动则是指在学科教学之外,教育者为了实现一定的教育目的,组织班级全体成员参加的教育活动,它包括综合实践活动、课外活动、第二课堂等。[①]

作者认为班级活动是指在班主任指导下,有目的、有计划地为实现班级教育目标而进行的各种教育、教学实践活动,是集体形成的基础,也是班级发展的催化剂。班级活动的目的与学校的教育目标是一致的,都是为了促进学生德、智、体、美、劳等方面的全面发展,是实现学校教育目标的重要途径。

与课堂教学相比,班级活动内容更多样,涉及学生学习和生活的各个方面,形式更加活泼,为学生成长提供了更为广阔的天地,同时也带给班级勃勃生机,是良好的班集体形成的

---

① 徐群,朱诵玉.班级活动的设计与实施[M].芜湖:安徽师范大学出版社,2013.

重要手段。当然,课堂教学是班级活动的基础,并为班级活动的开展提供指导和借鉴。

班级活动作为学校教育活动的重要组成部分,对学生的发展和班集体的建设具有重要的意义。

 心语感悟

生命在于运动,教育在于活动。

一次生动的活动胜过一千次空洞的说教。

 情景案例

寒假,我们换种活法[①]

放寒假时,给学生布置一些作业,提醒家长督促完成,是绝大多数老师会做的事。但德阳初中的王明远老师不这样做。他说:"我尽量少布置作业,多让学生去接触现实生活,让他们感受来自生活的竞争和危机,从而培养他们学习的自觉性和主动性。"

去年寒假,正月初八那天,王老师组织班上部分学习成绩差、纪律较涣散、被认为是没有"出息"的学生,到德阳火车站进行了一次"危机"教育。在那里,他和学生们一起度过了一个不眠之夜。

刚到火车站,学生们看见人山人海的民工席地而卧,觉得很好奇、很有趣。但到了后半夜,寒风四起,天寒地冻,一个个便萎靡不振了。一个学生说:"我现在好想有一个温暖的家。"接着,王老师和学生们一起找车站里的民工交谈,了解民工们外出打工的具体情况,学生们由此感受到了生活的艰辛。

这次活动对学生们的触动很大。几天前,王老师还收到已毕业的一名学生的来信:"火车站度过的那一晚,是我一生中最有意义也是最受教育的一个晚上,我将终生难忘。"

今年寒假,王老师又组织10名学生走访了7户下岗职工,让学生们了解生活的另一种艰辛,从中受到启迪与教育。他说:"这种现身说法的'危机'教育,比让学生闭门做几十天习题的教育效果要好得多。而且,在学生受到教育的同时,我自己也受到了教育。"

二、班级活动的性质及特点

(一)班级活动的性质

1. 班级活动具有教育性

班级是学习共同体、生命共同体和发展共同体。班级活动是班主任实现班级功能的重要渠道,是班级活力的体现,对学生的成长和发展有极为重要的作用。班级活动有广泛的教育内容,它的教育意义不局限于对学生进行单一的思想教育,而是为了全面促进学生健康成

---

① 周玫.德育与班级管理[M].武汉:华中师范大学出版社,2011.

长。班级活动的出发点不仅是基于某一种社会需求,还是基于学生健康主动地成长。

2. 班级活动具有自主性

班级活动是在课堂教学之外进行的活动。组织者根据学校教育目标及教学的实际需要组织形式多样、内容丰富的活动。学生通过参与活动,展示自己的能力和成就,从而增强自信心,使自主性和创造性得到充分的发挥。

3. 班级活动具有开放性

班级活动应具有开放性,要与时代发展密切联系,社会的进步及时代的发展在班级活动中应得到具体的体现。班级活动的开放性表现在以下三个方面。

一是活动形式上的开放,如向校内开放,同一年级不同班级之间、同一学校不同年级之间进行交流或者是各个学校之间互相开放,互相交流学习。

二是向家庭开放,通过家校联系,使教育形成更好的合力,达到更好的教育效果。

三是向社会开放,让学生主动参与社会实践活动,在班级活动中不断认识社会、认识世界。

4. 班级活动具有灵活性

班级活动的开展,可以根据学校教育教学的需要和实际情况,以及受教育者的身心发展状况等来确定。活动规模的大小、活动时间的长短、活动内容的设计、活动场地的选择等都可以灵活掌握,班级活动因地、因时制宜,没有固定模式。班级活动给每一个参与者提供了充分实践的机会。班级活动一般由学生自己动手设计和组织,学生的参与度较高。对班级活动,教师应该指导而不能包办代替。学生在自我设计、自行组织实践活动中,获得了知识,掌握了方法,提高了能力。

班级活动是坚持"以活动促发展"为指导思想的教育活动。活动是实现"发展"的必经之路,是学生认知、情感、行为发展的基础。教育的最终目的,是要实现教育对象的全面发展,而教育对象的全面发展,归根到底要靠自己的自我作用,靠学生个人在对象化活动中形成内在本质。教育要改变学生,就必须先让学生作为主体去活动,在活动中完成学习对象与自我的双向建构,实现自我发展。①

(二)班级活动的特点②

班级活动内容丰富,形式多样,方法灵活,教育总目标是它的"神",活动内容与形式是它的"形"。一般而言,要成功举办各种类型的班级活动,必须掌握班级活动的以下几个主要特点。

1. 班级活动的班本性

与学科教学的统一性不同,班级活动具有班本性。它以本班级成员为教育对象和出发点,由班主任和班级成员根据本班级情况自主选择和确定班级活动的内容和方式。班级活动需要充分利用本班级的各种教育资源,着眼于解决本班级集体发展中的问题,以促进本班级集体和每个成员的全面、主动发展为目的。具有班本性的教育活动,使教育目标富有创造

---

① 徐群,朱诵玉. 班级活动的设计与实施[M]. 芜湖:安徽师范大学出版社,2013.
② 周玫. 德育与班级管理[M]. 武汉:华中师范大学出版社,2011.

性地融入班级活动,满足班级和每个成员的发展需要。因此,班级活动班本性的实质是实现班级活动的"生本化"。

2. 活动主体的差异性

班级活动是按班级的组织系统开展的集体活动,活动的主体是学生。学生的兴趣、爱好各不相同:有的学生性格外向、开朗、活泼、善交际,有的学生性格内向、孤僻、沉静、好独处;有的学生学业成绩好,但缺乏文艺、体育方面的特长,有的学生学业成绩差,却有体育禀赋与文艺才能。这就要求班主任善于发现每个学生身上的"闪光点",并根据学生的个性差异,因材施教,以充分发挥每个学生的潜能与特长。

3. 活动性质的自愿性

班级活动需要学生自愿付出自己的智力和体力。课堂教学必须受教学计划和教学大纲的制约,学生必须按要求学习规定的必修课,不能任意选择,而班级活动则由学生根据自己的兴趣、爱好自由选择,自愿参加,教师只能加以引导而不能强迫。除此之外,班级活动还要凭借班级活动中集体与个体的相互作用,展开学生的自我教育过程,使学生通过自我教育实现精神与素质上的自主建构,使学校的教育要求真正转化为学生的自觉发展行动。如果学生对某项活动不感兴趣,一味强求是难以调动学生的主动性与积极性的,也不利于培养其个性、发展其特长,与教育目的相违背。

4. 活动内容的广泛性

班级活动的内容丰富多彩:可以组织各种科学兴趣小组,搞科技小发明,举办科技讲座,参观科技展览,培养学生讲科学、学科学、爱科学的兴趣;可以开展各种文艺活动,培养学生的审美能力和创造美的能力;可以开展各种体育活动,培养学生坚韧的性格和顽强的毅力,掌握各种运动技巧等。学生完全可以根据自己的选择,在丰富多彩的活动中,找到自己的合适位置,各显其能,各长其善。

5. 活动组织形式的灵活性

班级活动往往利用班会活动时间、课余时间或节假日开展。班级活动的规模可大可小,形式灵活多样。从组织的规模来看,有全班、全年级乃至全校的群众性活动;有各种小组的活动,也可以是个人的活动;从具体的活动方式来看,可根据学生的年龄特征、知识水平、设备条件及指导力量等,采用多种多样的形式,如做模型、采标本、进行社会调查、举办各种展览,或者进行演讲、书评、讲座、报告会等。

6. 活动方法的自主性

班级活动是以学生的自主精神、自治精神为基础的活动,一般由学生自己动手,所以其角色意识很强,教师只能指导而不能包办代替。让学生自己组织、自己设计、自己操作,有利于培养学生的组织能力和创造能力。学生通过独立的活动,展示自己的能力、成就,能使其获得心理上的满足,从而进一步增强自信心,使积极性、创造性得到更充分的发挥。学生在活动中可以根据自己的需要和兴趣确定参与的方式等,根据自己的知识结构、个性特长和前期的准备情况,选择个性化的活动水平,确立个性化目标。

综上所述,班级活动是一种以学生集体的自我教育为核心的班本化的活动。传统意义上的班级活动,更多的是把班级学生和集体作为教育活动的对象,习惯于从既定的教育要求出发来组织和设计教育活动,关注的是表面上的教育内容、形式和要求,忽视了班级及每个成员主体发展的需求和自我教育的潜力,忽视了教育活动中集体与个体相互作用的社会心理规律,以及共同活动的结构、过程、情境、角色与学生心理活动的同构关系,更缺乏在整体意义上对班级活动做系统的规划和设计。因此,如何在新时期教育理念的引领下,重建班级活动体系和实施方式,充分发挥班级活动在班级建设、提高德育实效性、促进学生个性健康发展中的作用,是现代班级活动中十分重要的实践课题。

成立年段级家委会　让班级活动更好玩

近日,厦门外国语学校初中部2013级家委会组织了"与春姑娘有个约会"大型家校踏青联谊活动,活动不仅受到了孩子们的欢迎,还得到了学校的肯定。

不同于以往学校在各班级成立家长委员会,厦门外国语学校初中部新近成立年段级家长委员会,整合了年级各班小家委会中的精英力量。如今,各班家委会办起活动来,有了来源于自身的"中枢神经"的指挥,方向更明确,效果更明显,也更能与学校的教育目标相吻合。

三、班级活动的分类

班级活动的分类多种多样。按活动方式,它可分为课内活动和课外活动;按活动内容,它可分为思想品德教育活动、文化学习活动、科技活动、文艺活动、劳动活动、游戏活动、综合活动等;按活动的目的,它可分为目标内化活动、建设舆论活动、建立良好人际关系活动、班级常规管理活动、培养自觉遵守纪律活动、培养学习兴趣活动等。所有这些班级活动,都有极强的目的性和严格的要求,要求班主任加强对活动的管理和指导,以确保达到应有的实效。①

对班级活动进行科学分类,不仅可以加深对班级活动的认识,还可以为班主任有针对性地进行班级活动方案的设计与组织实施提供参考。根据不同的标准可以对班级活动进行不同的分类。

(一) 根据活动地点分类

1. 校内班级活动

校内班级活动是指在学校中组织进行的班级活动,包括例行性班级活动、专题性班级活动和综合性班级活动。例行性班级活动又称班会,主要处理一些班务,引导全班同学对班级进行民主管理。在新学期开始时,班级需要通过班会制订或修改班级活动、工作计划,制定规章制度等。在遇到重大决定和行动时,召开班会,让全班同学讨论,统一他们的思想和认识。班委会轮换时,也要召开班会。专题性班级活动是指根据学校的统一安排,或者学生的实际需要,以中心议题的形式开展的班级活动。其中的议题可以是针对某一普遍问题而对集体进行教育的活动。综合性班级活动不但因为形式多样、内容丰富、娱乐性强而受学生喜

---

① 徐书业.教育学:原理与应用[M].上海:华东师范大学出版社,2010.

爱，而且寓教于乐、潜移默化。校内班级活动不仅能取得很好的教育效果，还会促进集体成员之间的情感交流，使集体形成积极向上的力量。

2. 校外班级活动

校外班级活动是指组织班级学生走出校门，为接触社会、了解社会、服务社会而开展的活动。组织校外班级活动，可以使学生更好地了解社会，接受思想品德教育，丰富健康情感，增强社会适应能力，促进学生的社会性发展。校外班级活动形式多样，可以开发各种社会资源，进行不同的活动。例如：以了解社会为目的的社会调查、社会考察，以培养学生的劳动观为目的的勤工俭学、支农支工活动，以培养学生道德品质为目的的社区义务劳动、敬老爱幼等活动，以及各种参观、瞻仰活动等。

（二）根据活动时间分类

1. 常规性班级活动

常规性班级活动也称日常活动，指的是在相对固定的时间里开展的周期性班级活动，主要包括展会、课间活动、值日和班级例会等类型。它包括季节性活动和常规性活动。季节性活动是指在一年的特定时令、节日和纪念日开展的活动，如夏令营、冬令营、春游、秋游、清明扫墓、"学雷锋"日等。这些活动有时间规律，年年重复，并且有一定的模式。常规性活动一般是在班会时间内进行的活动。常规性班级活动的特点就是时间相对固定，一般以周和日为周期。常规性班级活动看似比较零散，每次活动的时间很短，但它的意义我们不能忽视。组织得好，它能促进班级的建设和管理；组织不好，它会白白浪费时间，对班级管理不利。

2. 即时性班级活动

即时性班级活动是指利用学生在学习、生活中遇到的突发事件而迅速开展的活动。它往往是临时决定的，时间短，但针对性很强。这种活动会使学生产生强烈的情绪感受，使其印象深刻，效果往往很好。

（三）根据活动功能分类

1. 精神引领类班级活动

精神引领类班级活动的主要目的是帮助学生形成积极健康的精神面貌，包括良好的道德品质、积极的思想感情、健康的心理素质等。例如：每年清明时节组织学生到烈士陵园进行扫墓，可以对学生进行革命传统的熏陶和爱国主义教育等。这类活动注重让学生在活动过程中体验某种情感，在参与活动后更要表现出与这种情感相应的行动。

2. 学习促进类班级活动

学习促进类班级活动侧重于学生对一定知识、技能、学习方法的获得与练习，如各种知识竞赛、演讲、科技创新、课题设计等。此类活动可以针对学科教学的内容，也可以针对日常生活中的问题，这样既有利于知识与方法的学习、保持，又可以增强学生独立探索的能力、合作的能力、解决问题的能力，还可以培养他们的社会责任感和产生解决问题后的成就感。[①]

---

① 徐群，朱诵玉. 班级活动的设计与实施[M]. 芜湖：安徽师范大学出版社，2013.

因为班级活动是在学科教学之外进行的、完成一定教育任务的活动,所以它除了自身对学生具有一定的发展价值之外,也是对课堂教学的有益补充。

3. 个性发展类班级活动

个性发展类班级活动主要是为了让每个学生充分展示自己的特长、挖掘自己的潜力、发展自己的优势而开展的一些活动。学生在这类活动中可以充分表现自己,发出自己的"光亮"。不同的个体具有不同的特点、不同的优势。学生在展示自己的优势的时候,会体验到成功的喜悦,在看到了别的同学的长处时,会主动向他们学习。学生在活动中加深了对自己、对同伴的认识,也为老师了解他们打开了一扇"窗口"。在班级活动中,需要学生全身心投入和直接参与,这样学生就可以敞开心扉表达自己的感情,直抒胸臆,如在一次题为"爱要怎么说出口"的主题班会上,当进行到"我为父母做什么"这一环节时,学生们说出了自己内心的想法:倒一杯热茶、捶一捶肩膀、问候一声、少惹大人生气、做一次饭、做一次家务、节日里送上祝福……①班级活动为学生打开情感"出口"的同时,也在促进学生个性的发展。

4. 社会适应类班级活动

社会适应类班级活动意在让学生学习社会生活必要的规范和技巧,让学生掌握生活技能。这类活动的内容既包括学生基本的生活习惯的养成,又包括社会实践能力的提高,还包括介入社会政治、经济、文化所需的基本素质的形成。学生是在社会中生活着的人,必需的生活技巧、生存技能、权利意识、义务观念是美好生活的重要保障。

开展社会适应类班级活动,可以帮助学生很好地总结和掌握一些社会规范、生存技巧,了解社会与人生,得到训练并生成生活智慧,为以后步入社会做好准备。

在班级活动中,学生认识社会有两种方式。一种是踏入社会,直接认识社会。有许多班级活动是直接与实际社会生活相连的。学生在与社会直接接触中获得了对社会的一些认识,体验了社会与个体的关系。另一种是间接认识社会。比如,在一次班会中,有同学向大家介绍交通规则:"九不准"——不准骑车带人;不准骑快车、走快车道;不准骑车闯红灯;不准抢行猛拐;不准骑车扶肩并行、追逐竞驶;不准乱穿马路、跳跨护栏;不准在马路上追跑打闹;不准在马路上围观起哄;不满12岁不准在马路上骑车……②在班级活动中,类似的机会有许多,都可以帮助学生很好地认识社会。

(四)根据活动的目标分类

1. 根据基础教育课程改革进行班级活动的分类

21世纪伊始的基础教育课程改革,通过政府文件明确提出了综合实践活动的要求,赋予了班级活动更多的意义。

1) 课外活动

一般来说,我国中小学课外活动来源于学生的需要、兴趣、爱好、特长及社会现实生活、学科知识等方面,其内容如下。

①观察自然事物和现象,了解科学常识,如观察水、雨、雪、气、电、植物、动物等。

---

① 郝迎春.亲情是桨 理解作帆 让我们远航——记主题班会"爱要怎么说出口"[J].班主任,2006(12).
② 董玉花."交通法规,生命之友"主题班会[J].安全,2000(3).

②分析地方历史、地理。
③了解社会事务,参与社会事务活动,如组织学生进行社会交往活动、经济管理活动等。
④开展科学小实验活动,培养研究意识和发现能力。
⑤培养实际操作动手能力的活动,如儿童家政活动、各种手工制作活动等。
⑥培养音乐、美术、体育兴趣和特长的活动。
⑦认识自我、接纳自我的活动。
⑧尊重他人、与他人共处的活动等。

这些活动中,有些可以固定在某一时段中持续进行,有些视教学需要随时设计;有些以主题系列进行,有些则单独进行;有些集体完成,有些小组合作进行,有些个体单独完成;有些在校内进行,有些则在家庭或社区进行;有些按内容系列进行,有些按时间序列进行等。

2) 综合实践活动

随着社会科技的迅猛发展,知识体系的分化不断更新。为了解决学习时间有限和学习任务的无限量增加之间的矛盾,"综合学习"(综合实践活动)这种模式越来越受到关注。"综合学习"的提倡对学科知识学习、对班级活动的经验及体验学习的深化都起到了良好的促进作用。

综合实践活动是学生在教师的引导下自主进行的一种批判性、反思性、研究性的实践活动。综合实践活动与以知识信息的接受为主的学习活动具有本质区别,它强调学生"从做中学",通过课题研究性学习、社会参与性学习、体验性学习和实践性学习,改变学生在教育中的生活方式或学习方式。因此,综合实践活动具有实践性、综合性、开放性、生成性和自主性等特点。其目的在于帮助学生发展以探究能力为核心的一般思维能力,形成综合实践能力,增强社会责任感,并且培养学生良好的情感和态度。其类型一般有以下几种。

(1) 课题探究的研究性学习活动。课题探究的研究性学习活动即模仿或遵循科学研究的一般过程,选择一定的课题,通过调查、测量、文献资料搜集等手段(搜集大量的研究资料或事实资料),运用实验、实证等研究方法,对课题展开研究、解决问题,并撰写研究报告或研究论文。研究课题的选择与确定,通常要反映学生的生活背景和兴趣,以及特定的文化传统、自然资源状况等。

(2) 实际应用的设计性学习活动。实际应用的设计性学习活动要求学生在综合应用所学的各科知识和技能的基础上,进行问题解决的实际操作。设计性学习活动包括设计产品,并创造出实施的方法。例如:设计学校的操场,设计班级形象宣传板报,设计一个学生俱乐部组织体系,设计一个雕塑方案,设计一个学校班级管理系统等;改进某一系统,排除系统障碍;设计和组织一项活动,对活动所需要的各方面因素进行整体的规划和设计,如设计采访活动、设计对政府官员的访问活动。设计性学习活动强调操作性和针对性,注重使学生获得解决实际问题的操作技能。

(3) 以社会考察为主的体验性学习活动。以社会考察为主的体验性学习活动以丰富学生的社会阅历、生活积累和文化积累为目标。参观、考察、访问是体验性学习活动的基本活动方式。社会考察、参观和访问的内容一般涉及当地的历史和文化遗产、现实的社会生活和生产方式等。

(4) 社会参与的实践性学习活动。社会参与的实践性学习活动即要求学生参与一般的社会实践活动领域之中,作为某一社会活动中的一员进行实际的生产活动。社会参与的实践性学习活动的根本特征是学生亲身参与活动之中。社会参与的实践性学习有利于使学生通过一般性实践,获得对他人、对社会的价值实现感。社会参与的实践性学习活动的方式有三种:社区服务活动、公益活动和生产劳动。①

2. 根据目前学校教育的实际情况进行班级活动的分类

根据目前学校教育的实际情况,班级活动可分为主题教育活动和例行性班会。

1) 主题教育活动

主题教育活动也称主题班会,往往是根据学校的教育计划,针对学生的实际情况提出一个主题,围绕这个主题进行的教育活动。

主题教育活动内容广泛,主要分为许多类别,如品德与行为规范、心理健康教育、爱国主义教育、社会实践、学生成长、学习与考试指导、交往与沟通、安全教育、班集体培养、纪念日、节日等。

成功的主题教育活动令人难以忘怀,教育效果明显,但它需要花费班主任和学生大量的时间,对师生素质和班级气氛都有很高的要求。由于效果显著,所以它受到教育界的大力推崇。

2) 例行性班会

例行性班会也称常规性班会、事务性班会,它往往在开学初、期中、期末举行。其主要内容是讲常规,制订班级工作计划、制定或修订班级公约、班级各项规章制度,对期中、期末的考试情况进行分析等。主要目的是规范班级的集体行为,确立班级的常规模式,形成班级的正确舆论导向,培养积极向上的良好班风。

例行性班会的实施可以实现班级的民主管理。没有例行性班会,就没有民主管理,就没有学生的自我教育。这种班会是一种班级的"政治活动",同时也是一种民主管理和自我管理的实验,它对提高学生的民主意识和能力、培养负责任的公民,都有着十分重要的意义。

 正能量专区

开展"做文明学生,创文明班级"活动

为推进素质教育,提高学生精神文明素养,营造积极向上、争创先进的校园氛围,70中决定开展创建文明班级主题活动。

活动已开展近3个月,学生的组织纪律有了明显好转,文明习惯得以养成,学习氛围更加浓厚,好人好事层出不穷。此次活动的开展,使教师、学生在文明教育上有了更深远的认识,文明素质大大增强,校内形成了良好的文明氛围。

美化班级活动

在最近的一个美好的日子里,我们学校开展了美化校园的活动,学生们都非常踊跃,每一个人都为班级美化出谋献策。

有的学生设计了一个心愿墙,展现学生们的理想与希望。在那个名为"我心飞扬"的心愿墙里,第八组把所有学生的心愿都一一贴在上面,有的想成为建筑师,有的想成为音乐家,

---

① 徐群,朱诵玉.班级活动的设计与实施[M].芜湖:安徽师范大学出版社,2013.

有的想成为律师……各种各样的梦想都贴在上面。它时时提醒我们：努力吧，梦想才能成真。

有的设计了一个"天天读报栏"，让同学们天天都能读报纸。在读报栏中，整齐地贴满了内容丰富的各种报纸。在第五组的努力下，那版面的设计图文并茂、丰富多彩、新颖别致。而我为班里设计了一个"绿化角"，在那里摆上了各式各样的盆花。有水生的，也有土种的。有叶子葱绿的富贵竹，有绚丽多姿的凤仙花；有遍布针刺的仙人球，也有婀娜多姿的水黄枝。高低错落，妙趣横生。一眼望过去，简直就是一个小花坛。我带来的那盆君子兰果然是花中的君子，在花丛中显得气宇不凡，难怪老师也对它赞不绝口。还有的同学设计了小组评比栏，使小组评比既方便又美观。家长和同学们折的千纸鹤更是把教室点缀得漂漂亮亮的。第六组也设计了"书法展示墙"，挂上了一幅幅家长、学生、老师的书法作品，真是翰墨飘香。学生们写的文明提示语、美化校园的倡议书，还有硬笔书法，都给了大家温馨提示。

这次活动，我们一起动手装扮了班级，以后我们还要继续努力，让校园越来越美丽。

第二节 主题教育活动

问题引入

班级活动形式多样，主题教育活动作为班级活动的主要形式，它的成功实施对班级意义重大。那么主题教育活动如何设计与开展？带着这样的问题，我们进入本节的学习。

一、什么是主题教育活动

（一）主题教育活动的定义

班级的主题教育活动是以学生为主体、班主任为主导，在班主任的精心准备和指导下，围绕某一特定主题，有目的、有计划地组织实施，全班同学积极参与的一种集体教育活动。主题教育活动具有内容集中、形式多样、形象生动、学生自主性强等特点。

班级的主题教育活动比一般性的活动更具有教育意义，可以满足学校对学生德、智、体、美、劳全面发展的要求，可以提升学生的素质教育水平、发挥学生的创造力，是学生展示自我和锻炼能力的好机会，也是班主任通过集体力量引导学生的重要手段。好的班级主题教育活动不仅在短期有较好的效果，还会对学生的一生产生较大影响。

（二）主题教育活动的原则

1. 教育性原则

主题教育活动带有较强的教育目的，一般由班主任针对某一问题，确定活动主题，并通过一系列的活动达到一定的教育意义。这些教育意义有多个方面，可增强学生思想道德水平、审美情趣,提高学生实际操作能力、开发智力等。

教育意义的实现,需要有正确的主题教育方针,并且活动设计符合一定的教学规律,使学生在活动体验中有所收获、有所感触,达到教育的最终目的。为实现教育意义,班主任要理解教育原则,从学生实际出发选定主题及内容,主题内容要凸显班级学生特色,反映学生中普遍存在的问题,对症下药,才能收效明显。有的班主任错误理解主题教育活动,在开设主题教育课时将重心放在教育学生上,将活动课当成个人演讲课,大谈大道理、号召学生学习榜样,使学生在活动中感到枯燥乏味,收效甚微。

2. 多样性原则

中学生活泼好动,信息来源广,好学求新,只有丰富多彩的活动才能提起他们的兴趣,使其积极参与,因此在组织班级活动时,必须要充分考虑青少年的特点,将班级主题教育活动多样化、创新化,切忌单调刻板。

多样性原则首先要求班级活动内容多样化,开展班级活动要兼顾学生德、智、体、美、劳各方面的素质,使活动既有教育性,又有趣味性,能使不同程度的学生都有施展的机会,使其心理上有成功的体验。

另外,多样性原则还需要班级活动的形式多样性。学生喜欢求知、求新、求实、求乐,因此,班级活动的形式要丰富多彩,变化新奇,让活动更有实效性。一般可采用辩论式、演讲式、表演式、体验式等。但在选用形式多样性时需要注意,形式与内容应统一,不要弄成形式主义,太过花哨,不切合主题内容反而适得其反。例如,一些严肃的主题,就必须形式简单,整个活动需要严肃一些。

3. 主体性原则

主题教育活动虽然带有一定的教育目的,但是这一教育目的的实现是通过学生积极参与、获得深入体会而最终达到的,班主任只是主题教育活动的主导者,活动的主体是学生。因此,班主任在活动中要发挥指导作用,宏观上把控整个活动,确定主题后,引导学生自己搜集资料,班主任在整个活动中对学生进行指导和鼓励,最终使学生在活动中获得积极体验,形成自主性。

4. 针对性原则

班级主题教育活动应根据学生实际,针对班级普遍存在的现实问题,有目的、有计划地组织开展活动。班级活动的针对性越强,学生的收获越大。因此,班主任首先要了解学生的思维发展特点、心理发展水平,然后以智慧的双眼,在细致观察的基础上,搜集学生在生活、学习、实践中出现的问题、困惑。这样的主题,才符合学生身心发展的要求,才能引起学生的共鸣、激发学生的热情参与,从而达到一定的教育目的。某校班主任,在一次大扫除活动中发现学生们一直在抱怨太累,遇到一些问题也不会开动脑筋想问题,针对这一现象他设定了"直面困难"主题教育班会,通过设定困难情境,引导学生集思广益解决问题,学生们积极参与、深入体会,意识到自己的问题并能想办法解决,最终取得了很好的效果。

针对性原则要求班主任讲究方式方法,要做到对事不对人,需要明白主题教育课是来解决问题的,而不是某些学生的批评会,面对个人性、隐私性的问题,需要班主任私下解决,而不能在班级中解决。例如,某班几次出现丢东西的事情后,班主任充分调查,决定开一场"道德教育"课,多次谈到班级丢东西的现象,并发泄了一些个人情绪,这样的主题教育课会伤害学生的自尊心,破坏整个班级的氛围,因而是失败的。

(三) 主题教育活动的主要内容

主题教育活动最终目的是促进学生的全面发展,因此其内容较多,主要包括:德育活动、智育活动、心理健康教育活动、安全法制教育活动等多种内容。

1. 德育活动

德育活动,主要是思想品德教育,通过一系列活动培养学生远大的理想、正确的政治观念、良好的道德修养,最终形成较好的道德品质。德育教育活动主要包括:爱国主义教育、集体主义教育、社会主义教育、理想教育、道德教育等内容。

班级可利用一些传统节日、纪念日开展相应德育的活动。每一个节日都有其丰富的内涵,如可利用传统的"国庆节""清明节"引导学生进行爱国主义教育。随着西方节日在我国的发展,班主任也可以选择一些西方节日来组织相应的主题教育活动,例如,"感恩节"等。班主任要深入挖掘一些节日的内涵,要把纪念什么、庆祝什么同教育主题结合,并通过有效的形式,使学生在熟悉的节日中体验其所蕴含的深刻思想,得到新的启迪,进一步受到教育。

2. 智育活动

智育活动,即针对学生在学习的过程中普遍存在的问题,帮助学生树立正确的学习目标,提高学习效率,增强学习积极性,提高其学习能力,激发学生创造力等开展的活动。智育活动的内容主要包括:榜样学习、学习态度教育、学习方法教育、学习目标教育、学习兴趣教育等。

山西临汾的一位班主任说:"学生厌学是家长和教师最头疼的事情。厌学情绪普遍存在,学习和太多的痛苦连在一起,学习成为痛苦的回忆,所以,情绪起着重要的左右学习的作用。"她设计了"学习,我爱你有多深"主题教育活动,通过一系列体验式的活动,调动学生的愉悦情绪,顺利地将愉悦的词语和学习连接了起来,提高了学生的自信心,使学生获得了愉悦感。

3. 心理健康教育活动

心理健康教育活动,主要是针对学生的身心发展特点,运用心理学知识,开展相应主题的教育活动,使得学生形成良好的心理健康水平。作为班主任,不仅要学习相应心理学理论知识,了解学生身心发展的特点和规律,还要关注学生在不同时期的生理、心理发展变化,倾听他们的烦恼并引导他们解决具体问题。

不同年级学生发展特点、需要关注的问题不同,相应的主题教育课也会有所不同。例如:初中生情绪波动大,顺利时容易得意忘形,受挫时垂头丧气,因此可以开展欣赏自我、正确面对挫折等主题教育活动;高中生自我意识增强,更加在意自身形象,男女生交往产生问题,因此可以开设男女生交往方法、人际交往方法、青春期心理生理教育等活动。

心理健康教育活动(或心理辅导活动)与班会活动是既有区别又有联系的两种活动。例如:主持人可能相同,二者都可能是班主任主持或策划的活动;活动主题相同,二者围绕的主题都是学生成长、发展中需要解决的问题;二者活动时间相同,可以利用班会活动时间进行,时间长度与班会时间基本相同。但是,二者在主持人的态度、使用的方法、活动的形式等方面却有很大的区别。

心理健康教育活动的开展一般可以在学校心理辅导室进行,心理辅导室的建设有着特殊的设置和要求。

 参考阅读

中小学心理辅导室建设指南

本指南根据教育部《中小学心理健康教育指导纲要(2012年修订)》的精神和国家有关中小学心理健康教育工作的基本要求制定。适用于全国中小学心理辅导室的建设、规范、管理与督导评估。

一、建设目标

心理辅导室建设应坚持立德树人,以促进学生健康发展为根本,心理辅导室软、硬件设施配置遵循中小学生身心发展特点和心理健康教育规律,重在提供心理辅导和心理健康服务。通过向学生提供发展性心理辅导和心理支持,提高全体学生的心理素质,培养他们积极乐观、健康向上的心理品质,促进学生身心和谐可持续发展,有效适应学校生活和社会公共生活,为他们快乐学习、健康成长和幸福生活奠定坚实的基础。

二、功能定位

心理辅导室是心理健康教育教师开展个别辅导和团体辅导,帮助学生疏导与解决学习、生活、人际交往和升学就业中出现的心理行为问题,排解心理困扰和防范心理障碍的专门场所,是学校开展心理健康教育工作的重要阵地。其主要功能有以下几点。

1. 开展团体心理辅导

关注全体学生的心理健康水平,提高全体学生的心理素质,开展面向全体学生的心理健康教育活动和团体心理辅导活动。

2. 进行个别心理辅导

对有心理困扰或心理问题的学生进行有效的个别辅导,提供有针对性的心理支持,或根据情况及时将其转介到相关专业心理咨询机构或心理诊治部门,并做好协同合作、回归保健和后续心理支持工作。

3. 监测心理健康状况

了解和监测全体师生的心理健康状况、特点和发展趋势,及时发现问题,有效监控、防范和应对各种突发事件,减小危机事件对师生的消极影响。

4. 营造心理健康环境

对有需要的教职工进行心理辅导和心理支持,提高其心理健康水平,营造积极、健康、和谐的育人环境。举办心理健康教育宣传活动,帮助家长了解和掌握孩子成长的特点、规律及教育方法,协助家长共同解决孩子发展过程中的心理及行为问题。利用学校心理健康教育资源服务社区,发挥学校心理健康教育对家庭及社会教育的辐射作用。

三、基本设置

心理辅导室建设应坚持科学、实用原则,保证基本配置,满足心理健康教育工作科学有效开展,有条件的地方可以结合实际情况,拓展心理辅导室功能区域和相关配置。

1. 位置选择

心理辅导室应选择建在相对安静又方便进出的地方,尽量避开热闹、嘈杂区域。心理辅导室所在楼层不宜太高。

2. 环境要求

心理辅导室环境布置应充分考虑心理健康教育工作的特殊性和青少年身心发展的特征，体现人性化设计和人文关怀，富有生机。心理辅导室可选择亲切、生动、贴近学生心理，易于学生接受的名称。室外可张贴轻松的欢迎标语，图示图标简明醒目。内部环境应温馨、整洁、舒适，以清新、淡雅、柔和的暖色调为主，合理运用色彩、灯光和装饰物，光线适中，自然光、灯光强度合理。个别辅导室要充分保障学生隐私的要求。

3. 基本配置

心理辅导室应设置个别辅导室、团体活动室和办公接待区等基本功能区域，有条件的学校也可单独设置心理测量区、放松室、自主自助活动区等心理健康教育拓展区域。心理辅导室的使用面积要与在校生人数相匹配。学校可结合心理健康教育工作的实际需要与学校其他场所共建共享，在不影响心理辅导各功能区基本功能的情况下，心理辅导室各功能区域也可以相互兼容。心理辅导室外应设有心理信箱。

区域基本配置个别辅导室面积要求每间 $10\sim15\ m^2$，基本设施配有咨询椅或沙发，教师咨询椅或沙发与学生咨询椅或沙发呈 $90°$ 或 $60°$ 摆放。可根据条件配备放松音乐、心理健康知识挂图、录音设备等。团体活动室面积要求每间 $20\ m^2$ 以上，基本设施配有可移动桌椅、坐垫、多媒体设备。可根据条件配备团体心理辅导箱、游戏心理辅导包等。办公接待区面积要求 $15\ m^2$ 以上，基本设施配有计算机、打印机、电话、档案柜、期刊架、心理书籍等。其他拓展区域(依需要和条件建设)配备学生心理测评系统和心理健康自助系统等工具，沙盘类、绘画类辅助辅导器材，放松类、自助类器材等。

四、管理规范

1. 开放时间

心理辅导室定期对学生开放，可视学生数量和学校心理健康教育实际情况确定具体开放时间。原则上，学生在校期间每天均应开放，课间、课后等非上课时间应有一定时间向学生开放，并安排专人值班。

2. 人员配备

心理辅导室至少应配备一名专职或兼职心理健康教育教师，并逐步增大专职人员配比。专兼职教师原则上须具备心理学或相关专业本科学历，取得相关资格证书，经过岗前培训，具备心理辅导的基本理论、专业知识和操作技能，并定期接受一定数量的专业培训。心理健康教育教师享受班主任同等待遇。

3. 经费投入

学校应设立心理健康教育专项经费，纳入年度经费预算，保证心理辅导室工作正常开展。心理辅导室应免费为本校师生、家长提供心理辅导。

4. 成长记录

心理辅导室应为学生建立成长信息记录。成长信息记录一般包括学生的基本情况、家庭情况、心理状况、辅导记录等。辅导记录一般包括学生目前的心理状况、辅导的主要问题及问题的评估和鉴定，并有相应的分析、对策与辅导效果评价。学生成长信息记录、测评资料、信件、录音录像和其他资料,应在严格保密的情况下保存。心理辅导室应根据学生成长信息记录,有针对性地开展团体心理辅导或个别心理辅导。

5. 辅导伦理

心理健康教育教师应坚持育人为本,着力提高全体学生的心理素质;在学生出现价值偏差时,要突破"价值中立",帮助学生树立正确的世界观、人生观和价值观;在辅导过程中严格遵循保密原则,保护学生隐私,但在学生可能出现自伤、他伤等极端行为时,应突破保密原则,及时告知班主任及其监护人,并记录在案;谨慎使用心理测评量表或其他测试手段,并在学生及其监护人知情自愿基础上进行,禁止强迫学生接受心理测试,禁止给学生贴上"心理疾病"的标签,禁止使用任何可能损害学生身心健康的仪器设备。

6. 危机干预

心理辅导室应建立心理危机干预机制。明确心理危机干预工作流程,出现危机事件时能够做到发现及时、处理得当,给予师生适当的心理干预,预防因心理危机引发的自伤、他伤等极端事件的发生。

7. 及时转介

心理辅导室应与相关心理诊治部门建立畅通、快速的转介渠道,对个别有严重心理疾病的学生,或发现其他需要转介的情况,能够识别并及时转介到相关心理诊治部门。转介过程记录翔实,并建立跟踪反馈制度。

8. 加强研究

心理辅导室应定期组织教研活动、典型案例讨论、组织参加专家督导,定期开展心理健康普查和心理健康调查研究,不断提高心理辅导的科学性与实效性。

4. 安全法制活动

安全法制教育,主要是通过参观学习、警示教育、自我保护意识提高等系列活动,增加学生的法律观念,提高学生的自我保护意识和能力,一方面让学生了解基本的法律常识,学会自我保护;另一方面增强学生的法律观念,减少冲动行为。例如,参观吸毒人员照片、道路安全知识学习等,都是安全法制活动。

(四)主题教育活动的类型

1. 社会实践式

社会实践活动即公益活动、社区服务活动。社会实践活动可以增强学生的社会责任感,将学校、社会、家庭之间联系起来,将学校教育同社会教育紧密结合,提升学生的社会实践能力。

2. 专题报告式

专题报告活动通过组织学生听专题讲座、教育报告的方式开展,通过他人的解说、示范,达到一定的教育目的。主题报告针对性强,一般针对班级普遍性的问题,邀请专业人士进行解说。例如:邀请司法人员做预防犯罪专题报告;邀请班级优秀学生介绍自己的方法和经验;召开青少年心理问题专题讲座等。

3. 主题班会式

主题班会不同于一般性班会,主题班会一般围绕一个核心主题来进行。它的主要功能是德育,即通过主题班会对学生进行思想品德教育。主题班会操作性强、方便实用,内容也多种多样,如游戏式、辩论式、竞赛式等。

目前,"体验式"主题班会在班级中运用较多,"体验式"主题班会根据心理学理论,运用相关心理技术,带领学生参与体验,并生成感悟和反思,学生在表达和分享中提升自己,最终实现共同成长。

4. 直观体验式

组织学生实地观摩,亲自体验接受教育,或组织学生观看展览、影视作品,是一种直观的主题教育活动形式。直观体验活动注重学生内心的真实感受、亲身经历,这种自我体验作用是老师无法代替的。

例如,针对班级不少学生不了解和不遵守交通规则的现象,班主任开展道路安全教育活动,先让学生观看道路安全事故视频,随后带领学生参观本市的十字路口混乱的路况,并让学生做好违规记录,体验完成后让学生写一篇日记。学生通过体验,感受到强烈的安全隐患,从而会积极主动地寻找正确方式以确保自己的生命安全。这样的主题教育活动是较为成功的,学生体验深刻,达到了教育的目的。

二、主题教育活动的主要环节

主题教育活动有别于一般性的班会和事务性活动,它要求内容丰富,形式多样,并让班级的全体学生参与进来,使整个活动得到突出的效果。一场成功的主题教育活动需要在各个环节做充分的准备工作。主题教育活动的主要包括四个阶段:准备阶段、实施阶段、评价阶段、发展阶段。

(一)准备阶段

1. 设定主题

好的主题要从学生的实际出发,具有很强的针对性,并通过围绕主题的系列活动让学生得到深刻的教育和自我提升。好的主题需要把握"以小见大、大中见小"的原则,从学生的实际中去挖掘,从社会的大背景中提炼,以进行有针对性的教育。许多班主任在一听说要召开主题教育活动就十分头疼,随便在网上找一些材料就拿来上,其实班主任只需要认真地观察,就可以从学生的细微表现中搜集到大量的材料。例如,某班班主任,发现学生有浪费水资源的现象,没有节约水的意识,于是设计召开"真爱生命,珍惜水资源"的主题班会。又如,某老师发现有些同学过于沉溺在手机、网络游戏中,设计了"网络利弊"主题班会。

2. 选定内容与形式

确定主题后,需要选定切合主题的内容。内容的主要来源是在学生的实际中,针对近期学生普遍存在的问题,选择学生身边的事件,引起学生的共鸣,以达到更有效的教育目的。

例如,某班主题活动课,班主任组织学生学习"美德少年先进事迹"时,只是准备了一些影视资料让学生观看,显然这样的活动效果是较差的。

主题教育活动的形式需要根据学生的身心特点来确定,应尽量选择新颖活泼的形式,使学生在充满趣味的气氛中思想得到升华、兴趣得到培养、感情得到熏陶。形式是为主题服务的,所以形式需要切合主题,只有形式恰当有新意,才能达到更好的效果。确立活动形式时还需要考虑活动形式的操作性,充分考虑班会形式对时间和场所的要求,并争取让全体学生参与活动。

3. 方案的制订

成功的方案是活动顺利进行的保障,因此方案需要考虑全面。从方案的类型上来说,有教案式、剧本式和散文式活动方案。教案式活动方案就像教师的教案一样,写出实施方案和过程,包括活动目的、活动形式、活动过程、活动总结等过程。剧本式活动方案如同电视剧剧本,将整个内容串联起来,充分考虑活动的起承转合。散文式活动方案是以散文的笔法将所有的活动形式和活动内容有机结合,考虑到一些活动点子的串联,在最终的活动中学生会有更多的收获。一般情况下,班级的主题教育活动方案常采用简洁明了的教案式。

 主题教育活动方案

"未成年人拒绝进入网吧"主题班会实施方案

一、活动目的

让学生了解网吧的危害性,让学生知道他们正处于长身体、长知识的时期,应该远离一些不良场所。在集体的氛围下,树立正气,自觉发起全班监督,拒绝网吧的活动。

二、活动形式

小品表演、主持、小组讨论、签名活动、合唱等。

三、活动时间与地方

本周班会,活动室。

四、班会主持人

小斌、王敏。

五、活动过程

1. 未成年人进入网吧的危害性

主持人:老师们、同学们,下午好!今天我们班的主题班会是禁止未成年人进入网吧——要有一个健康的业余生活。现在科技发达,未成年人进入网吧已经是很普遍的现象,未成年人进入网吧到底有什么危害呢?

(1) 小组讨论。

(2) 代表发言。

2. 小品表演《蜕变》

(1) 三位同学表演。

(2) 班级讨论:从表演中你得到什么启示?

3. 签名活动

因为我们都是未成年人，网吧不是我们流连的地方，我们都应该拒绝进入网吧，在老师、同学的见证下，我们庄严地签下我们的名字：拒绝进入网吧！

4. 总结

（1）用健康的人生，展望未来。

（2）全班同学一起唱《明天会更好》。

4. 材料准备

确定好主题和方案后，班主任要考虑全面，并安排学生分工协作。在学生的准备过程中，班主任给予他们一定的启发、引导、示范，增强学生的主动性，不要一切包办，但也不是放任不管。

材料准备工作主要包括：准备班会主题所需材料，如文章、影视作品等；准备活动的设备，如投影、音响等；排练节目，如主持稿、演讲稿、小品节目；布置活动场地；做好应急事件的准备工作等。

（二）实施阶段

经过前一阶段的充分准备，主题教育活动可以进入实施阶段了，但在活动正式开始前，班主任一定要做好最后的检查工作，确保活动万无一失。

正式活动时，班主任应该扮演参与者和观察者的角色，在活动中师生互动，增强学生的参与度；当活动偏离主题时及时引导；在突发事件发生时处乱不惊，以镇静的情绪安抚学生，并马上做出反应，确保活动的顺利进行。另外，班主任还需要时刻关注学生的细节反应，以为后面的总结做准备。

（三）评价阶段

主题教育活动结束前，班主任需要进行简短的总结性发言。总结性发言需要提前准备，并根据活动情况有所针对性，总结时观点明确、条理清晰、突出中心，主要是肯定学生的成绩、激励学生，这是增强学生自信心的好机会。同时，也应实事求是，针对活动中存在的问题和不足，引导学生查找出原因，总结经验教训，并在后续的活动中改进。

评价阶段需要注意，学生是活动的主体，主题活动的成功与否他们最有感触，因此班主任在评价的时候可以邀请学生对活动进行总结。

（四）发展阶段

为充分发挥主题教育活动的教育意义，应该深化主题活动并为下阶段的教育内容做准备，促进学生后续的发展。为加深学生的认识和体会，可以让同学们以记日记、写作文、制作黑板报等方式加深个人的体验，班主任也可安排一系列的后续活动，进一步达到活动效果。

例如，"时间管理"主题教育活动结束后，学生对时间规划有了深入的认识，并寻找到方法做出改变，班主任随后发放"时间管理计划表""我的竞争对手表"等，督促学生在日常生活中自我监督、制订计划，最终提高学生的时间管理能力。

第三节 例行性班会

 问题引入

某班有几位学生在参加学校演讲比赛时,为了取得好名次,贿赂了评委,结果被人揭发,事情败露,班级荣誉受到影响。针对这个问题,班主任准备召开一次例行性班会。那么,如何设计这次班会,才能既达到良好的效果,又不伤害同学们的自尊心呢?带着这个问题,我们一起进入本节的学习。

一、例行性班会概述

(一)例行性班会的定义

例行性班会是在班主任的指导下,由班主任或学生主持,依据民主管理、自主管理的原则,全体学生共同讨论、处理班级日常事务,进行班集体建设的班会活动。例行性班会最终要达到规范班集体的行为、确立班级的规范、形成良好的班级舆论导向和健康向上的班级风格的目的。例行性班会强调民主、自主及规范化,因此在开展的过程中必须体现法制精神,要有议事规则,活动要遵守既定程序。

(二)例行性班会的内容

对班级的管理,可谓说是事无巨细。例行性班会必须要制定好明确的班级规则,通过班级规则来管理班级的日常小事,做到有理可依、有据可行。例行性班会主要对以下几个方面制定规则。

1. 班集体建设

宣传学校各项规章制度和纪律(如课堂纪律、课间要求、考勤制度、考试纪律等),制定本班班规、奖惩措施,教育学生严格遵守。

2. 学生行为指导

宣传并检查各项规章制度的执行情况,表彰先进,批评错误言行,帮助学生分析和总结自己的情况,提高学生自我道德评价的能力。

3. 其他

组织讨论班级成员共同关心的问题(如班内物品如何摆放、集体活动元旦如何庆祝、比赛等),处理偶发事件(如师生之间、同学之间的矛盾)。

(三)例行性班会的特点

例行性班会具有以下特点。

1. 具有规范性

例行性班会按制度办事；对如何开班会有具体的议事规则；对如何奖惩、如何处理问题，有班级公约和规范制度；对活动，都有严格的程序，学生包括班干部、班主任都需要严格遵守。

2. 具有常规性

例行性班会基本上每周一次，及时通报班级情况，开展表扬和批评，对学生进行常规教育。

3. 具有事务性

例行性班会主要是处理班级日常事务，如布置一周工作，讨论制订活动计划和班规班约，选举三好学生、优秀学生干部、精神文明标兵等。

4. 具有灵活性

例行性班会在具体安排上，其内容和形式应根据班级现状来组织，因此具有很强的灵活性。

5. 具有民主性

例行性班会是实现民主管理的重要途径，涉及班级发展目标、班集体建设、班级成员切身利益等事项都可以在例行性班会上进行讨论。

6. 具有针对性

例行性班会常常会针对班级近期的具体问题开展教育活动，一般要求在较短时间内产生教育效果。班级是个小社会，许多日常事务要通过例行性班会来进行。例行性班会可采用讨论、辩论、表决投票等形式解决问题，因此，它能培养学生的集体意识、民主意识及自主管理的能力。

 心语感悟

记住你的管理目的应该是养成一个能够自治的人，而不是一个要让人来管理的人。

——斯宾塞

二、例行性班会的开展

（一）例行性班会的计划

例行性班会需要较强的计划性，缺乏计划则会使整堂班会漫无目的，效果较差。例行性班会的计划性包括两个方面：一方面是应对整个学期的例行性班会有一个大计划；另一方面是对一次班会的具体计划。

在对整个学期的例行性班会制订计划时，班主任应考虑本班具体特点，以及学生的心理生理特点，拟订符合本班实际并能满足教育要求的计划。计划需要在开学初制订，可以采用表格的形式，将例行性班会简要地安排出来。在学期的进行之中，班主任可以根据学生的情况,对班会加以适当的调整。

对每次召开例行性班会,班主任应有具体的计划,使每次班会能够有目的、有计划地实施。制订的计划,主要包括:活动内容、活动形式、负责人及活动的主要程序、注意事项等,以保证活动的效果。在制订每次的计划时,班主任要考虑到学生的变化性和发展性、学生目前的状态和不同特点,最终制订符合他们身心发展的计划。

(二) 例行性班会的议事规则

例行性班会的实施需要全方位的保障,因此在活动开始前,要制定严格的例行性班会议事规则。议事规则要充分注重学生的自主性和民主性,要在与学生共同讨论中制定,这样才能保证学生积极参与;如果班主任独断专行,就会引起学生的反感。例如,在某班,班风较为懒散,举行例行性班会时学生配合度不高,班主任规定一次不积极配合扣十元钱,两次不积极配合请家长,三次不积极配合回家反思,学生非常反感,经常消极抗议,因此这样的规则是无意义的。

一般来说,例行性班会的议事规则主要讨论以下五个方面的具体内容。

1. 班会召开的时间及参与人员

例行性班会注重学生自主性,一般由班级学生主持,参与人员为班级全体学生及班主任,并由参与人员共同做出决策。这样的班会次数也不宜过多,可一两周召开一次,一般在开学初、期中及期末考试结束后,或班级遇到一些突发事件后召开一次班会。

2. 例行性班会的主要形式

例行性班会要充分调动学生的参与性,活动形式要新颖、有趣、灵活且易于操作,既能吸引学生的注意力,又能增加学生参与的积极性。班主任可以设计辩论会、案例再现、小品表演、换位思考等学生喜欢的形式,引导学生进行思考和感悟,并在小组竞争或头脑风暴中,一步步澄清和解决问题。

例如,某班班主任发现学生在考试中常常有作弊的行为,他并没有直接采用批评教育的方式,而是选了几位对作弊不以为然的同学作为"作弊,轻松面对父母"班会的主持人,采用辩论赛的形式,经过几轮激烈的辩论后,终于使学生们意识到作弊并不是一种很好的行为。

3. 例行性班会的范畴

例行性班会利用民主管理的方式,在平等民主的氛围中,以学生为主角,制定班级规则、制订班级工作计划,安排重大活动等。在活动中,班主任要有民主意识,如果班主任忽略民主,独断专权,在不考虑班级实际、不尊重学生意愿的情况下制定班级的一些规则,那么效果就会较差。

4. 例行性班会的程序

例行性班会从制度上规定了整个班会的流程、学生及班主任的具体任务。一切民主的形式都可以加以利用,"罗伯特议事规则"就是一种民主议会的形式,对此在下一部分例行性班会的实施中将会有详细的介绍。

5. 其他注意事项

例行性班会的实施需要学生的积极参与。例如,学生的迟到管理,学生的配合度等,将这些纪律或其他注意事项列为班会规范,可以对班级学生的行为加以要求,从而保证班会的顺利实施。

参考资料

例行性班会议事规则

为更好地召开班会,更高效地讨论班级的各项事宜,现根据我班学生的实际情况和学生的特点,为我班的例行性班会制定以下议事规则。

为了贯彻落实《学生日常行为规范》,实行班级量化管理制度,提高班级管理效率的质量,促使良好的班风、学风的形成,促进班级工作的高效、有序、规范和协调运转,根据班级实际情况特制定本规则。

一、议事相关要求

(1) 参加人员:全体学生、班主任。

(2) 主持人:班主任及各中队委。

(3) 例行性班会每周一次,于每周四下午班队活动课上进行,遇有特殊情况随时召开。

二、班会形式

本班班会形式主要是通过本周相关工作进行讨论要求,引导学生列出发现的问题、需要解决的问题。活动过程中充分发挥学生的主体作用,形式服务于内容。班主任在组织开展班级活动时,必须努力使活动形式有趣、新颖、灵活,易于操作,既能吸引学生的注意,又能激起学生参与活动的热情。

三、班会议事范畴

班级重大重要事项,如①班规制定或修改;②班级工作计划的制订;③常规教育及安全教育;④量化管理细则的确定;⑤"六一"等重大活动的安排。

四、班会议事程序

(1) 班会确定所议事项,并引导学生参与,研讨期间,学生要根据自己的想法,大胆发言,积极参加。

(2) 班主任在广泛听取学生意见的基础上,发表意见,然后根据情况表决做出决定。

(3) 做好会议记录,并准确归档,将应当公开的结果在公布栏公示。

(4) 表扬一些积极主动的学生,带动其他学生的积极性。

五、注意事项

(1) 会议时间任何人不得迟到、早退或无故不参加会议。如果有特殊情况确实不能参加会议,必须经班主任批准。

(2) 班会由班主任召集并主持,也可以由班长或其他学生主持。全体学生要服从工作安排。

(3) 每个学生在整个活动过程中要团结协作,并积极参与每次班集体活动。

(4) 班会上,要充分发挥全体学生的积极性,广泛讨论,认真执行民主集中制原则,在共同意见达成时做出决定。

（三）例行性班会的实施

关于例行性班会的实施，主题的确立很关键。班主任要针对班级全体学生的思想动态，或者办事存在的共性问题选定主题。如果班主任只是随便选定主题，那么这个例会就难以引起学生的共鸣。班主任对这次例行性班会要解决的问题、议论的主题一定要心中有数，整个活动要按照计划围绕主题来开展。班主任若既对主题把握不明确，又没有确立活动的目的，那么最终的效果就会较差。

主题确立以后，在活动实施时只要能体现班级民主的方式，都可以被运用到例行性班会的开展中。把"罗伯特议事规则"的精神运用到班级会议的程序之中成为当下开展例行性班会的主要方式，也是一种成型和成功的方式。有学者这样评价"罗伯特议事规则"："切实操作起来——哪怕只是应用最简单的几条规则，它精巧的机制设计就能发挥作用，就能帮助人们迅速建立起彼此良性的互动，直观体察到规则如何得到遵守，自然感受到规则所带来的尊严、秩序、效率和公平，进而潜移默化地转变固有的心理定势和行为方式。①"

延伸阅读

罗伯特议事规则　会议基本程序②

第一步，主席陈述班会议题。

第二步，学生就班会议题展开讨论。主席在陈述议题之后，尽可能让每一个人发表意见。当讨论卡住时，主席有责任对所发表过的观点进行梳理，指出分歧所在，引导讨论进一步深入。

第三步，主席归纳讨论结果或提请表决。当讨论接近尾声时，主席可以问："是否还有人要发言？"如果仍然没有人申请发言，那么主席进行下一步，即"归纳讨论结果"或者"提请表决"。

归纳讨论结果：当讨论过程中大家发表的观点比较接近，没有明显的意见分歧，主席只要把大家发表的意见归纳总结一下就可以了，不需要表决。

提请表决：当讨论中存在意见分歧一时难以相互说服，最后就要提请表决。如果是"选举"或者"评优"，则必须进行表决。

表决程序如下。

①主席再一次陈述议题，保证全体成员都准确了解当前要表决的问题是什么，然后将该问题提交给会议进行表决。

②主席宣布表决结果、验证表决结果，但不能参加表决。

最后，进行会议总结。其一，宣布本次会议就什么议题达成了怎样的共识；其二，宣布这个决定的效果和效力，部署具体的行动。

---

① 李伟胜.逐步改进班级活动　提升班级管理境界[J].教育科学研究，2009(11).
② [美]亨利·罗伯特.罗伯特议事规则[M].袁天鹏，孙涤，译.上海：格致出版社，上海人民出版社，2008(4).

（四）例行性班会的注意事项

1. 例行性班会要将"主体"和"主导"结合

班会的目的是提高学生的自我认识能力和自我教育能力。因此，班主任要充分发挥学生的主体作用，让"我的班会我做主"深入每个学生的内心。学生的参与度越高、主动性越强，班会的效果就越好。当然，班主任也要起主导作用，班主任应是思考者和指导者，在主题和形式的选择、激发学生的兴趣、调动学生的积极性等方面下功夫。班主任还要全程参与班会，为学生呐喊助威或拨"乱"反"正"，保证班会向既定方向进行。

2. 例行性班会主题要有针对性

主题的设立不宜过大，要能针对学生的需要和近期班级的热点问题，防止空洞和不着边际。比如，如果一节例行性班会的主题设定成"抓文明习惯的养成，创建优质班级"，无论班主任怎样精心组织，都起不了多少作用。如果班主任鉴于班级有些学生课间急于去打球、不等下课铃响就往教室外跑，而把班会的主题定为"课间怎样走出教室"，效果就会理想得多。

3. 例行性班会不能只讲问题无措施

提出问题不是班会的目的，解决问题才是其目的所在。有的班主任一到例行性班会就会说最近班级情况怎么样，我们大家要注意什么，然后就结束了，问题没有解决，这样的班会是无意义的。所以，班主任在例行性班会课上，不仅要提出问题，还应与学生一起制定解决问题的措施，并督促落实，这样才能让班会开得有实效性。

4. 例行性班会主题不能老生常谈

有学生说："我们老师开班会就是三句话，第一句，搞好卫生，别迟到；第二句，好好学习，天天向上；第三句，剩下的时间大家上自习。"像这样的例行性班会，没有重点，更没有准备，不仅问题得不到解决，效率也不高。

5. 班主任不能只做"传声筒"

有的班主任只是学校的"传声筒"，在例行性班会上一味地说学校布置的任务，或者某某校长或主任要求什么等，不从班集体建设和学生发展的角度出发，也没有结合本班的班情和学生特点。

班级是一个小社会，有许多班级建设工作和日常事务要通过例行性班会来进行，因此班级例会是实施对班级管理的重要途径，也是建立和巩固班集体的重要手段。那么学习完这一课，你能为前面那位困惑的老师制定出一堂合适的例行性班会吗？

 温故知新

本章主要介绍了班级活动的性质和主要类型，重点介绍了主题教育活动和例行性班会两种类型的班级活动。

班级活动是一项规范人的外在行为、完善人的内心世界、培养创新人才的系统工程，是在班主任指导下，有目的、有计划地为实现班级教育目标而进行的各种教育、教学实践活动。根据目前学校教育的实际情况，班级活动可分为主题教育活动和例行性班会。

班级活动不同于课堂教学,它形式活泼多样,具有教育性、自主性、开放性、灵活性的性质。在班级活动的实施中,班主任需要考虑班级活动的班本性、活动主体的差异性、活动性质的自愿性、活动内容的广泛性、活动组织形式的灵活性、活动方法的自主性的特点。

主题教育活动以学生为主体、班主任为主导,在班主任的精心准备和指导下,围绕某一特定主题,有目的、有计划地组织实施,全班同学积极参与的一种集体教育活动。主题教育活动具有内容集中、形式多样、形象生动、学生自主性强等特点。完整的主题教育活动主要包括准备、实施、评价、发展四个阶段。从挑选主题开始直到最后对主题活动的发展完善,都需要把握学生的主体性原则,同时也都需要班主任的宏观把握,以保障活动的顺利进行。

例行性班会是在班主任指导下,由班主任或学生主持,依据民主管理、自主管理的原则,全体学生共同讨论、处理班级日常事务,进行班集体建设的班会活动。例行性班会严格遵循班级公约,在处理具体事务时遵循民主的程序,以最终达到规范班集体的行为、确立班级的规范、形成良好的班级舆论导向和健康向上的班级风格的目的。

【本章练习】

1. 班级活动有哪些性质和特点?
2. 班级活动有哪些类型?
3. 主题教育活动包括哪些主要环节?
4. 假如你是一名班主任,试想如何组织一次关于"文明礼仪"的主题教育活动?
5. 例行性班会有哪些特点?
6. 例行性班会实施中有哪些注意事项?
7. 举例说明班会活动与心理辅导活动的区别与联系。

第六章
班级突发事件的处理

第六章　班级突发事件的处理

【内容概要】

☆ 班级突发事件概述
☆ 班级突发事件的分类
☆ 班级突发事件的特点
☆ 班级突发事件成因分析及处理原则
☆ 班级突发事件的处理方法

第一节　班级突发事件概述

 问题引入

现实生活中或新闻报道上经常出现这样的事件：学生失恋闹自杀、学生之间发生冲突大打出手、有学生因被老师批评而离校出走、学生集体食物中毒等。在平时的教育教学过程中，不论管理有多规范，不论班级有多优秀，或多或少，或轻或重，不可避免地会出现一些突发事件。什么是班级突发事件？班级突发事件有什么样的特点？班级突发事件可以怎样归类？带着这些问题，我们一起进入本节的学习。

一、相关概念的界定

（一）突发事件的概念

突发事件，又称为紧急事件、危机事件，通常是指突然爆发并且影响公众的生命和财产安全，进而危及社会稳定，需要立即采取措施加以应对的紧急事件。在不同的研究领域，突发事件有着不同的含义。[①] 例如：在政策学领域，突发事件特指在时间压力和不确定性极高的情况下，要求迅速做出决策的突发事件乃至灾难；在组织行为学领域，突发事件是指组织难以维持现状的一种状态；在管理学领域，突发事件是指一种决策形势，在此形势下，企业的利益受到威胁，任何拖延均可能会失控而导致巨大损失等。那么在教育领域，突发事件又指的是什么呢？

（二）班级突发事件的概念

对校园突发事件的界定，国内外学者提出了不同的观点。

---

① 江历明.高校危机管理研究.漳州师范学院学报(哲学社会科学版),2009(3).

1. 外国学者的观点

美国教育部认为,班级危机是指自然灾害(地震、洪水、龙卷风和飓风)、恶劣气候、火灾、化学与危险品溢出、交通事故、枪击事件、炸弹危险、医学紧急事件、学生或教职员死亡(自杀、他杀、过失和自然死亡)、恐怖事件或战争等。卢汉曼认为,班级危机是指突然、未曾预料的事件,班级总体上或重大部分可能受到严重的、消极的影响,通常是指严重伤害或死亡。新西兰中小学则把班级突发事件定义为:突然发生的对班级及其成员安全产生威胁的大范围事件。

2. 我国学者的观点

与国外学者的观点相比较,国内学者也提出了自己的观点。台湾彰化师范大学教育研究所的黄德祥教授认为,班级危机是指校园内外发生重大突发、意外或紧急的对师生身心造成不安、压力、伤害、甚至死亡,并且干扰班级正常运作的事件。香港郑燕祥等教授把那些威胁到班级运作的事故,或潜伏着的而尚未爆发的状态称之为班级危机。孙斌学者则认为班级突发事件是指由于自然的、人为的或社会政治的原因引发的,在学校内部忽然发生的,学生起主导作用的,不以管理者的意志为转移的,对教学、工作、生活秩序造成一定影响、冲击或危害的事件。张伟和李雪认为,班级突发事件是指由客观的、主观的原因引起的突然发生的,不以管理者的意志为转移,严重影响正常的秩序,有可能对社会造成显性或隐性冲击、破坏社会稳定的危害事件。

综合上述的观点,我们可以归纳出我国班级突发事件的概念:突然发生的、出人意料的影响学生个体或班级的利益与形象,扰乱正常教育教学秩序,甚至危及学生安全的事件。这类事件,一半以损坏公物、打架、盗窃、人际冲突、恶作剧、逃学甚至自残自杀等形式出现。

二、班级突发事件的分类

从不同的角度可以将班级突发事件划分为不同的类型,以下分别从行为表现、主要参与者和所属类型等方面对班级突发事件进行分类。

(一)按行为表现进行划分

1. 情绪宣泄型突发事件

在突发事件中,学生的表现为群情激昂,蕴藏在心中的热情、激情、愤怒、不满在事件过程中得到宣泄。例如,2011年10月23日,广西岑溪三中正式启用学生新饭堂后,没有及时将菜谱及价格张贴公示,引发一些学生误认为学校的菜价整体上涨而不满。10月26日中午,部分学生聚集在学校食堂门口不愿意吃饭,要求学校维持原来的饭菜价格,致使校内许多学生不能正常就餐。

2. 违反校规型突发事件

在突发事件中,学生的表现为违反学校的规章制度。如学生在宿舍中私接电线、熄灯后在蚊帐内点蜡烛看书、酗酒、因迷恋网络游戏而旷课等引发的突发事件等。2010年6月28日下午,河北省会石家庄裕华区某大学的一名学生在宿舍内私接电线时当场触电身亡。

3. 违法犯罪型突发事件

在突发事件中,学生的表现为违法或犯罪行为,如学生的小偷小摸、盗窃、故意伤害、故意杀人等违法犯罪行为。例如,2010年10月20日深夜,西安音乐学院大三学生药家鑫驾车撞人后又将伤者刺了八刀致其死亡。

(二) 按主要参与者进行划分

1. 生生型——同伴之间发生的负面突发事件

1) 吵架、打架

在学校里,吵架、打架最为常见,往往因学生之间矛盾激化引发。有发生在同班同学之间的,也有发生在班级与班级之间的。吵架、打架既破坏学校秩序、扰乱班级稳定,又危害学生身心健康,需要引起班主任老师的高度关注。

2) 财物盗窃

这种事情属于小偷小摸行为,害人害己,虽然属于少数学生所为,但问题既然出在学校,学校就需要加强班级管理,班主任须高度警惕。

3) 恶作剧

中小学学生因为身心年龄的不成熟,淘气、调皮、不懂事,往往容易做出戏弄同学、拿同学取乐或出气的事情。

2. 师生型——师生之间发生的负面突发事件

1) 出言顶撞教师

无论是在课堂上,还是在课外活动中,教师处事方式的不当或学生情绪的偏激往往容易引发或形成学生与教师顶撞的局面。这类事件一旦发生,若不及时控制,很可能就会进一步造成师生关系僵局的结果,而且在一段时间内都很难消除。

2) 故意捉弄教师

中小学学生正处于向青春期过渡的时期,往往容易做出出人意料、令人难堪的事情。在班级生活中,教师为学生尽心尽力,而学生却想尽办法刁难教师的现象屡有发生。

3. 亲子型——亲子之间发生的负面突发事件

1) 家庭变故

家庭成员意外伤亡、父母离异等非正常的、学生主观意愿难以左右的事情的发生,往往会使学生思想与学习上的负担加重、生活上遭受冲击、身心健康受到威胁,危害严重。

2) 家庭矛盾

家庭成员的不理解与加压,往往会使中小学学生本身就不成熟的身心受到"挤压"。随着矛盾的白热化,学生的学习、生活受阻,班级管理问题增多。

4. 家校型——家校之间发生的负面突发事件

在日常生活中,家庭与学校之间发生的负面突发事件主要是家长投诉事件。家庭与学校之间因沟通不畅而造成的不必要冲突,往往影响到中小学学生学习、生活的顺利进展,扰乱班级管理的正常运行。

5. 其他类型

厌学辍学、离家或离校出走、意外受伤等现象的屡屡发生,无不在用事实呼喊着"加强中小学班级管理,妥善应对班级突发事件"策略的推进。

(三) 按所属事件类型进行划分

1. 学习事件

学习事件是指由学习因素诱发的事件,如考试作弊等。

2. 教育事件

教育事件是指在对学生进行教育的过程之中或之后,因教育方式等分歧引发的事件,如因体罚引起学生旷课等。

3. 财物事件

财务事件是指因学生的财务损失诱发的事件,如班级的失窃等。

4. 情绪事件

情绪事件是指主要由当事人的不良情绪诱发的事件,如破坏公物等。

从发展态势来看,教育事件、情绪事件的发生率更高一些。

三、班级突发事件的特点

(一) 一般特征

尽管我国班级突发事件的类型具有多样性,但班级突发事件属于公众危机事件的一种,因此,它具有公众危机事件的一般特征,即突发性、危害性、可预防性。

1. 突发性

班级突发事件的本质特征就在于其发生的时间、地点、影响面、波及程度具有很强的隐蔽性,且相关信息的获取也很难做到准确、全面、及时,即班级突发事件具有突发性、出人预料性和高度不确定性。也许本来处在晴朗的"教育天空下",就突然被置于阴云密布的矛盾漩涡中;也许本来还处在教师乐教、学生乐学的融融气氛中,就突然变成剑拔弩张师生对立的局面。如某班学生正在准备开班会,一名学生到楼下办公室去取开班会所用资料,其他学生在教室等待,可是等了好久也不见回来,另一位学生去找他,原来这位学生脚扭伤了不能动弹。这一事件是非常突然的,也是出乎意料的。[①]

2. 危害性

一般来说,班主任开展班级教育活动是在预先计划的指导下,有条不紊、按部就班地进行的,而偶发事件则会打乱原有的部署,使原本井井有条的教育活动无法按计划进行,活动的效果也受到影响,甚至背道而驰。同时,由于偶发事件的起因比较复杂和难以预测,处理起来相当有难度,且一旦处理不当,就会造成混乱和难以预料的严重后果,或师生关系紧张、对立,或同学矛盾越发加深,造成学生心理受到挫伤,或班级集体受到破坏,或学生身体受到伤害。

---

① 刘岩,王萍.班主任与班级管理[M].北京:北京师范大学出版社,2013.

3. 可预防性

只要有充足的时间,只要能进行充分的思考,处理再棘手的事情,都不会有多大难度,但偶发事件的处理恰恰不会给人认真思考、充分准备的时间和机会,偶发事件一旦出现,如果不马上进行恰当的处理,教育教学活动就难以为继,学生心理就难以打通,师生关系就难以理顺。尽管偶发事件是突然爆发且爆发前没有明显的征兆,但大多数偶发事件还是可以提前预防的。班主任通过对班级内外部环境可能存在的隐患进行细致的观察,采取有效的措施将潜在的隐患消灭在萌芽状态。树立预防意识可使学校管理者更好地做好预防和应对工作。

(二) 自身特征

此外,班级突发事件作为一种特殊的公众危机事件,因其特殊的职能和特殊的对象,也有其自身突出的特点。

1. 时段性

班级突发事件一般多发生在上课期间,因为学校在上课期间(有住宿生的学校在非寒暑假期间)人口高密度聚集,自然灾害、事故灾难类事件、公共卫生事件和社会政治类事件等各类突发事件在学校或在学校周边发生后会对学校形成直接或间接的影响,极易伤害到师生。而在放学后或放假期间,由于全部或大多数学生都已离校回家,班级突发事件就明显减少,其影响范围和危害性也相应较小。[①]

2. 情绪性

学生群体具有年轻化的特点,他们的世界观、人生观和价值观还不成熟,他们在心理上还处于半幼稚半成熟状态,对敏感事件容易产生情绪化反应。例如,在某中学,学生因为上课被老师批评,觉得自尊心和面子极度受损,一时冲动之下,从楼上跳下去了。另外,许多在其他场景下不会引发突发事件的因素,因学生易情绪化在某些环境下也可能成为突发事件的成因或导火索。

3. 连带性

班级的背后有时关联着社会网络,包括学校、家长群、校友群、友邻单位、新闻媒体、学校周边商企等,连带着这些群体的利益。所以,班级突发事件的影响范围有时不仅涉及个人,而且还具有群体性、连带性的特点。

4. 教育性

班级突发事件在给学校、班级和个人带来负面影响的同时,也可能成为教育的契机,产生积极的效应,收到意想不到的效果。偶发事件的当事者和与这一事件有直接关系的其余学生,往往会产生一种强烈的需求,受到某种强烈的刺激,心理暂时失去平衡,思想矛盾特别尖锐。这样,就形成了思想品德发展的一个"燃点",引起学生内在因素的矛盾斗争,成为实施德育的有利时机。

[①] 国森.基于以人为本理念下的校园突发事件应对与处置机制研究[J].硕士论文,2013.

学生眼中好老师的 12 种素质

美国著名教育家保罗韦地博士花了 40 年时间,曾收集 9 万个学生所写的信,内容是关于他们心目中喜欢怎样的教师。保罗韦地博士概括出好教师的 12 种素质。

(1) 友善的态度。
(2) 尊重课堂里每一个人。
(3) 耐心。
(4) 兴趣广泛。
(5) 良好的仪表。
(6) 公正。
(7) 幽默感。
(8) 良好的品性。
(9) 对个人的关注。
(10) 伸缩性。
(11) 宽容。
(12) 有方法。

第二节　班级突发事件的成因分析及处理原则

 问题引入

近年来,班级突发事件的数量持续增加,给教学工作带来了很大的压力,也给社会带来了很多方面的危害与挑战。要想解决班级突发事件,必须先认识导致突发事件的原因。在认识成因的前提下,处理班级突发事件的原则又是什么?带着这样的问题,我们一起进入本节的学习。

一、班级突发事件成因分析

班级突发事件的发生往往是若干因素综合作用的结果,而且多数是一定时间积淀的结果。但是,它的发生,必然存在一个偶然发生的诱因,而且与学生发展密切相关。综合分析,这些与学生相关的原因包括内、外两部分因素。

(一) 内部因素

学生是班级活动的主体。学生自身存在心理问题,缺乏判断是非的能力,是导致校园突发事件发生的主要原因之一。

1. 学生自身的心理特点及危机

学生心理的不健全是引发突发事件的主要原因。青少年学生的身体和心理都未成熟，他们的世界观、人生观、价值观处在形成和确立的过程中，心理素质较差，容易产生片面、偏激的行为，容易受到不良因素的诱惑，误入歧途。

中学生的心理基本上处在自主性与依赖性共存、自豪感与自卑感互见、情感封闭与交往需要的悖论、理想与现实相冲突等矛盾中。若得不到及时的心理疏导，很容易引发突发事件。

2. 性格和情绪问题

如焦虑、恐惧、抑郁、嫉妒等不良情绪和孤僻、偏执、暴躁等异常性格，容易使学生心理失去平衡，造成奇异行为，甚至可能导致心理变态和行为失常，最严重的，可能酿成厌世轻生之类的悲剧。

3. 学生判断是非的能力较弱

青少年学生由于接触社会较少，缺乏社会经验，看问题比较片面，行为不理性，易冲动，做事不顾后果。因此，他们对威胁、危险、风险、是非等识别判断能力十分欠缺，容易轻信他人的恶意欺骗。另外，还有些学生只讲江湖义气，不讲事情原则是非，稍有不合心意就拳脚相对。

4. 人际交往障碍

这里所说的人际交往主要是师生交往、同伴交往（包括异性和同性）。学生现有的交往理念和能力基本上都是家庭教育的结果。而独生子女往往以自我为中心，所以在交往中缺乏对群体的融入意识，缺乏对他人的尊重等，这很容易造成交往障碍。

5. 学生寻求注意

有时候学生表现出来的不良行为只是为了赢得老师或者同学的注意，哪怕是消极的注意。寻求关注是人的一种基本需求。有些学生在学习上无法成为大家的注目点，往往故意在班级中制造一些麻烦，以引起老师和同学的注意，显示自己的存在感。有的学生甚至不惜一切，满怀敌意地反抗老师，并且企图在班上拉帮结派一起对抗老师，以便重新树立个人地位。

（二）外部因素

外部因素也是引起事物变化发展的一个重要原因。因此，除了学生内部因素会引发突发事件外，外部因素对班级突发事件的引发也不可小视。

1. 天灾人祸型

如自然灾害类及由灾害诱发的各种次生灾害事故。这类型的突发事故相对来说比较少，但是发生后带来的后果很严重。例如：2008年汶川地震中——北川中学教学楼垮塌，造成1000多名学生遇难；学生家里出事；集体活动或个别外出时遭遇车祸等。

2. 学业受挫型

学业发展是学生在班级生活中的核心内容，也是最容易诱发突发事件的重要原因。中学阶段,初二、初三年级的学生比较多地发生这类型的突发事故。因为,初二和高二会出现学生的学习分化,它会给学生带来心理落差。初三毕业生、高三毕业班的学生更是如此,因为他们的学习之弦绷得很紧,很容易将学业上的受挫情绪转移到班级生活中。比如,离家出走的事件在高三学业最紧张的时候和高二期中考试后是最容易发生的。

3. 教育失范型

教育是一个非常复杂的工程,班主任的工作是琐碎而精细的。特别是在声誉比较好的学校,家长和学生对未来有着很高的期待,因此他们对教师的期望值就比较高。很多时候,老师在教育方式上的失当会积淀这类事件的矛盾,或许某一次明显的教育失范行为就会诱发师生间、家校间的矛盾冲突。如学生不交作业,有的老师就会让他先补完作业再上课,有的老师则会在放学后陪他一起把作业补好,这两种方式的结果肯定是不一样的。

4. 利益损失型

这里的利益应该是一个广义的概念,包含个人的公民权利、班级中的角色地位、同伴关系中的角色地位,也包括财物等。

 典型案例

2014年某校发生学生用椅子打砸老师的暴力事件,其诱因就是老师因为他没有完成作业而强行要将其拉出教室,发生了肢体冲突,在学生看来,不仅他的公民权利受到了侵害,还损失了他在班级和同伴中的面子,这就是典型的利益损失引起的突发事件。

5. 家教不良型

由于学生的家庭环境、家长教育方式方法不同,学生看待同样问题的角度也不一样,这就使不同心态的学生对同一问题有不同的理解,不能及时调整心态的学生就会对某方面的问题做出不理性的判断。比如:有的学生会走上违法犯罪的道路;有的学生会走上自伤或自杀的道路等。另外,家庭人员亡故、父母感情不和、家长教育方式简单粗暴等因素也会成为班级突发事件的诱因之一。

二、班级突发事件的处理原则

如何处理班级内的突发事件,关系到一个班级的稳定发展,也反映出作为班主任的管理能力和艺术。处理突发事件,一看能力,二凭经验,这是班主任教育机智的一个基本体现。处理突发事件应遵循一定的原则。所谓原则,既是班级工作实践经验的总结,又是反映处理突发事件时对各种基本矛盾关系的调整与把握的基本规律。班主任只有正确地理解并掌握整个原则体系,才能在处理突发事件中立于不败之地,进而卓有成效地做好班级工作。班级突发事件的处理最重要的是坚持因事而异的原则,一切以实际发生的事件为基本依据,进行妥善的处理。但是,综合各种突发事件的共性特点,班主任在处理这些事件的过程中有以下几个原则。

(一)教育性原则

教育性原则是处理突发事件的首要原则。班主任必须抱着教育的目的和心态对待突发事件,本着教育从严、处理从宽、教育全班的精神,既不能一棒子打死,又不能草率行事,公平、公正地对待学生,用科学的态度深入了解调查,从动因分析到全面评估,这样才能达到惩前毖后的目的。

 典型案例

我班上的一个男生因为未完成历史作业并顶撞老师被赶出教室,他与老师之间还发生了言语和肢体上的冲突。作为班主任,我没有袒护学生,也没有立刻支持科任老师的做法。我把学生请到一边,与他分析我们班一直崇尚的立人之道,借此批评他的莽撞与无礼,但不追究他的作业,因为这是他自己的事情。然后,我带着他去见历史老师,当着孩子的面,主动承担自己在教育学生上的责任。随后,让孩子先走,我又以家长的名义和科任老师沟通了孩子受教育权的正当性问题。第二天,再安排科任老师和孩子面谈作业的问题,两人反馈给我的情况都非常好,各自退一步,也进一步。

(二)目的性原则

处理突发事件,目的要明确,既不能仅仅就事论事,敷衍搪塞,又不可小题大做,无限上纲上线。班主任面对的是全体学生,应该让受教育的学生本人明确教育帮助的目的、什么是错,什么是对、要达到什么样的目的,从根本上医治学生心灵深处的创伤。

(三)客观性原则

一个班级中的学生之间有很大差异,每一个学生都既有优点又有缺点,那么就要求班主任在处理问题时,要坚持客观性原则,不能受思维定势的影响,避免主观随意性导致处理问题不公,从而影响学生成长和发展,使其越错越远。

(四)针对性原则

班主任应该在弄清楚事情的性质后再着手解决。用不同的方法解决不同的问题,不能用一种模式。班主任应注意事情不同层面的差别和不同个体之间的差异,处理问题时针对性要强,切不可"眉毛胡子一把抓""一刀切"。太宽泛和针对性不强的教育形同虚设。

(五)启发性原则

学生接受教育不应该是消极被动的,应该是主观能动的。处理突发事件尤为重要的一条原则就是要随时注意启发学生改正错误的自觉性。班主任在处理问题时不要一听到或一看到就下结论,一定要留有"余地",调动学生接受教育的内驱力,让学生充分认识到自己所犯错误的性质和危害,诱导他们依靠自身的积极因素去克服消极因素。

(六)有效性原则

教育的关键在"育",在处理问题时,要注意所采取的方法,既不能简单粗暴,又不能主观武断,更不能烦琐而无实际意义。处理或教育重要的是看效果,采取灵活有效的方式,往往事半功倍。

（七）一致性原则

一致性原则是要求班主任在处理突发事件时，一定要顾及学校、家庭、社会环境等各方面的因素。各种因素的力量步调要一致，相互配合。对学生进行连续不断的一致性教育，才能达到良好效果。

（八）可接受原则

处理突发事件不可忽视的一条原则就是可接受原则，即看当事双方对处理意见或结果能否心悦诚服地接受，不能强加于人，处理流于形式，要让受教育的对象从内心深处接受，认识到错误，进而改正。

（九）因材施教原则

受教育的对象在各个方面的情况和素质是不相同的。在根据学生身心健康发展的规律进行科学合理教育的前提下，使每个学生都得到全面的发展，是我国教育的基本要求。处理突发事件要照顾到学生的个性特点和差异，做到因材施教、因人而异。

（十）冷处理原则

冷处理，是对班主任自身而言的，班主任在处理突发事件时不能急于表态和下结论，要弄清楚事件的来龙去脉。太过于草率和盲目，往往会使自己陷于被动。保持冷静、公平、宽容、服务的心态，那么班主任工作就顺利得多。

（十一）预防为主原则

古语有云："凡事预则立，不预则废。"班级突发事件具有突发性、不确定性等特征，但这并不表示事件的发生无征兆、无规律可循。思想政治教育应对班级突发事件最理想的结果是将其消灭在萌芽阶段。在日常工作中，班主任应关注学生的思想动向和心理动态，及时捕捉带有苗头性、倾向性的问题，培养学生的忧患意识和应对突发事件的能力，预防危机发生，维护班级稳定。

 拓展阅读

陶行知先生的四块糖果

陶行知先生当校长的时候，有一天看到一位男生用砖头砸同学，便将其制止并叫他到校长办公室去。当陶校长回到办公室时，男孩已经等在那里了。

陶行知掏出一颗糖给这位同学："这是奖励你的，因为你比我先到办公室。"接着他又掏出一颗糖，说："这也是给你的，我不让你打同学，你立即住手了，说明你尊重我。"

男孩将信将疑地接过第二颗糖，陶先生又说道："据我了解，你打同学是因为他欺负女生，说明你很有正义感，我再奖励你一颗糖。"

这时，男孩感动得哭了，说："校长，我错了，同学再不对，我也不能采取这种方式。"陶先生于是又掏出一颗糖："你已认错了,我再奖励你一块。我的糖发完了,我们的谈话也结束了。"①

第三节　班级突发事件的处理方法

问题引入

对教师来讲,突发事件的处理是他们所有平时经验的瞬间体现,这就是教师的教育机智,它不仅表现了教师的教育机敏性品质,也是一门教育艺术。正确处理班级突发事件有什么意义?怎样来正确处理班级突发事件?处理突发事件时应当注意什么?带着对这些问题的思考,我们一起进入本节的学习。

一、正确处理突发事件的意义

大多数偶发事件都会给班集体、师生关系、同学关系带来的一定的影响,甚至是消极、负面的影响。因此,作为班主任,必须学会及时妥善地处理偶发事件,为班集体消除隐患或不稳定因素,防止某些不良影响的蔓延。

正确处理偶发事件也是班级教育工作的重要组成部分,它对形成健康的班集体和促进学生的全面发展及提高教师的教育能力等具有直接而重要的意义。

（一）有利于防止事态的进一步发展和意外事故的发生

偶发事件的发展过程,本身就伴随着矛盾的进一步激化和恶化过程。偶发事件如果不及时处理或处理不当,就会进一步激化事情的发展,引起一系列的连锁反应。特别是打架之类的恶性事件或同学矛盾之类的棘手问题,倘若处理不当,就容易把问题扩大甚至危及人身安全。

典型案例

2008年7月,安徽省长丰县双塘镇吴店中学两名学生在上课时打架,授课教师杨某站在三尺讲堂上充当"看客",并未进行有效制止,结果导致其中一名学生被打死。

这个事件虽然是一个特例,但是却提醒教师,一定要正确、及时地处理偶发事件,这样才能遏制事态的发展,逐渐消除矛盾,解除隐患,避免意外事件的发生,同时,偶发事件处理得好,还会促进当事人之间的友谊和团结,全班学生也可以从中汲取教训,受到生动而现实的教育。

---

① 刘宋民.宽容的智慧[M].北京:金城出版社,2008.

（二）有利于增强班级的凝聚力，使班集体在考验中健康地发展

班集体的凝聚力是经受了正反方面的多次考验之后才逐渐形成的。班级不可能不出事情，班主任也不要怕出事情，怕的是没有处理好事情。偶发事件的发生和处理过程，本身也就是锻炼和巩固班集体的过程。由于偶发事件波及面广、影响大、问题尖锐，因此，班主任要抓住这一契机进行巧妙的处理和有针对性的教育，可以使全班学生的身心从中受到深刻的洗礼和净化，从而使班集体更充满生机和活力，增强凝聚力。这样，班集体就在不断经历风雨中日益成熟起来，向着健康的方向发展。

（三）有利于使学生明辨是非，增强纪律观念，促进自觉和自律

实践证明，仅仅依靠简单的说教并不能让学生从内心接受教师的思想观点，毕竟时间是检验真理的唯一标准。偶发事件的发生，恰好给了大家一个澄清思想认知的机会。教师当着当事者和全班同学的面把偶发事件处理好了，并且借偶发事件进一步引起大家的思考、让他们辨别到底什么是对的，什么是错的，什么是应该提倡的，什么是必须制止的，如果冲动、不克制会出现什么情况等，这些平时需要老师反复强调的问题，就会让学生豁然开朗并铭记于心，进而就会自觉地约束自己，自觉地遵守班级校规。

（四）有利于提高教师的教育机智水平及在学生心中的威信

班主任的教育能力，集中表现在机动灵活的教育机智上，教育机智又表现在选准教育突破口、抓准教育时机、掌握教育分寸上。教育机智是教师在教育、教学过程中的一种特殊定向能力，是指教师对学生活动的敏感性，即能根据学生新的特别是意外的情况，迅速而正确地做出判断，随机应变地及时采取恰当而有效的教育措施解决问题的能力。

 名人语录

格诺博林说，"教育机智具有重要的意义，它是指在不同的情况下，教育者应持怎么样的态度，以迅速地想办法的能力……思维的速度，轻松而准确地判断情况，同时，对刺激因素而正确地反应，乃是教师才能的重要品质。""这种品质是教师——心理学家的特征。"

在教育工作中随时需要这种教育机智，而在处理偶发事件时，教师的教育机智更能得到充分的发挥。教师在处理偶发事件过程中表现出来的高度的理智感、巧妙感和巧妙的教育艺术，能使学生感受到教师炽热的心和闪光的智慧，感受到教师的人格之美。这一切能转化为一种灵魂的感化力量，增强学生对教师的人格信赖。

从这一意义上来说，处理偶发事件，是教师发挥聪明才智、增长才干、树立威信、增强教育能力、塑造自我形象的良好机会。

二、正确处理班级突发事件的方法

班级突发事件直接影响和干扰教学活动的正常进行。教师处理得当与否，将会带来积极或消极两种不同的结果，因此，教师处理的方式、方法，既要体现科学性，又要体现艺术性，

使教学活动走上和谐健康的发展轨道。

(一)沉着冷静,降温处理

降温处理法就是班主任暂时采取淡化的方法,把偶发事件暂且"搁置"一下,或是稍做处理,留待以后再从容处理的方法。实施时,班主任要沉着冷静,不要轻易下结论而是要进行充分的调查。突发事件往往伴随着学生的激情和冲动,如果以强硬的办法进行处理,就会火上浇油,不但不利于问题的解决,反而会促使矛盾的进一步激化。班主任要缓和情绪,缓解矛盾,不能粗暴地把学生推到矛盾的对立面,使他们产生抵触情绪;要给学生留点余地,必要时给学生一个下台阶的机会。尽管如此,"冷处理"不是不处理,也并不是拖到不能再拖时再处理,以教师对问题发生的原因过程责任等完全弄清楚为宜,处理难免有失偏颇,拖得太久又会使学生醒悟淡化。因此,班主任一定要抓住动机,妥善处理好学生中的偶发事件,从而及时解决矛盾,既帮助经受挫折的学生及时有效地放下包袱健康成长,又教育其他学生,促进班集体的顺利发展。

典型案例

有一次上晨会课,刘老师正在教育学生上课要注意听讲,不要开小差,要积极发言,回家后要多看课外书。此时刘老师发现有一位学生正在看一本课外书,根本什么都没有听。刘老师当时心里很火,马上夺过他的书,就把他作为一个反面例子来教育其他学生。这个学生脸红红地站在那里,就像在接受批斗。

刘老师的做法对吗?为什么?

(二)即兴发挥,机智幽默

有些突发事件,原不必争个曲直长短,但却因为争形成了尴尬的局面,或是如果非要追究下去的话,结果只能是越搞越糟。遇到这种情况,聪明的办法就是用幽默来解决。应用幽默,不仅是为调节情绪,缓解冲突,更主要的是,它本身就是教育的武器。幽默是智慧的体现,也许能将一场冲突消于无形。

典型案例

我在上公开课《九色鹿》时,课文讲到了九色鹿得知昔日那个被自己救起来的人恩将仇报时很气愤,这也是课堂的一个高潮,大家都在气愤地谴责调达。突然,饭盒子掉在了地上发出了很大的声音,学生愣住了,不知如何是好。那位学生看着我,顿时脸都红了。我马上笑着说:"瞧,连饭盒都气愤得跳出来了。"孩子顿时大笑,那位学生也没有那么紧张了。我便再借机说:"那就请饭盒的主人来表现一下气愤。"那孩子顺利地读完了,还迎来了其他学生的掌声,他也露出灿烂的笑容。

(三)整体问题,当场处理

整体问题还是比较多的,大多数班级都会存在。比如:课堂上乱哄哄的,分不清到底是谁在说话。这个时候教师就应该进行当场处理。如果影响比较大，严重阻碍了教学工作的进行，那么教师可以采取当场批评的措施，但要把握分寸。考虑学生的接受能力，教师在当众场合下最好避免使用点名批评，尽量避免正面冲突，这样既保全了学生的面子，又起到了教育的效果。

当然也可以采用注意转移法：如教室里乱哄哄的，可以进行灵活的处理，如可以采取个别提问的方法来转移学生的注意力；还可以采取欲擒故纵的方法。当教师授课呆板、单调、枯燥的时候，学生很容易注意力不集中，开始交头接耳，或做其他的事情，这时教师可以先停一下，略等片刻，这样的话学生会不自觉地停下来，看看教师为什么不讲了。这样就可以将学生的注意力转移到学习上来。

（四）局部问题，个别处理

问题出现在局部或只影响到极少数人的话，可以进行"微型"处理，即个别处理。如两个学生不注意听讲，在开小差，小声说话，或者在"捣乱"，但影响不大的话，充其量只影响到周围的四五个人。如果当众把他们叫起来批评一顿的话，本来大部分学生不知道，大多数学生也并没有受到影响，教师这顿批评反而影响了多数人。类似这样的问题可以采取"个别提问"的方法，在适当的时机提问他们，他们心里自然明白是什么原因。这样的话周围的人也不知道为什么，这样既巧妙地处理了问题，又不伤害学生的自尊心，还不影响其他学生。

（五）"个性"问题，无声处理

对个别人的问题，在没有影响他人的情况下，教师可以利用自己的眼神、表情、动作、手势等向他做出暗示，也可以在教学过程中进行其他的无声处理。如有的学生在上课时做其他作业，不可不必停下课来"教训"或者没收他的作业本，而是可以采取无声的措施，如故意走到他身边停留一段时间，或是用手轻叩他的课桌，等下课之后单独找该生谈谈。

（六）课上问题，课下处理

课上问题，课下处理是处理课堂问题最好的方法之一。如教师正在讲课，突然一位迟到学生在外面喊报告，这时应该让学生先进教室，不问原因，继续讲课，待下课后，再单独了解情况，再进行处理，进行教育。这样做既达到了教育学生的目的，沟通了师生的感情，又没有影响其他学生，有利于今后的教育教学。

（七）特殊问题，特殊处理

除了以上的这些常见的问题之外，令教师们最头疼的就是班上的那些"调皮"学生，他们在班上不认真学习，在课堂上搞怪，顶撞老师，作业不按时完成，又不肯接受老师的批评和教育，很是让老师头疼。对这样的学生该怎么办呢？这样的学生毕竟是极少数，对这样的学生首先要摸清他们的"底细"，多方了解他们的信息，如进行家访、查看家庭背景资料、询问其他学生等。造成学生这个样子原因是很复杂的，但毕竟还不是"无可救药"，在这些学生顽固抵触教师教育的背后隐藏着一些问题，这时要求教师找出学生的这个问题，一针见血地指出并用爱心加严格要求进行处理。这样的学生需要教师付出的爱心最多。对这样的特殊生，教师必须特殊对待。除了用以上方法之外，教师还必须经常用爱心不厌其烦地对其进行教育、感化,用语言、用行为来感化他。

三、处理班级突发事件的注意事项

（一）既要"就事论事",又不能就事论事

就事论事:指在明辨是非、弄清事实真相前,不扩大,也不缩小,完全尊重"事实真相"。

又不能就事论事:指的是在表面"事实真相的背后"往往存在着较为复杂的原因,要比较彻底和合理地解决问题,就必须透过现象分析本质。

（二）既要"因人而异",又不能因人而异

因人而异:指在教育人的具体要求和处理问题的具体方式方法上,要充分考虑到学生的个性特点。

又不能因人而异:指对相同性质的事件其是非标准是统一的,在事实面前人人平等,决不能把家庭、社会等因素考虑进去而影响到事实真相的判断和对是非标准的确定。

（三）既要"快刀斩乱麻",又要"冷处理"

快刀斩乱麻:指对有些需要当机立断,采取有效措施的突发事件,应该立刻做出判断与强硬的处理。

又要冷处理:指在具体处理时要冷静,尽量避免主观臆断。

（四）既要给学生"留面子",又不能留面子

留面子:指批评既要注意场合,又要尊重学生的人格和自尊心。

又不能不留面子:指对一些发生性质恶劣事件的学生,班主任该严厉时一定要严厉,该严格要求一定要严格要求,这也是班主任对学生、对工作认真负责的表现。

 拓展阅读

"五要十忌"

突发事件的处理在整个教育实践的长河中只能算作一朵浪花、一个漩涡,但它的善后教育却至少可以算作一条支流。善后教育既没有成文的答案,又没有既定的方针,只能凭借教师的教育经验和教育机智来进行,但是,如果以不懂或不会为借口而放弃善后教育,就等于放弃了教育的连续性原则和巩固性原则,其后果可想而知。很多优秀的老师的工作时间可以归纳为"五要十忌"。

"五要"

一要处理好老师与当事学生的关系;

二要处理好全体同学和当事学生的关系;

三要处理好班干部和当事学生的关系;

四要处理好当事同学和原来小团体成员之间的关系;

五要处理好教师与当事学生家长的关系。

"十忌"

一忌师道尊严,高高在上;

二忌以力服人,主观武断;

三忌人性轻率,急于求成;

四忌偏心偏爱,厚此薄彼;

五忌偏听偏信,时松时紧;

六忌夸夸其谈,无的放矢;

七忌言行不一,光说不做;

八忌头痛医头,脚痛医脚;

九忌管得过细,批评过繁;

十忌数罪并罚,一棒打死。

 温故知新

　　班级突发事件是指突然发生的,出人意料地影响学生个体或班级的利益与形象扰乱正常教育教学秩序甚至危及学生安全的事件。班级突发事件有不同的分类方式:它按行为表现划分为情绪宣泄型突发事件、违反校规型突发事件和违法犯罪型突发事件;按主要参与者划分为生生型、师生型、亲子型、家校型和其他类型;按所属事件类型划分为学习事件、教育事件、财物事件和情绪事件。班级突发事件的一般特征是突发性、危害性和可预防性;自身特征是时段性、情绪性、连带性和教育性。

　　班级突发事件的内部因素有学生自身的心理特点及危机、性格和情绪问题、学生判断是非的能力较弱、交往障碍、学生寻求注意;外部因素有天灾人祸型、学业受挫、教育失范、利益损失和家庭因素。班级突发事件的处理原则有教育性原则、目的性原则、客观性原则、针对性原则、启发性原则、有效性原则、一致性原则、可接受原则、因材施教原则、冷处理原则和预防为主原则。

　　正确处理突发事件的意义为:有利于防止事态的进一步发展和意外事故的发生;有利于增强班级的凝聚力,使班集体在考验中健康地发展;有利于使学生明辨是非,增强纪律观念,促进自觉和自律;有利于提高教师的教育机智水平及在学生心中的威信。正确处理班级突发事件的方法为:沉着冷静,降温处理;即兴发挥,机智幽默;整体问题,当场处理;局部问题,个别处理;"个性"问题,无声处理;课上问题,课下处理;特殊问题,特殊处理。处理班级突发事件应注意:既要"就事论事",又不能就事论事;既要"因人而异",又不能因人而异;既要"快刀斩乱麻",又要"冷处理";既要给学生"留面子",又不能留面子。

【本章练习】

1. 如何界定班级突发事件?班级突发事件的特点有哪些?

2. 怎样对班级突发事件进行分类？
3. 导致班级突发事件的因素有哪些？
4. 处理班级突发事件应该遵循什么原则？
5. 结合你对班级突发事件的理解，谈谈应如何正确处理班级突发事件。

第七章

问题学生指导

【内容概要】

☆ 问题学生的界定和类型
☆ 问题学生的问题来源
☆ 问题学生的辅导原则
☆ 学习类问题学生的表现、原因和辅导策略
☆ 品行类问题学生的表现、原因和辅导策略
☆ 心理类问题学生的表现、原因和辅导策略

第一节 问题学生概述

 问题引入

在班级管理中,老师最头疼的大概就是所谓的问题学生了。什么是问题学生?他们存在哪些问题?是什么造成了他们的问题,他们又会带来哪些问题?带着对这些问题的思考,我们一起进入本节的学习。

一、何谓问题学生

从某种意义上来讲,问题学生并不是一个很准确的学术概念,它更多的只是教师在教学和班级管理中对部分学生的一种习惯用语。以前,这部分学生也被称为"差生""学困生",20世纪90年代中期开始更多地被称为问题学生。

在界定问题学生之前,这一称呼本身就存在争议。有人认为不应将学生称为问题学生,因为它暗含了班级管理者对学生的厌烦与歧视,是对学生的不尊重,给学生贴上了标签,可能会使其在学生群体中受到排斥。

事实上,问题学生一词最早出现在日本,在美国称之为"表现能力与潜在能力之间存在差距的学生"。目前,国外研究中对问题学生的表述有两种:一是"problem students",是广义上的问题学生,既包括学业有困难的学生,又包括残障儿童、行为不良的学生等;二是"troubled students",是狭义上的"问题学生",专指做出偏离行为的学生,即麻烦制造者。[1]

纵观国内外相关研究,对问题学生,不仅在称呼上存在不同的看法,在对这一概念的内涵和外延进行界定时也呈现百家争鸣的局面。以我国当前教育领域为例,当前对问题学生主要按学业成绩、品德行为、个性心理三类标准进行判定。

---

[1] 卢尧,黄少兵,汪学余.国内关于"问题学生"界定研究综述[J].中小学教师培训,2008(5).

(一) 以学业成绩为标准

学习是学生的天职。学业成绩作为学生在校期间学习效果的凭证,普遍被教师、家长、同学用来作为判断学生优劣的主要标准。学习成绩差是问题学生的重要标志,这一点得到了许多学者的认可。如罗世瑛说:"所谓的问题学生,主要是指那些学习成绩差的学生……由于他们在学习方面的低能表现,常被家长和老师认为他们是智能有问题"。[①] 在现实生活中,如果一个学生的学习成绩在班上排名倒数,很多老师都会认为他们在学习上存在问题:要么是学习态度不端正,不努力不认真学习;要么是学习能力差,智商不高,脑子笨。这类学生大多会被列入差生行列,老师以各种方式对他们进行重点关注或干脆放弃。

以学业成绩为标准,认为学习成绩差就是问题学生,这一看法虽然被社会大众接受,但仔细推敲,其实存在很多问题。首先,以偏概全,造成学习成绩差的原因有多个方面的,问题不一定都出在学生身上,所以差生不一定就是问题学生;其次,外延较窄,这一判断标准有可能使得有些学习成绩较好甚至优秀但在其他方面存在严重问题的学生被排除在外;最后,即使是学习成绩差的学生,也不一定就是智力上有缺陷的学生。

(二) 以品德行为为标准

我国中小学教育的主要目标是培养德、智、体、美、劳全面发展的优秀学生,其中"德"排在第一位,可见人们对学生思想品德的重视。随着素质教育的推进和道德型教育的大力倡导,学生的品德和行为跟学习成绩一样,成了判断学生好坏的标准。如朱丰认为,问题学生是那种"在思想上存在严重问题,不能严格规范自身日常行为,甚至有违法犯罪倾向的学生"。在日常班级管理中,有些老师可以接受学习成绩差的学生,却对品行不良的学生咬牙切齿或者束手无策,因为他们是"麻烦制造者",总在班级中制造各种麻烦。

以学生的品行来判断是否是问题学生,这似乎更有利于指导学生遵从社会道德准则或学校规章制度,但在实际界定过程中却存在困难。要判断学生品行是否有问题,首先得明确什么是正确的品行,但道德标准和行为方式却不像学习成绩那么容易进行客观地、准确地界定,而且在不同的社会文化下,对道德的判断标准也不一样。此外,中学生的思想品德和行为方式尚处在动态发展变化中,容易受到外界环境的影响。在对其品行进行界定时,还需要以发展的眼光去看待。

(三) 以个性心理为标准

随着物质生活水平的提高,人们越来越关注心理需求和心理健康。中学生正处于身心发展的重要阶段,形成良好的个性品质会使其受益一生;反之,人格上的缺陷不仅会影响个人的发展,还会对周围的人甚至社会产生不利影响。因此,有学者将个性心理异常的学生视为问题学生。如闫亚光等提出,"问题学生是指个人在社会化过程中,由于外在的和内在的刺激引起个体性格发生偏差,情感意志和思维等方面存在心理障碍或个体可能表现出问题行为的学生。"

以个性心理异常作为问题学生的判断标准,无疑比前两种界定方式更深入,可能也最接

[①] 罗世瑛."问题学生"的心理特征及教育策略[J].中国成人教育,2005(8).

近问题学生的问题根源。因为不良的个性心理不仅会影响其思想品德和行为方式,还会影响其学习态度和方式,进而影响其学习成绩。但与品德行为标准一样,个性心理也存在界定上的困难。中学生在个性发展过程中渴望与众不同,追求标新立异,这种有别于一般人的"异常"不一定就是问题,可能恰好是我们所希望培养的创新意识和行为。

以上三种标准在界定问题学生时都存在困难。既然采用单一的标准不足以全面概括问题学生的特点,那是否可以将三种标准结合起来呢?基于问题学生情况的复杂性,确实有学者是综合运用多种标准进行多要素界定,如杨永明等认为问题学生"既是学习畏难者,又是行为失控、心理失调的特殊群体"。这种界定方式虽然试图兼顾各种标准的长处,但只是对各种标准的简单叠加,仍然无法反映问题学生的严重程度和各标准之间的相互联系。这一问题可能还有待相关领域的综合探讨。

为了便于分析,笔者仍以问题学生来称呼,并将其界定为:身体与智力正常,只要符合上述任一标准,即在学业成绩、品德行为或个性心理任一方面存在问题,且严重影响了自身发展或严重干扰了他人的学习、工作和生活的学生。

二、问题学生的类型

我们可以从不同的角度将问题学生划分为不同的类型,以下分别从问题的内容、行为表现和层级方面进行分类。

(一) 从问题的内容进行划分

1. 三类型

以阮为文为代表的学者认为问题学生可以划分为以下三种:①学习类问题学生,即在学习方面存在困难或出现问题的学生;②行为类问题学生,即有违背道德、法律或相关制度的行为表现的学生;③心理类问题学生,即在心理状态或个性特征上出现异常的学生。

2. 五类型

以王晓春为代表的学者将问题学生划分为以下五种:
① 厌学型(只要不谈学习,就是好孩子);
② 纪律型;
③ 品德型;
④ 心理障碍型;
⑤ "好学生"型(大家公认的好学生,问题处于隐蔽状态,在特殊情况下会突然爆发)。[①]

(二) 从行为表现进行划分

金学伟等将问题学生划分为外向表现型和内向退缩型两种类型。其中,外向表现型问题学生往往心理活动和行为过度外倾,表现欲极强,如拒绝遵守校规班纪,上课故意捣乱(如尖叫、大笑、唱歌、乱回答问题等),打骂同学,穿奇装异服等。内向退缩型问题学生则心理活动和行为反应严重内倾,对学校环境中的各种刺激采取退缩反应,以致心理严重紊乱,学习

---

① 王晓春.问题学生诊疗手册[M].上海:华东师范大学出版社,2006,5.

活动不能正常进行。

(三) 从层级方面进行划分

由于问题学生的多样化,在对其进行分类时,有研究者在一级划分的基础上,又做了更为细致的二级划分。如胡学志就把阮元文等分出的心理类问题学生又细分为六种:情绪情感障碍型、性格缺陷型、意志行为障碍型、品行障碍型、神经症型和身心障碍型。

为了与前文对问题学生的界定标准保持一致,本章采用阮元文等的三类型划分法,即将问题学生分为学习类、品行类和心理类三种类型。需要说明的是,不同类型的学生之间是存在相互联系并可以相互转化的。

三、问题学生的问题来源

问题学生的存在是客观的、不容回避的事实。但问题学生的问题不是从娘胎里带来的,没有哪个学生是天生的问题学生。总体而言,问题学生的问题因素主要有源自家庭、学校、社会及自身。

(一) 家庭

中学生在各方面尚无法完全独立,家庭作为其赖以生存和生活的场所,无疑会对其产生深远的影响。具体来说,家庭结构、家庭氛围、父母的教养方式等有可能是造成问题学生问题的根本原因。

1. 家庭结构

当前,大多数家庭除了父母和孩子三口之家的常规模式外,还呈现出了几类特殊的家庭结构,如单亲家庭、留守家庭、三代同堂的大家庭等。其中,单亲家庭和留守家庭因为重要角色父母的缺失可能会让孩子产生爱的缺憾感,或者因为在其个性形成和为人处世方面缺乏有力指导而影响其个性特征。三代同堂的大家庭,如4(爷爷、奶奶、外公、外婆)+2(爸爸、妈妈)+1(孩子)模式,可能会因为祖辈和父辈在对孩子的抚养和教育观念上存在分歧,从而使得孩子在生活方式、个性特征上都处于矛盾状态,带来其他不利。

2. 家庭氛围

家是温馨的港湾,是孩子成长的摇篮。但这是以和谐、融洽的家庭氛围为前提的。如果家庭成员之间(父母之间、父母与孩子之间)缺乏有效的交流和沟通,甚至充斥着冷漠、紧张、责骂、争吵及其他各种冲突,那么这样的家庭给予孩子的就不是温暖和爱,有可能是痛苦、厌烦、愤怒等消极情绪和情感。在这样的氛围中成长的孩子,更容易产生比其他人更多的问题。

3. 父母的教养方式

父母是孩子的第一任老师,问题学生的背后通常存在着问题家长。父母的教养方式会在很大程度上决定孩子的行为、性格甚至命运。一般把父母分为四种:权威型、溺爱型、冷漠型、民主型。权威型的父母"只管不爱",经常以简单粗暴的方式要求孩子对父母的要求和想法绝对地服从;溺爱型的父母"只爱不管",对孩子无原则性地宠溺、包办和妥协;冷漠型的父母"不管不爱",对孩子关心和关注不够,亲子关系疏离。这三种教养方式都容易造成孩子在性格和行为上出现偏差,只有民主型的父母"既管又爱",既尊重孩子的想法,又能给孩子适当的指导和帮助。

(二) 学校

中学生的主要活动是学习,学校是其每天主要的活动场所。因此,学校的教育理念和管理制度方面、教师的师德师风、同学之间的互动都会对中学生产生影响。如果学校、教师和同学在应试教育的指引下,以成绩作为评价学生的唯一指标,并由此决定其对学生的态度,可能就会出现问题。如对成绩差的学生极尽批评与讽刺之能事,或者对其不闻不问,完全放弃,就有可能伤害学生的自尊心,导致部分学生破罐子破摔,由最初只是成绩不好发展为品行不端甚至心理异常。此外,对于中学生来说,同学之间的交流互动也会对其产生重要的影响。"近朱者赤,近墨者黑",出于友情或朋友义气,中学生容易不计后果地效仿同伴的行为而产生不良影响。

(三) 社会

在当前这样一个信息时代,网络和电子产品的广泛使用在为中学生获取社会信息提供便利的同时,也对中学生产生了一些不良影响。中学生的人生观和价值观尚未完全建立起来,对纷繁复杂的社会现象缺乏足够的辨识是非的判断能力,容易受到社会上不良风气和个人主义价值观的影响,产生读书无用、现实不公、金钱至上等错误观念和行为偏差。有的学生因此沉迷于网络虚拟世界,逃避现实生活,更有极端者因此报复社会,对他人产生敌意。这些也是学生出现问题的一个原因。

(四) 自身

青春期是自我意识的第二个飞跃发展期。处在这个阶段的中学生要面临自身在生理和心理上的快速发展而带来的各种问题。

1. 自我认识的矛盾性与片面性

中学生对外界事物的反应从外化向内化转变,开始思考各种与"我"有关的问题,但由于认识能力和经验的缺乏,很多问题并未得到确切的解答,所形成的对自己和他人的评价大多是动荡的、矛盾的和片面的。

2. 自我体验的丰富性与两极性

中学生的情绪体验非常丰富,身边的事物很容易引起他们强烈的情感反应。但他们在情绪的体验和表达上很不稳定,经常在暴风骤雨和阳光明媚之间来回波动。同时,中学生会相对较多地体验到消极情绪。

3. 自我调控的冲动性与软弱性

中学生因其心理上的不成熟,一般对自身行为缺乏较强的控制能力,这主要表现为行为冲动鲁莽,做事虎头蛇尾,三分钟热度,难以坚持。当没有达到预期目标或者自己的价值没有得到认可时,他们很容易受挫和放弃。同时,有时明知道不应该做的事,却控制不住自己,如沉迷网络。

四、问题学生的指导原则

有老师抱怨说，只要班上有一个问题学生，那班主任就有得受了。确实，在问题学生的管理上，班主任可能要花上几倍甚至十几倍的时间和精力，还不一定保证有成效。在指导问题学生的过程中，不仅需要老师有更多的耐心、细心和责任心，还需要老师掌握方法，把握好以下原则。

（一）正确看待问题学生及其问题

问题学生是学生中的一部分，他们只是在成长过程中因为各方面的原因而在学习、行为或心理方面出现了一些不适应。对于中学生来说，或许在此时此地，这些不适应确实在一定程度上减缓了他们成长的速度，阻碍了他们的发展。但从长远来看，这些"成长的烦恼"也未尝不是他们对生活的一种探索和历练，在某种意义上这也能丰富他们的人生阅历，增强他们对自我、他人和生活的认识。所以，作为管理者，既要正确看待学生的问题，又要正确看待问题学生，不仅不能给他们贴上"差生""坏学生""没救了"的标签，戴有色眼镜看他们，还要对他们给予更多的关心，对他们的疑惑给予更多的理解和引导。

（二）在了解问题背后的原因前，不轻易下结论

如前文所述，问题学生的问题来源有很多方面，不能全部简单地归结于他们自身。例如：学习成绩不好就是不认真不努力；撒谎、不守纪律就是品行不端；沉默寡言、情绪低落就是心理病态……当学生出现问题时，老师不能不问缘由，上来就批评或处罚，而应该去仔细调查，了解事情发生的原因，尤其要认真听取学生自己的想法和感受，了解问题背后的原因。很多时候，中学生的问题不仅是其自身的问题，还反映了家庭、学校和社会中存在的对中学生产生不利影响的因素。在充分了解问题发生的前因后果之前，就贸然下绝对化的定论，非但不能真正有效地解决问题，还会让学生承担原本不属于他的责任，使学生失去对老师的信任，加重了问题。

（三）集合多方力量，共同解决问题

中学生正处于对自我的思考和探索的阶段，其思想和行为容易受到身边其认为重要的人的影响。尤其在当前这样一个网络时代，中学生能非常便捷地接触各种信息，人生观和价值观都受到很大冲击。作为学校和老师，只是中学生生活中的一部分。如果只是依靠老师和学校的努力，很难真正解决问题。所以，在解决学生的问题时，要充分利用家庭、社会等多方面的力量，从多个角度影响和指导中学生，帮助他们发现并解决问题。例如：可以通过加强家庭、学校之间的联系，全方面了解和帮助学生形成良好的生活习惯和能力；通过在学校与社会之间搭建桥梁，让学生更多地接触和了解社会，学会辩证地看待一些社会现象，形成正确的人生观和价值观。

此外，对问题学生的指导还应遵从其他原则，如预防、发展与矫治相结合的原则；尊重与理解相结合的原则；集体辅导与个别辅导相结合的原则；专项辅导与综合辅导相结合的原则。

拓展阅读

美国"国家年度教师"如何看待问题学生①

安东尼·马伦任教于康涅狄格州的格林尼治高中阿奇分校,专门教授那些最具挑战性的学生——被判定为行为和情感障碍、被其他学校拒之门外的孩子们。这位由警察转行的教师,成为"制服"问题学生的专家,让徘徊在社会边缘的"不良少年"重回正轨,也因此获评2009年美国"国家年度教师"。美国总统奥巴马这样评价他:他善于发掘每个学生身上的闪光点,拒绝任何一个孩子"掉队"。

他当选美国年度教师的2008年,正值全美专业教学标准委员会修订颁布新的教师评价和认证标准。安东尼·马伦说,其实,他也有自己认为的关于教师职业的八条核心知识标准,这八条标准,他用数学、地理、阅读、写作等命名,其中蕴含着他对"问题学生"的教育思路和方法,既有趣又深刻。

1. 任务陈述

我教谁远比我教什么重要。

2. 数学标准

1+1=2是数学概念,把一个孩子的昨天相加得不出他明天的价值。

3. 地理标准

尼罗河的发源地是我们必须知道的常识,但是也要知道,一个孩子人生的起点并不代表他未来发展的终点。

4. 阅读标准

我们要让学生学会读十四行诗,而我们自己应该读懂教室里每一个学生身上独特、迷人和结局未卜的故事。

5. 写作标准

我们教给学生造句子需要主谓恰当,老师应该知道如何在孩子人生故事的空白处写下"信心",如何改正他们人生中的"错字",如何帮助他们在人生的剧本中写出幸福的结局。

6. 科学标准

自由落体是我们要教授的科学原理,但是接住正在向下"坠落"的学生更是老师必须具备的核心知识。

7. 艺术标准

了解艺术家的作品和他们的创作工具固然重要,但是也要知道,每一个艺术家的生命中都有一位手把手指导过他们的教师。

8. 公民标准

社会变革的最伟大的机构是学校,最重要的力量是教师。

---

① 高靓著. 与美国国家年度教师面对面[M]. 福建:福建教育出版社,2015.

第二节　学习类问题学生的指导

 问题引入

虽然我国基础教育从"应试教育"向"素质教育"转型已经二十多年了，但父母对考上好高中和好大学的过高期望，学校对升学率的过高追求，都成为中学生的压力。中学生在高压下应试学习，如果不能很好地调节，势必会出现问题。当学生出现厌学、恐学等学习类问题时，教师应该如何加以引导呢？带着对这个问题的思考，我们一起进入本节的学习。

中学生要面对中考、高考的压力和由此而来的繁重的学习任务，但他们对压力的认识和自我调节能力有限，这就使得他们在学习过程中会出现诸多问题。需要说明的是，几乎每个学生都存在一定的问题，但我们这里所指的是在学习方面持续存在严重的问题，且屡教不改的问题学生。一般来说，学习类问题学生基本可以分为厌学型和恐学型两种类型。

一、厌学型问题学生

（一）问题表现

从幼儿园、小学、中学到大学，厌学的学生在各个阶段都存在，中学阶段尤为普遍。厌学是指学生对学习否定的内在反应倾向，包括厌学情绪、厌学态度和厌学行为。

1. 厌学情绪

厌学型问题学生属于"只要不谈学习，就是好孩子"，在其他方面没有问题，但对学习不感兴趣，一提到学习就烦，一看到作业就讨厌。对老师和家长的劝告，他们会表示反感、抗议或漠然置之。

2. 厌学态度

厌学型问题学生学习成绩通常不太好，学习动机不强。有些学生会有"读书无用"之类的想法，认为学习成绩的好坏和自己未来的发展没有关系，因而不在乎学习；也有些学生认为"学习很辛苦"，没必要为了获得好成绩太努力而委屈自己。

3. 厌学行为

厌学型问题学生在行为上表现出远离学习活动的倾向，具体包括：经常迟到早退、旷课；课堂上不认真听讲，做与学习无关的事情（如睡觉、讲小话、玩手机等）；不按时完成作业，拖拉、敷衍或抄袭他人作业；考试经常不及格，有时还伴有欺骗行为。

 **典型案例**

徐某,男,初二年级学生,聪明机灵,父亲经商,家境优越。徐某很喜欢漫画,说起自己喜欢的漫画人物或故事就兴高采烈,如数家珍,但对学习无兴趣,觉得"太没劲了"。他上课不是趴在桌子上睡觉,就是躲着看漫画书,常常不知道老师讲到哪里,老师点名回答问题也答不出来,学习成绩一直在班上排倒数。被老师批评后,他还会将老师画成漫画来丑化和嘲笑老师,并在同学之间私下传阅。老师气急败坏,多次请家长。其母亲得知他在校的表现后非常恼火,每次见完老师回家都会训斥徐某,并担心他这样下去考不上好高中、好大学。爸爸却不以为然,并以自己为例说"不读书也可以很有钱","有钱就可以搞定很多事"。

（二）原因分析

1. 外部原因

1）家庭因素

一般来说,父母对学习的认识会对孩子的学习态度和行为产生重要影响。父母不重视孩子的学习或者对学习的态度不一致、只关心学习成绩而不了解孩子内心的需求和困惑、对孩子在学习上的要求过高过严、在孩子学习表现不满意时粗暴地训斥或惩罚……都有可能造成孩子厌学。

如案例中的徐某,父母的教育观念明显不一致:父亲不太重视学习,相对读书而言,认为物质财富更重要;母亲虽然很看重他的学习,但只是把学习看成考大学的一个工具,对徐某在校的问题也只是简单粗暴地训斥,并未能让徐某认识到问题的实质,更不会对改善他的厌学提供任何帮助。

2）学校因素

（1）学校层面:在应试教育的评价体系下,学校片面地追求升学率,很多学校甚至按学习成绩对学生进行等级划分并以不同的方式加以对待。

（2）教师层面:教学形式单调,填鸭式教学、题海战术充斥课堂;对学习成绩差的学生嫌弃、嘲笑或放任自流,导致师生关系紧张,学生因为不喜欢老师而讨厌学习。如案例中的徐某,老师对他的行为表示了极大的愤怒,相应的处理是通知家长。老师的情绪可以理解,处理方式也很常见,但对徐某并不会有效果,反而会让他觉得老师只会发脾气、在家长面前告状,从而对老师的表现感到无所谓或者反感。

3）社会因素

随着网络的广泛使用,中学生的获取社会信息渠道增多。他们的观察力和模仿力较强,容易受到当前社会多元化价值观的影响。但他们尚不具有较强的辨别是非的能力,可能会被媒体报道的一些负面信息和社会上的多种诱惑误导,形成错误的价值观(如拜金、拼爹)和对学习的错误认识(如读书无用)。

4）生活事件

有调查发现,造成中学生厌学的直接起因很大一部分是家庭或学校生活中出现了一些变故或意外事件,如亲人离世、父母离异或再婚、重要考试失利、与他人发生激烈冲突等。此外,中学生在情绪上敏感而脆弱,他人不经意的评价、父母的争吵、老师的武断批评都有可能使其产生情绪上的负面体验甚至沉溺其中,从而对学习产生厌烦的情绪。

2. 内部原因

1) 动机缺乏

学习动机是直接推动学生进行学习的一种内部动力,包括学生对知识的价值观、对学习的兴趣、对学习的能力感和对成就的归因。[①] 如果学生对知识的价值认识不足,对学习缺乏兴趣,对自己的学习能力评价低,对学习成绩的好坏归因于外部的、不稳定的和不可控的因素,都会缺乏学习动机,学习动力不足,产生厌学的情绪。

2) 情绪不良

厌学型问题学生大多缺乏对情绪的自我调节能力,其学习活动容易受情绪的影响和控制,心情不好、不喜欢某门课程、不喜欢某个老师都有可能成为其不想上课的理由。

3) 意志薄弱

学习需要坚持不懈地努力才能取得好成绩。一般厌学型问题学生在学习过程中缺乏勇气和毅力。自己的努力在短时间内没有起效、遇到困难时容易放弃,这都是意志薄弱的表现。

(三) 辅导策略

1. 找出学生厌学的根本原因,有的放矢

如上所述,造成学生厌学的原因很多,不能简单地归结为学生学习态度不端正、对老师不尊重等。班主任要深入学生生活,通过家长、同学、科任老师等侧面了解学生的情况,并与学生进行友好的谈话,分析出学生厌学的可能原因,有针对性地解决问题。

2. 发现学生的闪光点,引导学习

厌学型问题学生一般在其他方面都表现较好,甚至有过人之处。如案例中的小齐,虽然对学习没兴趣,甚至丑化、嘲笑老师,但其聪明灵活,擅长画漫画。老师如果能发现他在漫画上的优势,并创造或安排其可以充分发挥自身特长的机会,如鼓励其参加班级板报、漫画比赛等活动,既能使其感受到来自老师的关注与尊重,增强其对老师的信任,又能在此基础上适当引导其认识到自身在知识与能力上的欠缺,以激发其学习动机。

3. 营造良好的环境,帮助提高

班主任除了唤起厌学型问题学生的学习兴趣和动机外,还需要为其创造良好的环境,帮助其顺利走上学习的轨道。例如:让科任教师给厌学型问题学生一些耐心和指导;在班级指定或推荐学习好的同学对厌学型问题学生进行帮扶;积极与家长沟通,增强厌学型问题学生对学习的正确认识,鼓励和督促其认真学习。

---

① 彭聃龄.普通心理学[M].北京:北京师范大学出版社,2001.

拓展阅读

耶克斯-多德森定律

美国心理学家耶克斯和多德森的研究表明，各种活动都存在一个最佳的动机水平。动机不足或过分强烈，都会使工作效率下降。研究还发现，动机的最佳水平随任务性质的不同而不同。在比较容易的任务中，工作效率随动机的提高而上升，随着任务难度的增加，动机最佳水平有逐渐下降的趋势。也就是说，在难度较大的任务中，较低的动机水平有利于任务的完成。这就是著名的耶克斯-多德森定律（见图7-1）。

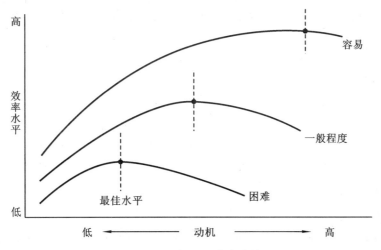

图 7-1　耶克斯-多德森定律

动机强度与学习效率之间的关系不是一种线性关系，而是倒 U 型曲线。中等强度的动机最有利于任务的完成。也就是说，动机强度处于中等水平时，工作效率最高，一旦动机强度超过了这个水平，对行为反而会产生一定的阻碍作用。如学习的动机太强、急于求成，学生会产生焦虑和紧张，干扰记忆和思维活动的顺利进行，使学习效率降低。考试中的"怯场"现象最主要是由动机过强造成的。

二、恐学型问题学生

除了不愿意学习、对学习厌烦的学生容易被视为问题学生之外，想学但总担心学不好、考不好的学生也容易成为问题学生。

 典型案例

刘某，女，高三学生，从小成绩优异，可进入高中后，成绩一降再降。由于一心想考重点大学，她一直都在高压状态下进行高强度的学习。她每天白天在学校，除了吃饭、上厕所，几乎所有的时间都用在学习上，晚上回到家还会学习到深夜。可即使是这么刻苦，总复习开始后，她每次模拟考试的成绩并不理想。"每次考试的前一晚我都会睡不好。考试时，一拿到试卷,脑子里就一片空白,数理化公式忘得精光,以前会做的题也不会做了。"刘某现在越来越怕考试了。她说:"这样下去,别说重点大学了,我都怀疑自己能不能考上大学了。如果那样,我都无颜面对父母,还不如死了算了。"

(一)问题表现

相对于厌学型学生,恐学型问题学生对学习的主要感受不是厌烦,而是恐惧。这类学生在学习上一般比较努力,上课认真听讲记笔记,课下认真完成作业并主动学习,但遇到老师上课提问或者考试等检验学习效果时,就会表现得很害怕。如案例中的刘某由于过分紧张而在睡眠和记忆上出现问题,影响其正常发挥。恐学型的问题学生中有学习成绩不好的,也有学习成绩很好的,他们的共同点都是过于担心自己在学习上的表现而对学习产生恐惧。

(二)原因分析

1. 学习动机过强

根据耶克斯-多德森定律,动机与效果成倒 U 型关系。如果说学习动机不强是厌学型问题学生的主要问题,那么学习动机过强则可能是很多恐学型问题学生的主要问题。过强的学习动机使得这类学生长时间处于较高的期望和较大的压力中,在情绪上容易过于紧张和焦虑,进而影响了其学习效率,学习效率的下降又会进一步增强其对学习的恐惧。

2. 个性敏感内向

一般而言,恐学型问题学生大多性格偏内向,不善于表达自己的情绪,即使自己很紧张很害怕,也只是闷在心里,独自承受;自尊心强,觉得学习成绩不好是一件很丢脸的事。同时恐学型问题学生又十分敏感,非常在乎别人的评价,不想让别人觉得自己能力差。

3. 缺乏社会支持

社会支持是指人们感受到的来自他人的关心和支持。如果没有足够的社会支持系统,个体在遇到困难时就会觉得陷入无处倾诉、孤立无援的境地。恐学型问题学生在学习过程中得到来自家长、老师和同学的关心和帮助较少,所以无法很好地调节对学习的恐惧情绪。

(三)辅导策略

1. 引导学生正确看待学习,调整学习目标

虽然中学阶段的学习在很大程度上是以成绩作为评价指标的,但班主任要引导学生正确看待自己的学习和学习成绩,并设置与自身相符的学习目标。"跳一跳,够得着"的目标才能既促进学习,又不会给学生带来过大的压力。

2. 引导学生完善自身个性,调节自身情绪

班主任在日常的班级管理中要对内向、敏感、自尊心过强的学生给予更多的关注,并通过开展班级活动、个别谈话等引导学生完善自身个性,并教会学生学会倾诉、自我放松等,以及积极调节自身情绪。

3. 引导学生建立良好的社会支持系统

为了缓解学生对学习的恐惧,班主任还需要引导和帮助学生建立良好的社会支持系统,如通过增进人际交往和沟通,取得家长的支持、老师的鼓励、同学的帮助等。

心语感悟

上帝为每一只笨鸟都准备了一个矮树枝。

——土耳其谚语

第三节 品行类问题学生的指导

问题引入

中学生正处于人生观、价值观形成的重要时期。青春期的逆反心理使他们想要挑战权威,彰显个性。因而,中学生容易出现品行方面的问题。这些问题具体有哪些表现?教师该如何应对呢?带着对这些问题的思考,我们一起进入本节的学习。

一、何谓品行问题

品行问题是外部行为问题的一种,是指具有反复性和持久性的侵犯他人权利、违反相应年龄社会规范和要求的行为。[①] Achenbach 根据有无攻击性将其分为两个相关而又独立的维度,即过失行为(如撒谎、偷窃、逃课、吸毒、破坏公共财物等)和攻击行为(如打架、不服从、挑衅、威胁他人等)。结合我国青少年的特点,张俊涛等人提出,青少年学生中多发的问题行为包括违规行为、成瘾行为和攻击行为。[②]

1. 违规行为

中学生的违规行为主要包括在校期间违反学校管理规定(如逃课、作弊、撒谎、抽烟、喝酒等),扰乱课堂教学秩序(如大声讲话、起哄、与老师做对等),或违反其他社会管理规定(如偷窃、破坏公共财物、违反公共秩序等)。

2. 成瘾行为

成瘾行为是一种额外的超乎寻常的嗜好和习惯,如药物成瘾、烟草类成瘾、酒精类成瘾等,包括物质成瘾和精神成瘾两个方面的内容。中学生的成瘾行为主要以网络成瘾最为突出,网络成瘾表现为沉溺于网络,在网络上投入了大量的时间,以至于荒废了学业,忽略了与他人的现实交往,甚至性格发生改变。

[①] 武汉市教育科学研究所.中小学生偏常心理与行为辅导[M].武汉,武汉出版社,2000.
[②] 张俊涛,陈毅文,田树军,杨东岳.青少年品行问题行为倾向问卷的初步编制[J].中国临床心理学杂志,2009,17(3).

3. 攻击行为

中学生攻击行为是指中学生在日常学习和生活中高频率出现的带有破坏、暴力和伤害等严重后果的问题行为，可分为直接攻击、转向攻击和自我攻击三种。直接攻击的对象大多是导致其受挫的对象本身，如打架、谩骂、侮辱他人。转向攻击一般是因为无法直接攻击或攻击对象过于强大或过于抽象，或攻击时机不合适，而将攻击对象转向为其他事物。自我攻击是指向自身的一种特殊攻击形式，包括自责、自我惩罚，甚至自残、自杀。

 典型案例

李某，女，初二学生，经常撒谎、逃课，学业不良，独来独往，很少与班上同学交流，"我知道他们看不起我，我更看不起他们。"李某经常与校外青年一起去网吧玩游戏，并多次与男网友发生关系。鉴于李某多次违反学校管理规定，在老师多次告诫无效后，学校决定对李某做退学处理。

李某的妈妈跟校长和老师求情，说李某初中以前一直都很乖巧温顺，虽然对父亲的过高期望和严苛管教满腹委屈，多次偷偷流泪，但仍然能按照父亲的要求完成各项学习任务。不知道为什么进入初中后她突然就"变坏"了。"你们再给她一次机会吧。如果她爸爸知道她被退学了，一定会打死她的。"

二、问题来源

在品行方面存在问题的学生不仅会影响自身的形象与发展，还会给他人与社会带来不利的影响，持续发展下去还会形成反社会型人格，造成严重后果。究其原因，品行类问题学生的问题主要源于以下几个方面。

1. 自身原因

中学生处于青春期，独立意识和自我意识日益增强，逆反心理突出，迫切希望摆脱成人的监护。他们反对成人把自己当小孩，要求以成人自居。为了彰显自己的存在感与独特性，他们对正面事物倾向于持批判、否定态度，挑战权威，对思想教育及规章制度消极抵制、蔑视对抗，对不良倾向持认同态度，大喝其彩。如案例中李某的变化虽然并不恰当，但也是其自我意识觉醒或增强的一种表现。

2. 家庭因素

父母错误的教养方式，如以权威自居或者对孩子过于冷淡，都有可能使孩子产生逆反心理。如案例中李某的父亲从小对其过于苛刻的要求和强硬的态度都是导致其发生明显改变的重要原因。此外，父母自身的个性特征或行为习惯及冷漠、敌对的家庭氛围也会对孩子产生不良影响，使其出现品行方面的问题。

3. 学校因素

学校只注重对学习成绩和分数的"智育"，而忽视了对学生品行培养的"德育"，或者德育工作方式过于简单机械、呆板陈旧，无法紧跟社会发展的现实，无法满足当代中学生的需要，也会对学生产生不良影响，导致其产生品行方面的问题。

4. 同伴影响

中学生比较容易受同伴的影响,出现从众的问题行为。如小团体中的大部分人都表现出某种行为,即使明知道这种行为不对,但出于义气或者为了跟同伴保持一致,仍然会做出同样的行为。

5. 大众传媒

由于受大众传媒(如网络、电视、电影、报刊、电子游戏等)中充斥的暴力、犯罪信息会对中学生产生不良示范。中学生出于较强的猎奇心理,加上对现实世界和虚拟世界的区分能力不强,容易在现实生活中表现出不合规范的行为。

三、辅导策略

1. 积极关注,个别辅导

对品行类问题学生,教师应在日常的班级管理和教学活动中给予积极关注。他们之所以会出现品行问题,在一定程度上是为了引起别人的认可与重视。教师可通过与他们的单独谈话了解其内心需求与困惑,充分肯定其优点,并结合其他方式(如现实案例、影视资料等)指出其以不恰当的方式来证明自己可能会给自己带来的严重后果。尤其可通过他们特别重视的人和其他事物来分析利害关系,让其意识到品行问题的危害。

2. 树立榜样,集体引导

"近朱者赤,近墨者黑。"对于中学生来说,模仿他人可能会出现品行问题,反过来,如果身边都是优秀的同龄人,他们也可以改变自身的品行问题。老师可以通过主题班会、团体辅导、集体活动等方式发动品行类问题学生身边的同学,对他们多一些包容、少一些歧视,主动地为其做出示范,鼓励他们积极追求上进。

3. 家校联系,互相配合

学校老师一方面要加强自身对德育的理解和重视,不断提升自己的道德修养,在平时与学生交流的言谈举止中给学生以积极引导,另一方面,要积极与家长沟通,取得家长的理解与支持,营造良好的家庭氛围,父母以身作则,自觉规范自身的言行,为孩子做好榜样,并指导孩子对行为进行管理和监督。

第四节 心理类问题学生的指导

 问题引入

如果说在中学生中,学习类问题学生最为普遍,品行类问题学生最为突出,那么心理类问题学生则最为棘手了。因为很多老师对到底是哪些学生存在心理问题、为什么他们会出现心理问题、应如何对待这类学生都满是疑惑。为了解开这些疑问,我们一起进入本节的学习。

一、何谓心理问题

随着心理健康教育在中学的逐渐展开,学生群体中的心理问题得到越来越多的关注。严格来说,心理问题并不是一个准确的概念,也没有确定的定义,它一般泛指在心理上存在的问题,与生理问题相对。心理问题按严重程度可分为一般心理问题、严重心理问题和心理疾病,按问题性质可以分为发展性心理问题、适应性心理问题和障碍性心理问题。

1. 发展性心理问题

发展性心理问题主要是指个体自身不能树立正确的自我认知,特别是对自我能力、自我素质方面的认知,其心理素质及心理潜能没有得到有效、全面的发展。发展性心理问题针对的是心理健康、身心发展正常,但在发展方面仍有潜力可挖、心理素质尚待完善的个体。

2. 适应性心理问题

适应性心理问题主要是指个人与环境不能取得协调一致所带来的心理困扰。适应性心理问题针对的是身心发展正常,但带有一定的心理问题、行为问题的个体,或者说"在适应方面发生困难的正常人"。

3. 障碍性心理问题

障碍性心理问题也称为"心理障碍""心理疾病",是指因个人或外界因素引起个体强烈的异常心理反应(如思维、情感、动作行为、意志等),它伴有明显的躯体不适感。障碍性心理问题针对的是在心理和行为上明显异于大多数人,且对自身或他人的学习、工作和生活产生不良影响的个体。

中学生出现的心理问题大多是一般心理问题,包括发展性心理问题和适应性心理问题。

 典型案例

张某,男,初一年级学生。刚入学时给老师和同学们的印象是一个热情开朗、活泼好动的阳光男孩,他有时还爱跟同学开玩笑,跟老师耍嘴皮子。但过完寒假回校后,他像变了一个人,经常独自坐着发呆,眼神忧郁迷茫,不理同学,老师提问也不回答,班级活动也不参与。老师多次找他谈话,他总是一言不发。同桌发现他本子上有一幅画,画的是一个小孩被两个大人拉扯,旁边还打了很多问号。据住他家附近的好朋友讲,他的爸爸妈妈因为感情出现问题,在闹离婚,并要他在他们中做出选择……

二、问题表现

当前对中学生心理健康现状的普遍看法似乎是中学生的心理健康状况很差,心理问题也越来越多。[①] 辛自强和张梅采用横断历史研究发现,1992 年至 2005 年期间中学生的心理问题在缓慢增加,即中学生心理健康水平缓慢下降。[②]

---

① 范会勇,张进辅.过去十年中学生 SCL-90 调查结果的元分析[J].心理科学,2005,28(6).
② 辛自强,张梅.1992 年以来中学生心理健康的变迁:一项横断历史研究[J].心理学报,2009,41(1).

刘恒和张建新通过对全国2209名中学生的调查发现,约有21.7%的中学生存在中度或中度以上的心理问题[①];侯振成等人发现北京市1379名中学生中有24.98%存在轻度不良反应,6.73%存在明显的心理健康问题。[②]

徐学俊对湖北省武汉市50所中学进行了实证调查,结果发现有相当一部分中学生出现心理问题,主要表现如下。

(1) 信心不足,适应能力差。
(2) 情绪反常,自控能力差。
(3) 性格怪僻,活动能力差。
(4) 关系紧张,交往能力差。[③]

中科院心理研究所王极盛教授历时多年,对北京500多个班、20000多名中学生进行了调查,他发现中学生主要有以下一些心理问题及表现。

(1) 强迫症状,总在想一些没必要的事情,如考不好该怎么办;总是反复检查作业做得对不对;女生总担心自己衣服是否穿戴整齐,总要照镜子。

(2) 人际关系敏感,总感觉别人对自己不友好,其他人不理解、不同情自己;当别人看他或议论他时总感觉不舒服;与异性在一起感觉不自在。

(3) 敌对倾向,爱与人抬杠,有理不让人,无理搅三分;乱发脾气,有摔东西的冲动;想控制自己但控制不住。

(4) 偏执倾向,总感觉自己的想法是对的,别人是错的;总觉得别人在占自己的便宜;总觉得别人在背后议论自己;觉得大多数人不可信、不可靠;很难与他人合作。

(5) 焦虑倾向,总感到莫名的紧张、坐立不安、心神不定、心里烦躁、不踏实。

(6) 适应能力差,高一和初一学生较为明显,如不喜欢学校的老师、同学、课外活动等,对学校生活不适应。

(7) 情绪不稳定,心情时好时坏,学习劲头时高时低,对父母、老师有时亲近有时疏远。

(8) 心理不平衡,看别的同学考得比自己好、比自己有钱或穿名牌服装时就觉得不舒服,总感觉老师和家长对自己不公平。

三、问题来源

1. 学生自身

中学生正处于青春期,是从青少年走向成年的过渡时期,是幼稚与成熟、独立性与依赖性、自觉性与盲目性并存的充满矛盾的阶段。这种矛盾会在其自我意识、情绪情感和行为举止中充分体现。如果缺乏及时、有效的引导,很有可能会出现各种心理问题,影响其心理健康。

2. 家庭因素

错误的教养方式是家庭因素导致孩子出现心理问题的重要来源。很多家长只注重孩子

---

① 刘恒,张建新. 我国中学生症状自评量表(SCL-90)评定结果分析[J]. 中国心理卫生杂志,2005,18(2).
② 侯振成,贾海涛,郭汲源. 1397名中学生心理健康水平的现况调查[J]. 中国民康医学,2006,18(9).
③ 徐学俊. 加强心理健康教育 全面提高人才素质——中学生心理健康调查及思考[J]. 江西教育科研,1995(4).

的身体健康和学习成绩,忽视了对孩子心理需求的了解和满足。如给孩子吃好的、喝好的,只为了让其好好学习,却很少陪孩子坐下来聊聊天、谈谈心。在孩子未能达到期望时,就简单粗暴地训斥或惩罚他。有的家长因为夫妻关系不好,当着孩子的面争吵、打架、冷战、决裂、互相诋毁甚至关系破裂、离异等,觉得这是大人的事,与孩子无关。其实中学生特别敏感,很容易因此受到沉重的打击,从而性格发生改变,出现心理问题。

3. 学校因素

虽然心理健康教育已在大中小学全面展开,但学校的重视程度不一。有的学校非常重视,从硬件到师资都按要求配置,并积极开展各项活动。有的学校只是敷衍了事,甚至有的学校领导或老师对此嗤之以鼻,认为干扰了学习和考试。学校及老师对心理健康的态度会在很大程度上影响学生心理问题的预防、识别和干预。

4. 社会因素

伴随着社会经济的快速发展和贫富两极化的加剧,各个领域都存在着激烈的竞争。当代中学生不再是"两耳不闻窗外事,一心只读圣贤书"的单纯学生,父母对生活的抱怨、老师对未来现实的分析、同学之间的攀比、网络上的各种信息,都会让他们感受到生活的压力。生活的压力如果超出他们的承受范围,也会导致心理问题的产生。

5. 生活事件

虽然中学生的心理问题不是短时间形成的,但导致他们问题突然爆发的导火索通常是一些生活事件,尤其是一些对他们而言重大的、突然的、负面的事件,如亲人离世、父母离异、竞争失利、失恋等。

四、辅导策略

(一)加强自身学习,及时发现和识别异常心理

个体的心理活动与心理状态是复杂多变的,所以严格来说,心理问题的识别与应对需要专业的知识与技能,尤其是严重的心理问题与心理疾病,更是只有临床心理治疗师与治疗机构才能处理。所以,普通教师和班主任需要学习心理健康的相关知识,了解中学生中常见的心理问题与表现,在班级管理中多注意观察学生的表现,掌握其心理的动态变化,并及时发现心理异常的征兆并做出初步的判断。如果无法判别或心理问题较为严重,可以建议或要求其去专业机构进行详细诊治,千万不能忽视大意,或者暗自逞能,这样会贻误病情,影响学生及时就诊和康复。

(二)PACE,正确面对心理类问题学生

临床心理学家 Daniel A. Hughes 在他的 *Attachment-Focused Family Therapy*(《依恋家庭治疗》)一书中针对关注依恋的家庭治疗提出过 PACE 模型。这一模型也可为教师面对心理类问题学生提供参考意见。

1. P——戏谑(playfulness)

有的老师只要自己班上有学生出现心理问题,就觉得很可怕,谈之色变,整天哀叹自己

很倒霉。其实,恐慌和抱怨反而不利于问题的解决,倒不如放松一点,以一种轻松愉快的态度从容面对学生已经存在的问题。

2. A——接纳(acceptance)

教师要善于倾听和接纳心理类问题学生表现出的各种问题。一般来说,这类学生大多比较敏感、脆弱,很容易感受到周围人对他们的态度,尤其是接触较多的老师如果对心理类产生的问题甚至他们本人都不能理解,以异样、恐惧、嫌弃甚至是同情的眼神像看怪物一样看待他们,都有可能会使他们受到伤害,加重他们的心理负担。

3. C——好奇(curiosity)

在与心理类问题学生建立信任关系的基础上,教师可以真诚地与他们谈心,在让学生感到被关心和尊重的同时,也引导他们去探索出现心理问题前的状态和导致心理变化的事件。如教师可以问:"老师发现你最近心情不太好,是发生了什么事情吗?""你这样整晚睡不好有多久了?"

4. E——共情(empathy)

面对心理类问题学生,教师既是领导者、观察者和探索者,又是陪伴者、倾听者和治疗者;既要保持对问题客观与冷静的思考,又要能设身处地地为学生着想,将心比心,理解他们的痛苦与挣扎,并适当给予积极的回应。

(三)家校联合,为学生心理健康保驾护航

除了从心理类问题学生自身入手、引导他们积极面对自己的问题之外,教师还需要主动联合家长,从家庭到学校,为学生营造良好的氛围,让他们时刻感受到温暖和支持。例如:鼓励家长多陪伴孩子,对他们少一点压力,多一点关爱;倡导班级同学尊重、关心心理类问题学生,带着他们积极参加活动,融入集体生活;开展各种各样的心理健康活动,如心理班会、心灵聚会等。

 温故知新

问题学生是指身体与智力正常,在学业成绩、品德行为或个性心理任一方面存在问题,且严重影响了自身发展或严重干扰了他人的学习、工作和生活的学生。问题学生有不同的分类方式,按问题性质分为学习类、品行类和心理类三种类型。不同类型的学生之间存在联系并可以相互转化。问题学生的问题因素主要有源自家庭、学校、社会及自身。对问题学生的指导应遵循以下原则:正确看待问题学生及其问题;在了解问题背后的原因前,不轻易下结论;集合多方力量,共同解决问题。

学习类问题学生基本可以分为厌学型和恐学型两种类型。厌学是指学生对学习否定的内在反应倾向,包括厌学情绪、厌学态度和厌学行为。导致学生厌学的外部原因包括家庭、学校、社会及生活事件,内部原因包括动机缺乏、情绪不良和意志薄弱。对厌学型问题学生进行辅导时,可以采用以下策略:找出厌学的根本原因,有的放矢;发现闪光点,引导学习;营造良好环境,帮助提高。恐学型问题学生对学习感到恐惧和担忧。导致恐学的原因主要有学习动机过强、个性敏感内向、缺乏社会支持等。对恐学型问题学生进行辅导时,可以采用以下策略:引导学生正确看待学习,调整学习目标;引导学生完善自身个性,调节自身情绪;引导学生建立良好的社会支持系统。

品行问题是外部行为问题的一种,是指具有反复和持久性的侵犯他人权利、违反相应年龄社会规范和要求的行为。中学生多发的问题行为包括违规行为、成瘾行为和攻击行为。造成中学生品行问题的原因有学生自身、家庭、学校、同伴和大众传媒。对品行类心理问题学生进行辅导时,可以采用以下策略:积极关注,个别辅导;树立榜样,集体引导;家校联系,互相配合。

中学生中的心理问题大多是一般心理问题,包括发展性心理问题和适应性心理问题。中学生心理问题来源于自身、家庭、学校、社会和生活事件。对心理类问题学生进行辅导时,可以采用以下策略:加强自身学习,及时发现和识别异常心理;PACE,正确面对心理类问题学生;家校联合,为学生心理健康保驾护航。

【本章练习】

1. 如何界定问题学生?导致学生产生问题的因素有哪些?
2. 对问题学生进行辅导时,应遵循哪些原则?
3. 导致学生厌学和恐学的因素分别有哪些?应如何加以引导?
4. 品行类问题学生有哪些表现?应如何进行引导?
5. 结合你对心理问题的理解,谈谈应如何看待心理类问题学生。

第八章

班级思想品德教育与操行评定

第八章　班级思想品德教育与操行评定

【内容概要】

☆ 思想品德教育的内容
☆ 思想品德教育的原则
☆ 思想品德教育的方法
☆ 操行评定的作用
☆ 操行评定的结构
☆ 操行评定的原则
☆ 操行评定的写作

第一节　班级思想品德教育

 问题引入

思想品德教育作为我国学校教育的一个重要组成部分,一直在基础教育中占据着重要位置。德国道德心理学家林德提出"道德行为与发展的双面理论",并设计了著名的"道德判断测验",在20多年的研究中取得了很多重要成果。杨韶刚等人以中文版的"道德判断测验"为测量工具,以724名12~27岁青少年学生为被试进行实证研究,结果表明学校教育有助于提高学生的道德判断能力,但存在不稳定因素。带着对这段话的思考,我们一起进入本节的学习。

一、班级思想品德教育的基本内容

从内涵上来看,思想品德教育是指教育者以社会主义核心价值体系为导向,根据社会的要求和思想品德教育规律,有目的、有计划、有组织地对受教育者施加影响,培养他们科学的世界观、人生观、价值观和良好的道德思想品质,以及遵纪守法的意识和文明的行为习惯的教育活动。

从结构上来看,思想品德教育的知、情、意、行这四个方面是一个相对稳定的结构,这稳定结构中所包含的思想品德教育目标和内容是社会选择的结果,不同的时代、不同国家会对此做出不同的选择。因此,可以说思想品德教育必须服务于一定的社会结构,思想品德教育是人类社会的附庸。

从理论依据上来看,思想品德教育是以社会主义核心价值体系为其导向,以政治学、伦理学、社会学等相关学科为其主要的理论依据,属于社会意识形态方面的内容。

思想品德教育的主要内容和任务是对学生进行理想、信念、道德和人生观、世界观等各方面的教育,使其形成乐观向上的生活态度,逐步树立正确的人生观、价值观和世界观。

（一）基本道德和日常行为规范教育

以《公民道德建设实施纲要》《中学生守则》《中学生日常行为规范》为基本内容，深入开展学生行为规范教育，正确引导学生的道德行为，培养学生的道德情操，提高学生的道德认识。从规范行为习惯做起，从提高学生基本素质做起，培养中学生良好的道德品质和文明行为，引导中学生懂得为人处事的基本道理，使其具备科学健康生活的基本素养。

什么是教育？简单一句话，就是要养成习惯。

——叶圣陶

养成教育

"养成教育"就是培养学生良好行为习惯的教育。养成教育既包括正确行为的指导，又包括良好习惯的训练（包括语言习惯、思维习惯的培养）。养成教育的内容十分广泛。习惯是养成教育的产物，它往往起源于看似不经意却蕴含了足以改变人类命运的巨大能量的小事。

针对基础教育特点，进行以下"四个良好习惯"的养成教育：良好的行为习惯——讲究文明，懂得礼貌；良好的学习习惯——渴望求知，努力学习；良好的生活习惯——情趣向上，生活有序；良好的健身习惯——锻炼有恒，体魄健康。

针对独生子女弱点，进行管理育人、环境育人氛围的营造；针对青春期的特点，进行生理、心理健康的指导；针对班级是学生成长园地的特点，进行班级文化建设；针对社会不良风气影响的特点，进行家校社区协同德育建设；针对未来社会发展所需人才的特点，进行人文素质的培养。

（二）科学世界观和人生观教育

世界观是一个人对整个世界的根本看法。世界观建立在一个人对自然、人生、社会和精神的科学的、系统的、丰富的认识基础上，它不仅是认识问题，还包括坚定的信念和积极的行动。具体来说，科学的世界观就是：解放思想、实事求是、一切从实际出发。

人生观是人们对人生问题的根本看法。它的主要内容是对人生目的、意义的认识和对人生的态度，具体包括公私观、义利观、苦乐观、荣辱观、幸福观和生死观等。人生观是人们在人生实践和生活环境中逐步形成的。由于人们的社会实践、生活境遇、文化素养和所受教育的不同，因而形成的人生观不同。树立正确的人生观，要有坚定的理想信念和正确的人生态度。中学生应当追求崇高的理想和高尚的品格，时刻严格要求自己，树立积极进取、乐观向上、厚德载物、自强不息的人生态度。

 **拓展阅读**

古 松 三 态

一棵古松。

木匠说：这是一根好材料。

画家说：好美丽的树啊！可以画成一幅美丽的画。

农民说：我种田累了的时候，可以到这里躲避太阳、休息。

世界观、人生观和价值观是人们对自己生命意义的看法，是对自己要干什么、不干什么的一种判断标准，是决定人们的观察和行为的重要因素。譬如，人们比较容易倾向于那些自己认为有价值的、自己看重的事情、经验或人。所谓"古松三态"，就是这个道理：在木匠看来，古松是一根梁；在画家看来，古松是美的，是风景的组成部分；在种田的农民看来，古松可以遮阳，是一方荫凉地。他们都从各自的角度看待对自己有价值的东西。同样，不同年龄、不同身份、不同层次的人们所具有的价值观也就不尽相同。

（三）爱国主义和国际主义教育

爱国主义是传统道德的核心部分。中华民族具有深厚的爱国主义的光荣传统。在各个历史时期，爱国主义的共同内容有建设祖国，发展民族的物质文化，维护民族团结与国家的统一，抗击侵略，保卫祖国独立与领土完整。新时期的爱国主义主要是：热爱祖国，实现统一，反对霸权主义，维护世界和平。班级教育管理者应该从以下三个方面开发教育资源，进行爱国主义教育：一是学习、了解历史；二是牢记国耻；三是培养忧患意识。

国际主义教育主要培养受教育者坚持和维护同全世界无产阶级、被压迫民族、被压迫人民及一切爱好和平、主持正义的组织和人士的团结，支持和援助全世界无产阶级和被压迫人民的革命斗争。

 拓展阅读

新时期的爱民行为

我国新时期提倡以人为本、以德治国。国家将爱民行为提高到相当的高度，特别是在遭受自然灾害或战争的时候，中国政府将不惜一切努力援救国内外人民。

2008年5月，四川汶川震后废墟上重建。

2011年3月，利比亚爆发战争前，中国通过海陆空三路撤回国民35860人。

2011年3月，日本地震引发海啸，福岛核电站事故恶化，中国政府将重灾区公民撤离回国。

2014年7月，利比亚冲突升级，1177名中国公民撤离回国。

2015年4月，尼泊尔强震，中国政府派出多架飞机撤离中国旅客。

（四）集体主义教育

集体主义教育是指引导群众热爱、关心集体，以集体利益为重的教育。在现阶段，集体主义教育就是教育中学生正确认识和处理国家、集体、个人三者之间的利益关系,懂得在社会主义制度下,国家、集体、个人三者利益发生矛盾时,要以国家和集体利益为重,个人利益要服从集体利益。正确处理三者之间的利益关系,不是不要个人利益,而是将三者兼顾起来。另外,还要教育学生增强集体观念,热爱集体、关心集体,搞好集体的团结,积极为集体争创荣誉,珍惜和维护集体荣誉。

 心语感悟

一滴水只有放进大海里才永远不会干涸,一个人只有当他把自己和集体事业融合在一起的时候才能最有力量。

——雷锋

(五)理想教育

理想是指从事实践活动的主体,以客观为依据,把事物发展的可能性与人们的需要结合起来所构想的关于未来的观念形态,是主体需要与客观要求的统一,具有合规律性、合目的性和社会历史性。培养中学生的理想,要做到:在生活理想上要追求健康高尚的生活方式,做生活的强者;在职业理想上要把社会发展需要和自身实际结合起来,成为社会的有用人才;在道德理想上要养成良好的品德,做高尚的人;在社会理想上要志存高远,成为大有作为的人。有了正确的理想,才能"不畏浮云遮望眼,只缘身在最高层","直挂云帆济沧海,长风破浪会有时"。

(六)劳动教育

劳动教育是使中学生获得正确的劳动观念、劳动习惯、劳动情感、劳动精神,了解和懂得生产技术知识,掌握生活和劳动技能,在劳动创造中追求幸福感的育人活动。它包括劳动思想观念的教育、劳动技术知识的教育和劳动技能的教育。

劳动教育注重实践经验,提倡"做中学"和"学中做",手脑并用,理论与实践结合,知行合一。"以劳树德、以劳增智、以劳健体、以劳溢美、以劳促创新",是劳动教育长期实践所形成的中国特点。

劳动教育的主要内容有以下三点。

(1)树立学生正确的劳动观点,使他们懂得劳动的伟大意义;了解人类的历史首先是生产发展的历史,是劳动人民创造的历史;认识到劳动是公民的神圣义务和权利;懂得轻视体力劳动和体力劳动者是数千年来剥削阶级思想的残余;懂得把脑力劳动同体力劳动相结合的重要意义。

(2)培养学生热爱劳动和劳动人民的情感,使他们养成劳动的习惯,形成以劳动为荣、以懒惰为耻的品质,并能抵制好逸恶劳、贪图享受、不劳而获、奢侈浪费等恶习的影响。

(3)学习是学生的主要劳动,教育学生从小勤奋学习,将来担负起艰巨的建设任务。并教育学生正确对待升学、就业和分配。

（七）纪律与法制教育

纪律是为维护集体利益并保证工作进行而要求成员必须遵守的规章、条文。一般来说，纪律有以下三层含义。

（1）纪律是指惩罚。

（2）纪律是指通过施加外来约束达到纠正行为目的的手段。

（3）纪律是指对自身行为起作用的内在约束力。

这三层意思概括了纪律的基本内涵，同时也反映出良好纪律的形成过程是一个由外在的强迫纪律逐步过渡到内在自律的过程。

法制教育就是用社会主义民主与法制的基础知识教育学生，以增强他们的社会主义公民意识，使他们懂得公民的基本权利和义务，懂得与自己生活有关的法律，养成自觉遵守法律的行为习惯。

法制教育工作，要按照科教兴国、依法治国和社会主义现代化建设的要求，坚持课堂教育与课外教育相结合，坚持法制教育与思想政治教育相结合，坚持近期目标与长期目标相结合，不断提高中学生的法律素质，努力把青少年学生培养成为有理想、有道德、有文化、有纪律的社会主义建设事业的合格人才。

 拓展阅读

占中后的自首

我国"香港占中"运动持续 66 天后，香港"占中三子"香港大学副教授戴耀廷、中文大学副教授陈建民、牧师朱耀明宣布占领行动应该结束，并到警署自首，公开承认违反《公安条例》。

 问题辨析

思想品德教育与心理健康教育的关系

意大利诗人但丁曾说过："一个人如果知识不全，可以用道德去弥补；一个人如果道德不全，则无法用知识去弥补。"从这句话中我们可以看出，道德和学校思想品德教育对一个人终生发展的重要性。思想品德教育作为我国学校教育的一个重要组成部分，一直在基础教育中占据着重要位置，这反映了我国学校教育对道德和道德教育重要性的认识。但是，随着我国社会的日益发展，学生的心理行为问题日益凸显。由此，心理健康教育在我国全民教育体系中越来越受到教育者的关注。在我国，心理健康教育起初是作为思想品德教育内容的补充和拓展而实施的，它从一开始就与思想品德教育结下了不解之缘。

一、思想品德教育与心理健康教育的异同

首先，我们界定一下思想品德教育和心理健康教育的内涵。思想品德教育是指教育者以马列主义、毛泽东思想、邓小平理论和"三个代表"重要思想为指导，根据社会的要求和思想品德教育规律，有目的、有计划、有组织地对受教育者施加影响，培养他们科学的世界观、人生观、价值观和良好的道德思想品质，以及遵纪守法的意识和文明的行为习惯的教育活动。而心理健康教育是指教育者根据受教育者的生理和心理的发展特点，运用有关心理教育的方法和手段，培养受教育者良好的心理素质和心理机能的教育活动。

（一）两者之间的区别

从上述思想品德教育和心理健康教育的界定中可以看出，两者之间既存在着区别，又有着很多的一致性。

1. 两者所附庸的对象不同

我国研究者洪丽和叶一舵从整个人类社会的角度分析了思想品德教育与心理健康教育二者之间的区别，这为揭示二者之间的关系提供了一种俯瞰式的认识。他们认为，思想品德教育的知、情、意、行这四个方面是一个相对稳定的结构，然而这稳定结构中所包含的思想品德教育目标和内容是社会选择的结果，不同的时代、不同国家会对此做出不同的选择。因此，可以说思想品德教育必须服务于一定的社会结构，思想品德教育是人类社会的附庸。心理健康教育则是完全属于作为个体的"人"的自我完善，这里的人，是指不受时代、国家和种族限制的纯粹意义上的主体存在。社会中每个正常的个体都是身和心的统一，每个个体要求身体和心理都得到健康发展。因而，可以说心理健康教育是作为个体的"人"发展到一定程度的必然要求，是人的附庸。

2. 两者的理论依据不同

从两者的理论依据来看，思想品德教育是以马克思主义的基本原理（辩证唯物主义和历史唯物主义）、毛泽东思想、邓小平理论和"三个代表"重要思想，以及政治学、伦理学、社会学等相关学科为其主要的理论依据，属于社会意识形态方面的内容。而心理健康教育则是以心理学、教育学、生理学、医学和组织行为学等相关理论作为其主要理论依据，绝大多数不属于社会意识形态的范畴，而是属于行为科学的范畴。

3. 两者的主要内容和任务不同

思想品德教育是对学生进行理想、信念、道德和人生观、世界观等各方面的教育，以培养学生树立正确的人生观、价值观和世界观等。而心理健康教育则是对学生的学习、人际关系、自我生活适应和社会生活适应等各方面的教育为其主要内容和任务，重视对学生的个性、情感和意志品质等方面的培养和潜能的充分发挥。关于我国学校心理健康教育的具体内容和任务，我们将在下面展开论述。

4. 两者的工作原则不同

思想品德教育坚持价值导向原则，具有公开性和群众性等特点，对学生的思想言行做出立场鲜明的评价、教育和引导，根据思想价值观念和行为方式的正确与否给予学生公开性的肯定和奖励或否定和批评等。而心理健康教育则持"价值中立"的原则，强调尊重学生的内在需求，要求在充分尊重、理解学生的基础上，让学生进行自主选择。因而，心理健康教育并不会强迫学生接受某种价值观念。同时，心理健康教育（尤其是心理咨询）还强调为学生保密的原则，不具有公开性的特点。

（二）两者之间的一致性

尽管心理健康教育与思想品德教育两者之间存在着诸多区别，但在全民教育体系中两者也存在着很多一致性。它们的一致性主要体现在以下几个方面。

1. 两者的终极目标具有一致性

我国学校培养人才的总体目标是，使学生在德、智、体、美等方面得到全面发展。无论是传统学校思想品德教育还是新近兴起的心理健康教育,都必须服务于这一总体的培养目标,只是两者的侧重点有所不同而已。如果说思想品德教育侧重于学生的思想品德的塑造,那么心理健康教育则侧重于学生心理素质的培养,两者需要在"培养全面发展的学生"这一总体目标下有机地结合在一起,使两者在职能上相互衔接。这是因为健康的心理是学生全面发展和成才的基本条件,也是对学生进行思想品德教育的基本条件。换言之,心理健康教育为思想品德教育和其他教育创造了条件。而思想品德教育通过对学生思想品德的熏陶和塑造、对学生的心理状况的稳定和改善发挥着积极的影响。

2. 两者所遵循的教育规律具有一致性

无论是学校思想品德教育还是心理健康教育,都必须以学生的生理、心理和认知发展水平为其出发点,遵循由易到难、由浅入深的螺旋上升教育规律,以取得预期的教育效果。同时,心理健康教育和思想品德教育还都必须结合学校、家庭和社区三个方面的教育力量,给学生营造一个积极、健康的人文环境,使学生得以全面、健康、和谐地发展。

3. 两者的服务主体具有一致性

思想品德教育和心理健康教育的服务主体都是"学生",两者都需要充分考虑学生的主观能动性在发挥教育功能中所起到的决定性作用。没有调动学生的主观能动性,没有学生的积极参与,无论是思想品德教育还是心理健康教育都会变成外加的、强制的,最终也会流于形式,因此也就无法取得预期的教育效果。

4. 两者在个体思想品德的形成发展过程中具有一致性

俞国良认为,学生思想道德品质的形成发展过程的实质就是个体的知、情、意、行四个基本教育要素相互结合的发展过程,这一思想由来已久。而知、情、意、行的活动过程是许多人格因素如动机、信念和情感等的参与及协同的结果。因此,无论是人格的发展还是思想品德的发展,都是诸多心理因素相互制约、相互作用的结果。

二、思想品德教育与心理健康教育之间关系的理论假说

鉴于心理健康教育与思想品德教育两者之间存在的区别和联系,在实施过程如何恰当处理好两者之间的关系,使两者实现双向结合,是一个十分有意义的理论问题。目前,探讨心理健康教育与思想品德教育之间关系的研究成果已有不少,研究者从不同的学科角度提出了各自不同的观点。综合近年来的相关论述,思想品德教育与心理健康教育的关系主要有以下三种观点。

(一) 附属论

众所周知,我国现行的学校德育教育体系不仅涵盖思想政治教育、道德教育、法制教育,还包括心理健康教育的内容。

心理健康教育的兴起,使得我国学校德育或思想品德教育的内容体系得以丰富,领域得以拓展。因此,有研究者提出心理健康教育与学校思想品德教育两者之间是一种包容、附属关系,他们主张将心理健康教育纳入学校思想品德教育体系,使其成为学校思想品德教育的一个有机组成部分。

(二) 补救论

持这种观点的研究者认为,随着社会的不断发展和进步,我国学校思想品德教育原有的某些内容、目标,尤其是实施途径和方法显得有些陈旧、过时,难以取得我们预期的教育效果,使得青少年的道德出现了滑坡现象。然而,心理健康教育的兴起,为改变我国学校思想

品德教育的现状提供了一个重要途径和方法。

1. 心理健康教育为学校思想品德教育注入了新的生命力

心理健康教育的实施给学校思想品德教育带来了崭新的教育理念,这主要体现在以学生为主体,育人为本,教师不再是教育活动中的权威者、塑造者,而是教育活动中的指导者。

2. 心理健康教育为学校思想品德教育提供了有效的实施途径和方法

心理健康教育的兴起和不断发展,拓宽了思想品德教育所主要采用的说服、榜样等传统的教育方法,增加了访谈法、游戏法和角色扮演法等,这些方法可以使思想品德教育的功效得以充分发挥。

但是,如果我们过分强调补救论,可能会导致"思想品德教育心理健康教育化倾向"的出现,即用心理健康教育代替思想品德教育的倾向。这种倾向忽视了思想品德教育与心理健康教育两者之间所存在的诸多区别,会对学校教育产生严重危害,值得我们高度警惕。

(三) 互补论

有研究者认为,心理健康教育与思想品德教育两者之间既有联系又有区别,具有互为补充、相互结合的内在必然性。因此,他们认为学校恰当处理思想品德教育与心理健康教育之间的关系应以互补论为指导,既要看到二者之间的差异性,又要看到二者之间的一致性。那么,心理健康教育与思想品德教育究竟是什么条件下的互补,是附属关系的互补还是独立关系的互补,如何来具体地实现两者的互补,这些问题还需要进一步的探索。

上述心理健康教育与思想品德教育两者之间关系的三种观点都属于理论探讨。然而,就我国目前学校教育具体的实践来看,心理健康教育还只是属于思想品德教育视野中的心理健康教育,是学校思想品德教育的一个重要组成部分,在实践中也大多是由思想品德教育工作部门来具体"实施"的。这一现象符合我国当前现实的需要,同时也是加强和改进思想品德教育工作的需要。俞国良认为,就我国目前的具体情况来看,心理健康教育与思想品德教育还属于一种附属关系。但是,在实施过程中我们既要防止思想品德教育心理健康教育化倾向,又要防止心理健康教育思想品德教育化倾向。随着心理健康教育在我国的不断发展,心理健康教育与思想品德教育有可能而且也有必要成为一种独立关系下的互补关系,这样才可以使两者的教育功能得到更加充分的发挥。

二、班级思想品德教育的基本原则

思想品德教育坚持价值导向原则,具有公开性和群众性等特点,对学生的思想言行做出立场鲜明的评价、教育和引导,根据思想价值观念和行为方式的正确与否给予学生公开性的肯定和奖励或否定和批评等。

(一) 共产主义方向性原则

思想品德教育要有明确的社会主义和共产主义方向,要与中国共产党的纲领与宗旨一致。

(二) 知行统一原则

思想品德教育既要对学生晓之以理,提高他们的思想道德认识,又要对学生导之以行,培养他们良好的行为习惯,把理论与实践相结合,使他们形成知行统一、言行一致的品格。贯彻知行统一的原则,要求做到:联系实际向学生进行道德理论教育,晓之以理;指导学生将思想认识落实到实践活动中,导之以行。

 心语感悟

闻之而不见,虽博必谬;见之而不知,虽识必妄;知之而不行,虽敦必困。

——《荀子·儒效》

(三)正面引导与纪律约束相结合原则

把学生当自主的个体,注意正面教育,疏通引导,切忌简单粗暴、侮辱谩骂,用堵压的方法只能激化矛盾。中学生缺乏社会经验,看问题较单一,因此在正面说服他们的同时要制定必要的规章制度加以约束。正面引导与纪律约束两者不可或缺、不可偏废。贯彻正面教育与纪律约束相结合的原则,要求做到:正面教育,积极疏导;树立榜样,以身则,表扬为主,严禁体罚;强调纪律,约束行为。

(四)热爱、尊重与严格要求相结合原则

热爱、尊重与严格要求相结合原则即既要求教育者尊重、信任、热爱学生,又要求教育者对学生提出严格的要求,把严与爱有机结合起来,促使教育者的合理要求转化为学生的自觉行动。尊重人、信任人,是教育人的前提。只有从尊重人、信任人出发,才能产生合理的教育措施,才能取得良好的教育效果。尊重学生就是对学生人格和自尊心的爱护及对学生能力的信任;严格要求就是对学生的管理和教育。尊重学生与严格要求不是对立的,而是高度统一的。没有严格要求,学生不可能朝着正确的方向健康成长。但是,严格要求绝不是教师凌驾于学生之上的严苛,而是在尊重学生人格基础上的、对学生主动参与教育活动的意识与能力的肯定和认可。贯彻热爱、尊重与严格要求相结合的原则,要求做到:尊重学生人格,信任学生的能力;敢于、善于严格要求学生。

 心语感悟

要尽量多地要求一个人,也要尽可能地尊重一个人。

——马可连柯

(五)教育影响的连贯性和一致性原则

连贯性是指社会主义思想品德教育的内容和要求应循序渐进,前后连贯,有目的、有计划、有系统地进行。一致性是指校内全体教职工、各种学生组织,以及校外教育机构、家庭、社会同学校的教育要求都要互相配合、步调一致。思想品德教育的不连贯和教育要求的不协调,是造成教育效果不大,甚至完全无效的重要原因之一。学生思想品德的发展是有阶段性的,不同阶段有它特殊的矛盾,各阶段之间又是互相联系的。因此,对学前、小学、初中和

高中学生进行思想品德教育时应注意教育内容的相互衔接和前后连贯,体现出螺旋式的上升,即便是同一个阶段的思想品德教育内容和要求,也不能忽视前后的连贯性,而要逐步提高。

从另一方面来说,一致性是指学生思想品德的成长,是学校、家庭和社会多方面影响的结果。家庭、社会影响和学校教育理应是一致的。一致性原则要求学校发挥专门教育机构的职能,同家庭建立多种形式的联系,统一思想,密切配合;学校应采取措施,对社会的影响加强控制和调节,把社会中的积极因素组织到学校思想品德教育过程中来。

教师在保持、维护思想品德教育的连贯性和一致性中起着主导作用。

 拓展阅读

学校教学出新招　家长客串执教

放寒假了,武汉市常青第一学校二(4)班的班主任策划了一场别出心裁的颁奖典礼,得奖的主角不是学生,而是家长,感谢家长们来客串当"老师"。班主任张庆来说,生活本就是一门学问,让家长们参与教学,可以让孩子们体会更多彩的社会(见图8-1)。

图8-1　学校教学出新招　家长客串执教

(漫画作者:彭翠琳)

班级放假仪式　成家长颁奖典礼

2013年1月29日,二(4)班的全体学生和家长参加了一场盛大的颁奖典礼,得奖的主角却不是学生。

"主角是家长。"班主任张庆来说,这学期他在班中开展了一项名为"家长老师　生活课堂"的活动,请家长走进课堂,发挥各自的专业技能,对孩子们进行主题教育或开展社会实践活动。一学期下来,有4位家长执教"生活课堂",主题包括"环境安全记心中,绿色生活我先行""自制比萨快乐多""邮局的故事""地铁新生活",还有26位家长参与了相关征文活动。为感谢家长对班级特色活动的支持,特意安排了此次颁奖典礼。

奖品也颇具新意,张老师将几次活动的相关图片、孩子们的学习体会和部分家长获奖征文汇编成册,统一收录到班刊《雏菊》中,全书共 165 页,面向全班发行。4 位"家长老师"还各获得一张印有全体学生笑脸的创意版荣誉证书。

"我妈妈只会做家务怎么办?",两成学生郁闷了

"下学期我也让我妈妈来讲课。"男生胡恺然说,"妈妈是一名财务人员,如果请妈妈来上一堂数学课肯定没问题"。

"过年后,我可以请妈妈来给大家讲一讲如何管理压岁钱,我妈妈在银行工作。"女生张可欣也积极举荐自己的妈妈来当"家长老师"。

"客串"老师,怕自己 hold 不住

柳女士说,她觉得"家长老师 生活课堂"这个创意特别好,孩子们的学习生活太单一,家长如果能运用自己的资源、特长,带领孩子们增长见识,这比单纯的课堂教学有意义。但如果要她来当"家长老师",她有些忐忑,怕准备得不充分,让孩子们失望。

刚讲过"地铁新生活"的熊女士直言,为了给孩子们上好这一课,她拉着老公踩点、拍照、制作 PPT,备了近一个月的课,生怕 hold 不住场面。现场还有其他学生和家长全程旁听,紧张程度不亚于考试。

老师请你去"客串"老师,你能 hold 住吗?记者随机采访了 70 余位家长,七成家长表示担心 hold 不住。"女儿催促了我几次,我都不敢答应。"在汉正街从事小商品买卖的朱女士说,女儿在崇仁路小学念书,学校也在开展类似的"引水浇园"活动,很多家长都曾在班上讲课,其中不少是教授、工程师、高级管理人员。女儿也很希望她去当一回"家长助教",她总是以"生意太忙"为由推托,其实真正的原因是她觉得自己不如别的家长那么有才。

就是要让家长"坐不住"

"家长们'坐不住',效果就达到了。"班主任张庆来说,举办这次颁奖典礼,一是为了感谢家长的支持和配合,二是希望通过这个典礼,让更多家长动起来。

张庆来说,"家长老师"遵循自主自愿的原则,有的家长觉得自己的社会资源有限,没能力给孩子们提供这样的学习平台。曾经有位开小饭馆的家长找他,表示很支持这个活动,但自己的工作不够光鲜,不知道可以教孩子什么。事实上张庆来开展这项活动的初衷,就是让孩子们跳出课堂,了解社会。家长应打破常规教学的思维,生活本就是一门学问,遵守交规、营养膳食、自救保健、环保治污等都是值得孩子们和家长们共同学习探究的课题。

(摘自《汉网-武汉晨报》2013-01-30)

(六)集体教育与个别教育相结合原则

集体教育与个别教育相结合的原则,是指在德育过程中教师既重视和依靠集体,通过集体教育个人,又重视发挥个人在集体中的作用,通过个人教育集体,处理好集体与个人的相互影响关系。贯彻集体教育与个别教育相结合原则,要求做到:重视组织和培养良好的学生集体;善于把集体教育和个别教育结合起来。

三、班级思想品德教育的基本方法

思想品德教育(简称德育)过程是具有多种开端的对学生知、情、意、行的培养提高过程;德育过程是组织学生的活动和交往,对学生多方面教育影响的过程;德育过程是促使学生思

想内部矛盾运动的过程；德育过程是一个长期的、反复的、不断前进的过程。因此德育要运用多种方法。

（一）说服教育法

在说服中应注意以下几个基本要求：
(1) 内容有针对性；
(2) 情感要充沛；
(3) 态度要民主；
(4) 讲究教育时机。

（二）榜样示范法

运用榜样示范法应注意以下几个基本要求：
(1) 选择学习的榜样；
(2) 树立榜样的威信；
(3) 激发学习榜样的动机，见之行动。

（三）情感陶冶法

为更好地利用情感陶冶法，应注意以下几个基本要求：
(1) 提高教育者自身修养；
(2) 创设良好的教育情境；
(3) 与说理相结合；
(4) 引导学生参与情境建设。

（四）自我教育法

在运用自我教育法中应注意以下几点：
(1) 激起学生自我教育的愿望；
(2) 帮助学生制定修养的标准与制订自我教育的计划；
(3) 指导学生监控和评价自己的道德表现；
(4) 引导学生在社会实践中进行自我修养。

（五）实践锻炼法

为提高行为实践的实效性，应注意以下几点：
(1) 启发参加实践的积极性；
(2) 严格要求；
(3) 持之以恒；
(4) 及时评价反馈。

（六）品德评价法

运用品德评价法要注意以下几点：

(1) 要有明确的目的；
(2) 要客观慎重，实事求是；
(3) 要充分发扬民主；
(4) 注意对象的个别差异。

第二节　学生的操行评定

 问题引入

学期结束，家长最看重什么？老师给孩子的年终评语。某校班主任写的学生评语是"在学校和同学打成一片"，家长看后怒斥了孩子。也有不少家长在网上晒起了自家孩子的年终评语。"刚开始以为评语只是一种套话，没想到孩子的老师如此给力。"是套话还是真话，家长一看便知。什么样的是好的、负责任的、受欢迎的年终评语呢？学生的操行评定要怎么做？带着对这些问题思考，我们一起进入本节的学习。

操行评定是对学生的品德和行为全面的评价过程。操行评定是对学生的操行评定内容（也称为操行评语）。操行评语一般在期末的学业报告单中呈现给学生和家长，并载入学生的学籍档案。操行评定的意义在于：帮助学生了解自己和教育自己；为家长和其他人提供了解和教育学生的依据。

一、操行评定的作用

（一）有利于学生正确认识和评价自己，具有督促、鼓励作用

一个中肯的评价是教师送给学生弥足珍贵的礼物，可以激励学生奋发向上，甚至使学生终身受益。评价是一种重要的教育手段，对密切师生关系、形成良好班风、实施素质教育起着重要的作用。

 经典案例

家长"晒"珍藏班主任评语
句句鼓励助平凡生走向名校

一位网名为"鹰击长空"的家长在"家长100论坛"上，"晒"出了珍藏十年的儿子高中班主任的评语，其中句句都是鼓励和期待（见图8-2）。在班主任的关怀之下，"鹰击长空"的儿子以一名高中普通班的调节生，在高考时考入清华大学。"鹰击长空"介绍，他的孩子如今在全美大学计算机专业排名第一的卡耐基梅隆大学全奖读博。

"鹰击长空"在帖子中称："班主任写这些评语的时候，我儿子只是武汉六中一个普通平

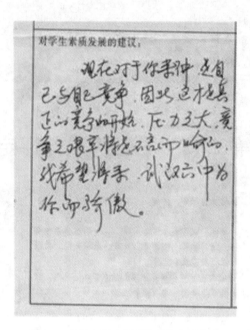

图8-2 "鹰击长空""晒"出的老师评语

行班的非尖子生,并且还是作为调节生多交了九千元学费才进去的。可他的班主任吴老师一直看好他,篇篇评语都对他充满了鼓励,渗透了深情,寄予了厚望。""在今年高考进入读秒阶段之际,我们的老师和家长是否借鉴并思考一下,对孩子多多鼓励是不是一种更好的鞭策呢!?""鹰击长空"道出了他的发帖动机,"果不其然,在两年的普通班就读期间,儿子的成绩突飞猛进,高三进入了该校的理科实验班,成绩基本稳居全年级第一,直到考入清华大学的计算机专业。如今我儿子已经从清华硕士毕业,到美国读博了,每当回顾起儿子成长的历程,我们总是忘不了他读高中时班主任吴老师对他的鼓励和期待。"

记者在"鹰击长空"晒出的评语中看到,班主任吴老师对他孩子的欣赏,不因他是调节生而受到影响。"你已初露头角,智慧对你而言不是问题。在更高层面上的竞争,是恒心、毅力的竞争,是优秀的方法和良好的习惯的竞争。"这是"鹰击长空"的儿子进校不久的2000年年底,吴老师写下的评语。"第二年年底,"鹰击长空"的儿子以联考总分645.5排名年级第一名。此后,吴老师的鼓励从未间断。"我希望将来,武汉六中为你而骄傲","你有一颗可贵的纯洁的心,有一个聪明的脑袋,这为你将来成就一番事业提供了必要的条件。我将一直关注着你的成长,直至需要仰视你的那一天!""鹰击长空"将珍藏十年的老师评语在网上晒出,希望更多的家长和老师们不抛弃、不放弃每一个孩子,"即便是成绩平平也不要过早地下结论或对其失望,因为他还是个孩子,是您的孩子!是你血脉的延续!他今后的路还很长很长,也许某天他就会给你带来一个惊喜,一个莫大的惊喜!"

(摘自《长江网讯-楚天金报》2010-04-09 记者王华芬)

(二)有利于班主任、教师和学校全面检查和改进工作

教育部在《中小学班主任工作规定》中把"组织做好学生的综合素质评价工作,指导学生认真记录成长记录,实事求是地评定学生操行,向学校提出奖惩建议"作为班主任的一项职

责和任务。评定学生的操行是一件严肃认真的工作,不能虚构。班主任在平时的活动中,深入细致地观察、了解和研究学生的思想品德、学习成绩、兴趣爱好、才能特长、性格特征、劳动态度等。同时还应与科任教师、班干部和学生联系,进行调查研究,从多方面获得第一手材料,做到心中有数。学生的评语,既是学生操行的一面"镜子",又是衡量班主任工作的一把"尺子"。既是教育的结果,又是进一步教育的依据。通过操行评定的记录,教师可以促进自身的实践、反思、发展,也能提高自己。当教师直面接触学生的世界,就能有效反思、调整改进自己的教育教学、班级管理方式。

学校也可通过检查班主任工作常规,收集到全体学生的学习、成长信息,掌握各班级学生的学习发展状况,了解差异和特点,有针对性地开展班级工作、年级组工作和校级工作。

(三)有助于家长了解子女在校表现,更好地协调家校教育

操行评定是家长了解学生学习成长状况的窗口,也是教师与家长、学生与家长沟通的凭借之一。评语是一面镜子,可以照见学生的风貌,评语也是一块路标,指点家长前进的方向,能促进教师与家长、学生与家长之间的信息传递,有利于形成教育的合力,促进学校教育、家庭教育与社会教育的有机结合。例如,在期末,操行评语中指出了学生在本学期中的学习态度的进步、学习方法的薄弱、日常学习的表现以及今后的期望,就能帮助家长从教师的视角全面了解自己的孩子,知道自己孩子在学校的优点、不足,从而引发思考,去发扬优势,去改正不足。

操行评定也是家长了解学校工作的一个窗口,当家长看到教师对自己孩子的中肯、全面的评价,就会对教师产生一种亲近感、信服感,就会肯定学校的工作,也会开始反观自己的家庭教育,并更加愿意配合学校完善家庭教育,协调家校教育。因此,教师写作操行评定的视线,不仅要"往回看",审视学生过去的经验或教训,成绩或缺点,成功或失败,更应该"向前看",把握学生的发展趋势和努力方向,给家长以参考和启发。

二、操行评定的结构

(一)操行评语

操行评语是指班主任用书面语言对学生的操行所做出的评定。这种评定分为经常性的评定和定期性的评定。

经常性的评定,是指对学生日常生活中的表现,综合各方面的意见,做出现阶段比较全面的评价。

定期性的评定,是指在学期末或学年末对每个学生的操行进行系统地、详细地、全面地评定,并且写出评语,填入手册,发给学生,通知家长。

(二)操行等级

操行等级是指思想、学习、纪律、卫生、劳动、文体活动等方面的表现。操行等级分为:优秀、良好、及格、不及格。

三、操行评定的原则

操行评定有五大原则,即客观性原则、教育性原则、激励性原则、个性化原则、民主性原则。

(一)客观性与教育性结合的原则

不要根据自己的好恶来评价学生,不要刻意隐瞒事实,要从实际出发,实事求是、全面客观地评价。

真实地写评语,即要具体、真实,使人看了某个学生的评语之后要有"如见其人"之感。因此教师要处处留意,关心"小事",随手记录,注意积累、收集素材和资料,做个有心人。只有积累、收集学生的个人素材,掌握学生的第一手资料,才会写出真实的评语、写出学生的闪光点。

千教万教,教人求真;千学万学,学做真人。

——陶行知

要贯彻对学生隐私的尊重和对错误既往不咎的原则,以积极肯定为主要的评价方式,对学生的缺点和错误的表达要讲究方式方法。

案例1:

你的天赋不是很高,而且,你又不肯勤奋一些,结果自然是难以令人满意。如果你能够笨鸟先飞,以勤补拙,你会有进步的。加油!

案例2:

你天生就是一个乐天派,遇到啥事你总是乐呵呵的。可是,那次考试之后,你的眼泪深深地触动了老师。我知道,在你的内心深处,也有一股向上的动力源泉。你不满足于自己的现状,你也想有更好的成绩,对吗?你需要老师的帮助,对吗?以后,就让我们一起努力,争取更大的进步,好吗?加油!

案例2比案例1更好地贯彻了客观性与教育性相结合的原则。

(二)全面性和动态性结合的原则

评价学生要全面,不仅应包括学生的学习、工作、生活、德智体等,也应包括学生的成绩与失误。但是,学生是一个发展变化中的个体,班主任要注意捕捉他们的细微变化。评语要能帮助学生树立信心,通过评语的反馈,改进学生的表现,促进学生更好的发展。教师要观察学生的动态,不要只根据一次考试、一次结果来写评语,而要看到学生在学习过程中所做的努力。

在班主任对学生进行全程、全面的关注的同时,要结合学生自己和同学的评价,即将自我评价、相互评价、教师评价三者相结合,才能更好地做好操行评定。从多个角度来进行评价。例如:可以让任课老师写出学生的优缺点;可以让学生自我评价;可以让班委评价;可以小组评价。全员参与,发挥集体的力量,把每个学生的多方面的闪光点展现出来。最后班主任综合写成评语。这样比较全面、中肯、真实。

 经典案例

六一运动会上,你得了双项第一,厉害;优秀少先队员的评选,你仅差一票,厉害;同学间的小事,你常常忍让,厉害;你发现没有,只要努力一下,把字写漂亮,让脑子多思考一下问题,我们的××肯定会更厉害。

(三)个性化和艺术化结合的原则

个性化的评价就是要克服"千人一面"的评语,表达学生的具体的情况,把握细节,避免空泛。如某班主任给一个平时特别喜欢玩电脑的学生的评语为,"××同学,你每次在打上课铃后的开机时间为25秒,击败了全国35%的学生,请注意及时查杀病毒,优化速度。"此评语把握住了该学生课堂准备情况的细节,并且用学生能够理解的方式进行了幽默的激励。

艺术性评价就是评语要富有情感,抓住学生的特点,用生动形象的语言来表达,避免死板和单调,文体可以形式多样:排比、比喻、诗歌辞赋、对子等,尽量表现教师的文学功底。

 经典案例

李镇西——走进心灵,有大量的极富个性和艺术性的评语。例如,给王欣恬同学的评语如下:
欣喜因寒窗苦读如响鼓不用重锤敲
恬静也要课堂多言像快马无须加鞭
横批:给我惊喜
以使用该学生名字藏头诗的方式写出的对联作为评语,极富艺术性。

 拓展阅读

山师附中英语老师创萌评语　学生为评语积极交作业

[提要]日前,山东师范大学附属中学高二年级英语教师谢卉设计出卡通表情评语(见图8-3)再一次萌翻学生,网友们称"看到这样的评语,学生都不好意思不做作业啦。"

齐鲁网济南1月7日讯(记者 朱夏雅南)日前,山东师范大学附属中学高二年级英语教师谢卉出了一套英语试卷迅速走红网络,试卷中既有"法海你不懂爱",又有"小苹果",被网友们称作"神卷"。昨天,谢卉老师的评语(见图8-4)再一次萌翻学生,网友们称"看到这样的评语,学生都要积极交做作业啦。"

图 8-3　外语组萌评语

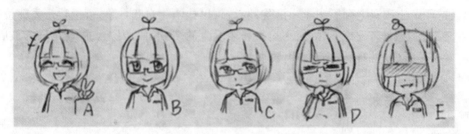

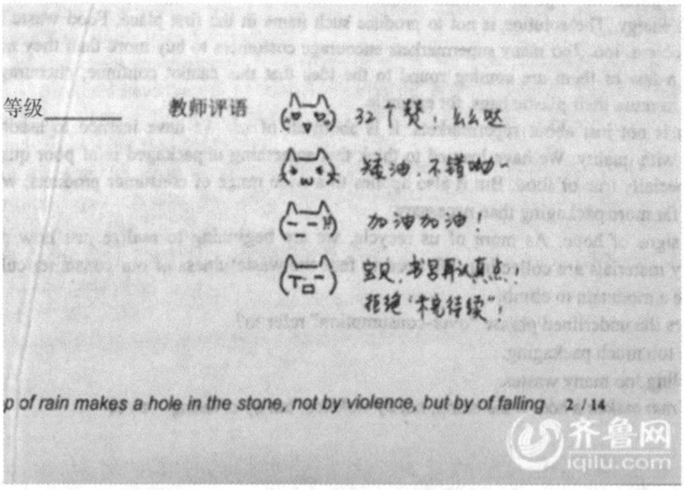

(a)

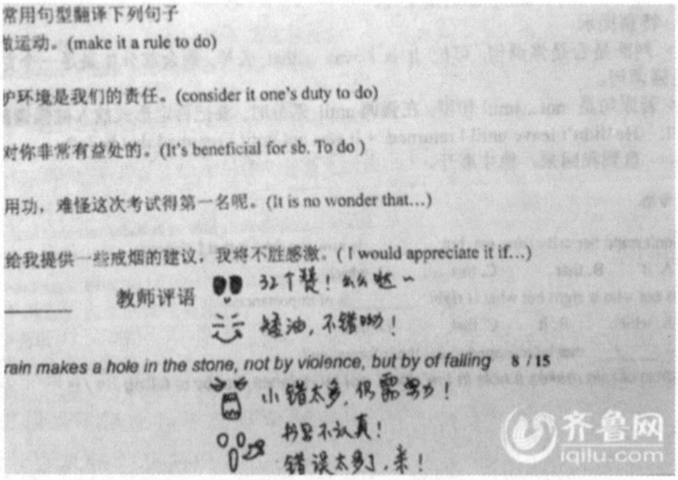

(b)

图 8-4　谢卉老师设计的萌评语

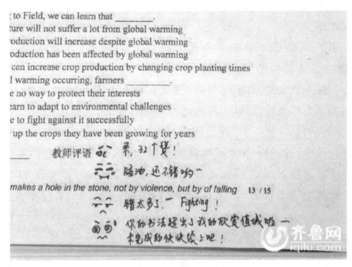

(c)

续图 8-4

图 8-3 中,谢卉老师设计的萌评语中,画了或大笑或流泪的四种卡通表情,并对应表情在后面写了不同的评语。

"每次老师都要给学生作业打一个等级,每个单元课程会有 3~6 份作业。作业发下去后,学生们很容易丢失,用这样的评语学生很喜欢,也会把每一份作业都保存好。"谢卉老师说,她创造了六种不同的卡通表情评语,这样的评语方式不仅容易被学生接受,而且学生对出错误的题目记忆更加深刻。

据了解,萌评语不仅在本校区流行,幸福柳分校区的英语老师和学生一起,对谢卉老师设计的萌评语进行了升级,希望能利用这种方式,让学生喜欢上做作业,更好地促进学生学习。

(摘自《齐鲁网》2015-01-07 记者 朱夏雅南)

创意学生评语卡传递师生关爱
篆书楷书隶书
三种字体入评语

记者向洁 见习记者杨静雅

期末评语到底该怎么写?除了青山新沟桥小学六(3)班班主任周国斌让学生互评外,昨天,一些老师也晒了晒他们的特色评语,不管是书法评语卡,还是手工评语卡,背后都蕴藏着老师对学生的关爱。

"八股体"太麻木,"淘宝体""凡客体""咆哮体"太泛滥。如果期末发成绩单时,孩子的《学生手册》里掉出一张黑色卡片,你会心跳加速吗?别担心,不是孩子上了"黑名单"。恰恰相反,这可是老师亲手制作的"星空卡"哦,它表示:孩子,你的亮点我看得见!

这两天,武汉市常青第一学校一(1)班班主任彭燕妮一刻也闲不下,忙着给全班46名学生制作"期末评语"。

当记者在办公室偶遇彭燕妮时,她一边哼着流行歌,一边用波浪剪把一大张黑色卡纸裁剪成明信片大小,再用银色的荧光笔,写上遒劲有力的点评和祝福。细细读来,有的宛如一曲歌,有的仿佛一首诗。

记者注意到,每张卡片上,彭燕妮都会先定一个主题,如"你是我的眼"、"天真"、"如何决定"等,而落款会留下情意绵绵的"爱你的彭老师"几个字。

彭燕妮说,接手这个班的学生才一学期,但这些学生却用稚嫩的表达方式给了她很多新的感悟。在她看来,每个学生身上都有闪光之处,回想点滴,就像黑夜里看到满天星斗一样美好。

"亲爱的段槐量同学:你是一个脸上堆满笑容的女孩,爱笑的你是快乐的,爱笑的你是自信的……"段槐量读着评语惊叹道:"这是我自己名字的篆书体,真有意思,我要将它们好好仿写一番。"昨天,武汉小学五(6)班班主任魏晓伟老师给班上46名同学都送上了这样一张精美的期末评语卡。

魏晓伟的书法评语卡充满对学生的关爱(见图8-5)。

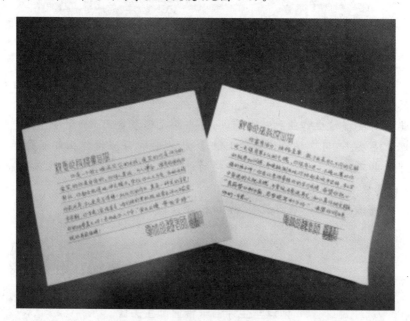

图 8-5　魏晓伟的书法评语卡

记者看到,淡色的七彩卡纸上,钢笔书写的篆书、楷书、隶书三种字体组成的期末评语卡更像一张精美的明信片,评语中还根据学生特点,分别赠上一句隶书体的名言名句。

"拿到这张评语卡的时候,我太感动了。"学生杨晨曦说,魏老师平时在课堂上都会教大家书法,让大家对汉字的理解更加深刻,"写这个很耗时间和精力,我觉得这一笔一画都是老师倾注在我们身上的爱。"

担任班主任工作12年的魏晓伟是中国书法家协会会员,他说,考虑到学生认识的篆文字不多,所以全篇还是以楷书为主,"每一笔每一划都是有温度的,想通过薄薄的纸张传递老师对学生的关爱。"

本报讯(记者杨佳峰　通讯员秦晓蕊)"团结同学,遵守纪律……希望成绩更进一步。"昨天,家住汉口的黄女士说,她从孩子小学一年级开始从成长记录手册上留意孩子的变化,孩子现在上五年级了,但四年来老师给出的评语基本无变化,有时就懒得看了。

黄女士说,儿子上小学一年级时有些调皮,学习跟不上节奏,经常拖班级后腿,记得当年的期末评语中,老师指出了孩子身上一些缺点,提了不少希望,"因为评语写得很有指导性,我们以此帮孩子做了不少改正。"

之后,孩子成绩提高了一点,在班上属不好不坏的那一类,老师给出的评语也开始中庸了,"连续4年,评语没有多大变化。"黄女士说,主要是团结同学、遵守纪律等一些套话,丝毫看不出是在评价自己的孩子,尤其是去年,老师给出的评语居然还是计算机打印出来的,贴在成长手册上面,"套话连篇,让我感觉像是从网上下的,老师都懒得写了,所以我也懒得看了。"

孩子在上小学的冷先生说,自己也很看重老师对孩子的评语,也特别烦雷同评语、套话评语和打印评语,虽说孩子每一学期间变化确实不会很大,但用心的老师还是会发现点滴细节,会让家长和孩子从评语中感到温暖、感到被关注。

(摘自《长江日报》2012-07-01 记者向洁)

四、操行评定的写作

(一) 写好操行评定的条件

(1) 形成积极的学生发展观:每个学生都愿意发展,都能发展。
(2) 对教育充满热情:教育工作不能仅仅当成一件体力活,必须还使它具有艺术性。
(3) 善于观察和积累:学生成长记录。

(二) 操行评定写作中的常见问题

(1) 文式枯燥,缺乏艺术性。
"八股调""三段式":"思想+学习+期望、先德后智再体美、优点+缺点+希望"的机械格式。

案例1:
你是一个可爱但不懂事的学生,你热爱集体、关心他人,但学习目的性不明确,成绩不够理想,要给自己定一个目标,痛下决心,付诸行动,要想到没有汗水,就不会有收获。你最大的缺点是:做事没有条理。希望你在今后能下决心克服这个缺点,养成好习惯,打好基础,做个积极上进的好学生。

(2) 评语单调,缺乏激励性。
对某班操行评定的调查表明,52份评定,共用语词462个。使用最多的11个语词分别是:尊敬老师、团结同学、遵守纪律、上课专心听讲、希望今后戒骄戒躁,争取更大的进步、按时完成作业、学习态度端正、学习成绩较好、积极参加各项活动、劳动积极、有集体荣誉感。

案例2:
你团结同学,关心集体,但在学习上不够认真,对生活、对学习、对自己都不够严格,望你遵守纪律,端正学习态度。

(3) 千人一面,缺乏针对性。
(4) 冷漠淡然,缺乏情感性。

(5) 主观臆断,缺乏客观性。

(三) 操行评定撰写应注意的几个问题

(1) 提高思想认识。
坦诚亲切——"四不要":
①不要使用感情色彩过于强烈的词语;
②不要使用"嘉奖令"式的颂扬词句;
③不要使用"最后通牒"式的带威吓的文字;
④不要使用标语式的口号。
(2) 重视"过程"管理。
(3) 注意语言艺术。
(4) 加强针对性。
(5) 内容客观具体。
(6) 重在激励引导。

经典案例

有一个学生表现一般,成绩不理想。他的法语作文是全班倒数第 2 名,拉丁文翻译是第 31 名,朗读是第 39 名。评语如下:

用功,但马马虎虎,应该守纪律以期达到优良成绩;自发多于深思,勤思才会学得更好;说话太多,心不在焉,易激动烦躁,以至成绩不佳;讨人喜欢,但太淘气。

这个学生是法国前任总理、前任总统——希拉克。

学以致用

案例1:
你很可爱,品学兼优,工作认真负责大胆,是老师的好帮手,同学的好朋友。尽管有时也要点小孩的脾气,但你对自己要求仍旧严格,且有一定的钻研精神,对学习、生活中有困难的同学也总是乐于帮忙。你善解人意,总是耐心地同那些性格有缺点的同学讲为人处世的道理。相信你在未来的明天一定能成为一个对社会有用的栋梁之材。

案例2:
学习和工作都非常出色的你,曾问我成绩方面缘何不能有较大的突破,跃居年级第一。南宋诗人陆游的一句话,或许能给你一些启迪,"汝果欲学诗,功夫在诗外。"你应适当看些课外书,拓展视野,拓宽知识面,现代社会需要的是综合素质较高的人才。

案例3:
家庭环境或许对你产生了较大影响,但你应该看到,在班级这个大家庭中,每位同学都有一颗炽热的爱心,只是你紧闭的心扉阻隔了那股暖流。也许你至今仍难理解,春游时我拒绝了你以去年秋游类似理由的请假。打开你的心扉,阳光和爱心会融化一层层冰凌,不久之后,你就可看见一道人生美丽的彩虹。

 **拓展阅读**

1. 引导学生振作精神的评语

在昔日的时光中,你有成功,也有失败;有丰硕的果实,也有苦涩的泪水……但不管怎样,坚强的你总是昂首面对。你认真、刻苦、虚心、诚实,因此赢得了老师和同学们的一致好评。但有时,你还缺少恒心,急于求成。"千里之行,始于足下",希望你能凭着自己的顽强意志,迈好人生的每一步,从不放弃,永不言败。

2. 鼓励学生不断努力的评语

一个爱好音乐的人,可不可以对音乐课及考试马马虎虎?一个想当警察的人,可不可以在体育课里偷懒?一个到重点中学读书的人,可不可以在学习上不尽力?如果不可以的话,该怎么做?本学期你有所进步,但凭你的能力,你是可以有更大的进步的。老师期待着你!

篮球运动很有魅力,它的对抗、它的拼抢、它的战术、它的一个接一个的投篮令人着迷。你是有这方面素质的,所以你能进学校篮球队。在学习这个赛场上,你的素质也是优秀的,但是要想取得胜利,也一样需要拼抢、需要战术、需要不停歇,如果站着不动,是不会得球、不会进篮的,在对抗中必败无疑。而学习这个赛场上对手更多,拼抢更烈,时间更长。你想比赛吗?你想赢得喝彩吗?那么,上场战斗吧!

3. 为学生解除心理压力的评语

你那原本美丽慧黠的双眸为什么被忧愁遮掩,开朗大方犹如银铃般的笑声什么时候销声匿迹了?你是班级的"种子选手",为什么轻易地把它让给了别人?记得你曾偷偷地塞给我一个纸条,说你愿意成为我的骄傲。可是现在怎么了?能告诉我吗?老师愿意成为你的知音,你的朋友,老师愿意为你保密。希望你会成为我永远的骄傲。

惊悉你的身世,我为你感到不平,并付以深深的同情。对家庭,我们谁都无法选择,可对自己的未来,却可以做出选择。坚定你的信念,用自己的努力,用自己的拼搏,拼出一个崭新的未来。努力吧,你会成功的!若有困难,别忘了你还有老师和同学,我们随时会向你伸出援助之手的!

你的苦恼老师知道:父母的望子成龙,老师的殷切期望,你都很在意。只是你的成绩不够理想,你也想好好学,但基础太差总是学不好,认为自己是个坏学生。对吗?其实,老师从未用学习成绩去划分学生的好坏,你有能力,你善良有礼貌,关心集体,同学关系处得很好,这些都是你的优点与长处。今天,让我告诉你:老师很喜欢你,即使你将来没能考上大学,我相信踏入社会后,你也一定会成为一个事业有成的人。抛开苦恼,还自己一个真实的自我,好吗?当你尽了自己的最大努力时,失败也是伟大的!

4. 劝诫学生克服缺点、弱点的评语

你是个感情世界丰富的女孩,你比同龄人富有,因为你有一支善于表情达意的笔,可以写出你心底的烦恼和快乐,让关爱你的人了解你,与你分担,与你共享。能与人顺利地沟通,你应该意识到这是一种难得的幸福。但也正像你所说的,初三了,好多风花雪月的心情要暂时收起来。学习很累,但斑斓的世界不会因为你的疲惫停下来。人,生来有许多责任要负担,照顾好自己却是自己最推卸不掉的责任!为了追求我们所爱好的一切东西,以及那些爱我们的动人双眸,我们整日地奔波忙碌,而又甘之若饴。成功是人生的一种异样的幸福,但幸福需要付出、等待和忍耐。明白了这个道理,可以让我们甘心地付出,也可以让年轻的心不再那样躁动,对吗?

5. 为学习上的"差生"鼓劲儿的评语

在老师的眼里,你是一个热情奔放、热爱集体的好学生,愿意主动与老师亲近、接触。但每当想起你及格线以下的学习成绩,我的心里总是酸酸的、涩涩的。在新的学期里,你愿意挥动勤奋的双桨,为老师掠去心头的这片阴影吗?"有志者,事竟成",老师相信你一定会成功的!

当你一次次主动地帮助同学打扫教室时,当你为一道难题凝神沉思时,当你单薄的身体奔跑在运动场上时,当你弯腰拾起地上的纸屑时……作为老师的我,是多么高兴!我为你的热心、勤奋和勇敢而高兴!如果你能在学习上抓紧时间,精力集中,踏实认真,那么,我想目前你的学习成绩不会停滞不前的。因为你具备飞跃的基础。

6. 引导学生摆脱"早恋"的评语

我不知你是如何看待我们师生之间的关系与感情的,但我明白自己的感觉,那就是视你如弟、如友。你学习刻苦、努力,成绩突出时,我欣喜,我激动;你工作上失策了,生活上放纵了,我焦急,我伤怀。最近一段时间,你情绪波动得厉害,学习成绩也有些下降。于是,涌上为师心头的是一阵阵揪心的酸楚……你的母亲为你的成长熬白了的青丝,为你的学业充满企盼的眼神,不知你是否感觉到她已将全部的爱毫无保留地抛洒于你。你若在即将扣响青春大门的瞬间,不能正确地把握自己,我真担心你反倒会被这重如泰山的爱压垮。

7. 鼓励学生全面发展的评语

你学习认真,上课积极发言,对许多问题有独到的见解。工作主动、热情,办事利索,能出色完成工作任务。热爱劳动,尊敬师长,团结同学。老师希望你今后能积极参加体育锻炼,做一个德、智、体、美、劳全面发展的好学生。

8. 引导学生注意把握学习方法的评语

在本学期即将结束时,回眸你撷取的累累硕果,定会欣喜地发现,没有比脚更高的山,没有比腿更长的路,只要付出,定会有回报,爱拼一定会赢!——如果再加上科学的学习方法,将有更大的成功在期待着你!

你是一个友好和善、遵规守纪的学生。尊敬老师,同学关系融洽,热爱班集体。无论是在教室还是在寝室,你都不是一个捣乱的学生,可奇怪的是我常常看到你较为忙乱,而作业完成得也不是很好。缺乏计划性,没有学习规律,任务落实不好,这是不是你成绩提高不大的原因?如果是,赶快改正,相信你会有进步的!

9. 对上课爱睡觉,但优点很多的班长的评语

你是一个聪明乖巧的学生,很懂礼貌,每次见到老师都主动打招呼,微笑面对同学。作为班干部,你对工作认真负责。老师清楚地记得在运动会上你为同学奔忙的身影。对班级事务,你总是任劳任怨,老师和同学都很喜欢你。如果你将与"周公"约会的时间改在晚上或其他休息时间,老师会更加欣赏。相信聪明的你一定能够给大家起到好榜样的作用,带领我们一班成为真正最强的一班,好吗?

10. 对学习成绩、品质优秀,性格内向、上课不爱发言的女生的评语

你在本学期评为三好学生,老师祝贺你,这是你不懈努力的结果。你团结班里的每一位同学,学习很刻苦,上课听讲是那样的认真,作业字体是那样的工整、漂亮。总之,你真的很

优秀。如果以后老师提问时,你能勇敢地举起手,老师是多么高兴啊!

11. 对性格内向、希望改变现状的学生的评语

你是一个文静的女孩,在班级中你总爱扮演一个安静的角色。老师每一次见你都是一个人在勤奋地学习,难道你不希望和小伙伴一起热烈地讨论问题,一块愉快地玩耍吗?老师热烈地希望你能成为一个充满个性而又不失风采的女孩,尝试着扩大一些交友圈,我发现××同学就很想和你交朋友,你也试试上课多多发言,相信老师和同学会更喜欢你。从今天起,开始努力尝试,让自己成为一个更有魅力的人,好吗?

温故知新

思想品德教育侧重于学生的思想品德的塑造。学生思想道德品质的形成发展过程的实质就是个体的知、情、意、行四个基本教育要素相互结合的发展过程。班级思想品德教育内容包括:基本道德和日常行为规范教育、科学世界观和人生观教育、爱国主义和国际主义教育、集体主义教育、理想教育、劳动教育、纪律与法制教育。

班级思想品德教育的基本原则包括:共产主义方向性原则,知行统一原则,正面引导与纪律约束相结合原则,热爱、尊重与严格要求相结合原则,教育影响的一致性和连续性原则,集体教育与个别教育相结合原则。

班级思想品德教育的基本方法有说理教育法、榜样示范法、实际锻炼法、情感陶冶法、品德评价法、修养指导法。

操行评定是对学生的品德和行为的全面的评价过程。操行评定对学生、教育者、家长都有积极作用。它有利于学生正确认识和评价自己,具有督促、鼓励作用;有利于班主任、教师和学校全面检查和改进工作;有助于家长了解子女在校的表现,更好地协调家校教育。

操行评定的结构包括操行评语和操行等级。

操行评定遵循五大原则:客观性原则、教育性原则、激励性原则、个性化原则、民主性原则。

操行评定的写作要求班主任以积极的发展观看待学生,并在平时观察积累的基础上给予学生客观、激励、有针对性、有艺术性的评价。

【本章练习】

1. 各个不同历史时期爱国主义的共同内容是什么?我国新时期的爱国主义内容是什么?
2. 如果你是一位班级管理者,你将如何开发利用生活中的道德资源?
3. 什么是理想?怎样通过有趣的活动来表现出抽象的理想?
4. 什么是法制?什么是法制意识?教育学生守法,为什么必须从守纪做起?
5. 评价下面的一则评语,指出该评价撰写的优点和缺点,并给出修正意见。

某中学班主任刘老师给过于外向、爱说爱笑但掌握不好尺度的女孩写的评语:

看到你的笑脸,听到你的笑声,就知道你是个开朗活泼的女孩,不过要学会矜持一些,毕

竟稳重的人容易得到别人的信任。

6. 下面是一份典型的不良评语。阅读这一评语,分析其存在的缺陷,并对之进行改写,最后集体讨论交流改写后的评语。

该生缺乏远大理想,思想散漫且目无组织纪律,平时经常借故迟到早退,上课经常插嘴,下课打打闹闹,校运动会上冒名替跑,班级活动中经常"帮倒忙",作业不认真,偏科现象严重,除数学、体育外,其他科目成绩低下。长此下去,恐将来难有作为,望家长严加管教。

第九章
做一个有效的班级管理者

第九章 做一个有效的班级管理者

【内容概要】

☆ 班级管理者的角色定义
☆ 班级管理者的能力
☆ 班级管理者的心理素质
☆ 班级管理的有效行为
☆ 班级管理体系
☆ 激励和自我激励

第一节 班级管理者的角色和基本素养

 问题引入

"作为一个班级管理者首先要'速溶',即要迅速溶解到学生中,与大家打成一片,及时了解学生对学习、生活、学校、社会的看法,要让班里的每一个学生真正感到在这个班集体里面,老师是他们其中的一员,是他们的朋友,与他们是平等的。每个人都是这个班集体的一分子,学生是这个班集体的一分子,老师也是这个班集体的一分子,老师和学生是平等的,只不过是他们的大哥哥或大姐姐,比他们懂得多一点而已。在学习中,在生活中每个人是一样的,班级的管理和建设更需要每个学生和老师共同维护,就像一个家庭一样,少了谁都不行。"这段话体现的是教师通过融入学生群体,提升班级管理水平。班级管理者应该以怎样的角色来实现班级管理,具备怎样的能力和心理素质来完成有效的班级管理,是本节尝试解答的问题。

一、班级管理者的角色

应该来说,近几十年来,班级管理者的角色经历了巨大的,乃至根本性的变化。为了适应当前教育发展形势、能够发挥有效管理作用、促进学生健康稳定地发展,我们不仅要在实施教育的活动中转变以往的角色,在班级管理中同样要转变角色,成为班级管理的引导者、服务者、合作者。①

教师成为班级秩序的引导者,让学生学会管理自己——制定师生共同遵守的班规。有效的规则秩序有益于班级活动的管理和师生互动,一个班级混乱,往往是因为学生不知道该做什么、教师的希望是什么。这时候教师可以和学生共同讨论:哪些行为是班级所接受和赞

---

① 韩曼茹,杨继平.中学班级管理者胜任力的初步研究[J].教育理论与实践,2006(1).

赏的,哪些行为是班级所不允许,甚至是应该被禁止的,违反班规的结果将会如何。教师要尽量让每一个学生都有参与讨论、表达意见的机会,然后根据讨论的结果,师生共同规划、订立全班遵守的班级常规。

 拓展阅读

你来讲一讲

开学的一天,小陈老师给孩子们新教一首歌曲,先让他们听歌词里都说了些什么。结果放了一个寒假来,孩子们的心还没有收回来,在下面七嘴八舌的,小陈老师就越来越小声地继续给他们念歌词。念完后小陈老师问孩子们,你们都听到些什么?结果没有几个人可以回答,小陈老师说那好,老师的嗓子都哑了,请一个同学上去教大家唱首歌。小陈老师找来在上课时讲话最厉害的刘科上去教大家。刘科很认真地教大家唱歌,可是下面的同学们还是继续说话,然后小陈老师用大嗓门让同学们都安静了下来,去采访被请上去的刘科:"你觉得当老师累吗?他们都认真听了吗?你看他们在下面讲,你在上面教他们,你心里高兴吗?"刘科摇了摇头。

教师还应该成为班级管理的服务者,不仅对学生要有耐心的服务态度,对家长也要有高度的服务精神。班级管理工作的有序开展离不开家长的支持与配合,在实际工作中,我们了解到:许多家长都认为学生的身心和谐发展是学校的事、教师的事;另外,现在都是独生子女,孩子在家大都娇生惯养,因此有些工作开展得不是很好。在与教师交流中,通常情况下,家长都希望从教师那儿得到一些反馈意见,并且希望这些意见是积极的、良好的。但是双方难免会谈到孩子的缺点,这时教师就要巧妙地使用语言。首先,要先扬后抑,即先肯定学生的优点,然后点出不足,这样家长就易于接受。然后,要避实就虚,即不要一开始就切入正题,等家长心情趋于平静的时候再自然引出主题。

在与家长谈孩子缺点时,要让家长明白:谈论孩子的不足,目的是希望得到家长的支持,以便共同引导孩子形成良好的行为习惯,切忌与家长发生正面的冲突,如果家长当时情绪激动,教师可以跟他说,"很抱歉我们现在是在上课,孩子们看到这样也不好,我们下来到办公室去说。"给家长一些时间去冷静。如果的确是教师有疏忽的地方让家长生气,教师最好是事先承认自己的不是,再告诉他这样的事情绝对不会再发生了,请其谅解。真诚地为家长服务,他们一定也会支持教师的工作。

教师还应该成为班级管理的合作者,在班上教师之间要做到经常换位思考,相互理解、体谅,时时、处处、事事为他人着想,一切以工作为重,这样就会营造一个宽松快乐的工作环境。有什么事情直接沟通,当时解决,避免不愉快的事情发生。对班级要组织什么活动或临时布置的工作,班级管理者提出一个具体措施,然后再和配班老师商量,达成一致意见后分工合作,尽力完成好。

总之,教师应为学生积极创造一个肯定、激励、民主、宽松的氛围,以形成良好的班风、学风,让学生学会学习、学会创造、学会生存,最终学会做人。

二、班级管理者的心理素养[①]

(一) 热心

班级管理者的热心,既体现在对学生的责任感上,又体现在对班级事务的积极推进上。很难想象,一个情感淡漠,对学生和班级无动于衷的人能够成为好的班级管理者。班级管理乃至教师事业有其公共事业属性,要求从业者源源不断地输出一定基准以上的精力和投入,用以教育学生和推动班级建设。

教育工作是塑造人类灵魂的工作,而班级管理不仅仅是与人生长河中青春勃发、热血沸腾的年龄段群体打交道的工作,更是与心灵对话的工作。唯有热心,才有激情。唯有激情,才能满腔热情,全身心投入,和学生相处、相知。以心育心,以情激情,才能在思想的交流、情感的互动、观点的碰撞中实现灵魂的教化、人格的塑造。

可以说,没有热心,就谈不上责任感,对班级管理者工作不热情、不热心,工作再"称职"、再"合格",充其量也只能是个"职业工作者",算不上真正意义的"称职教师""合格班级管理者"。班级管理工作入门容易入道难,没有一条现行的方法能即学即用,没有一样现成的"灵丹妙药"能包治百病。唯有热心,才能使人迸发出感情的力量。守住人生的信念,充满激情地去开启探索之旅,精神饱满地去寻找"方法"的金钥匙。

 **读一读**

学生不喜欢的班级管理者

爱发脾气,凶巴巴的,动不动就打人,偏心;高高在上,不尊重学生,公开辱骂、讽刺挖苦学生;语言表达不清楚,废话太多,讲课没条理;不文明,师表形象差;只顾上课,没有活动,班集体没有活力;自吹自擂。

(二) 爱心

爱心是班级管理事业的出发点,更是衡量班级管理工作的最基本的原则。只有发自内心对教育事业和学生的爱心,才能够规范自己的行为,控制自己的不良情绪,真正有效地投入工作,并在学生的配合下完成班级建设。

俄国教育家别林斯基说:"爱,是教育的工具和媒介"。从教育心理学方面来看。思想的成长、品德的养成,需要经过生命主体反复地"自主识别"、不断地"情意体验"、周而复始地"意义建构"而实现的。现代教育的要义在于把人当作具有自主意义的生命主体,强化情感体验在教育活动中的作用。有爱才有教育,唯有爱心,唯有热爱学生、关心学生、爱护学生,才能沟通师生之间的心灵、在师生之间架起信任的桥梁。

有些年轻的班级管理者,年轻气盛,血气方刚,处理事情比较刚性,尤其是遇到班级里一些调皮捣蛋的男生,一旦苦口婆心失效之后,便"怒从心头起",常常使出"以暴制暴"的手段。

[①] 揭水平,马红宇,周宗奎,陈继文.小学优秀班级管理者素质结构研究[J].西南大学学报(社会科学版),2009(2).

但是通常来说,这很容易招致学生怨恨,使学生口服心不服。班级管理者一旦不能很好地控制自己的情绪,很可能会造成更大的冲突,以至两败俱伤。

花季年华的学生正处于"心理断乳期",具有"开放"和"闭锁"的心理特征。一方面,要求理解、寻求友谊、追求新知的渴望使他们需求"开放";另一方面,要求独立、崇尚自我的意识使他们对家长和成人"闭锁"。班级管理者要把对教育事业的热爱、对班级工作的热心演绎为对学生的爱心。全心全意、真诚实意地了解他们的生活、关注他们的学习、同情他们的烦恼、理解他们的过失、分享他们的快乐,才能得到他们的亲近、信任。教育有情感的基础,沟通才有传递的媒介和可能,所谓"情通才能理达"就是这个道理。

另外,班级管理者的爱应该是平等的爱。高高在上,以教育者自居,建立在"师道尊严"基础上的爱,是收不到教育效果的。不论是教师还是学生,在人格上都是平等的。当"良师"容易,做"益友"难,"良师"的前提是先做"益友"。班级管理者的爱应该是一视同仁的爱。阳光普照,洒向学生都是爱,而不是"追光灯""探照灯"。偏爱、偏心是学生私下议论比较多的一个话题,也是学生对老师最反感、对班级管理工作最容易产生逆反心理的问题之一。偏心、偏爱会使学生渴望理解支持的愿望消失,只有公平仁爱才能托起学生心中希望的太阳。

(三)宽容心

教育是对生命个体的尊重和唤醒,是对人内在潜质的开发和拓展,它应当让学生自由地生长,这种生长需要一种平和的心境、一种智慧的胸襟、一种独特的魅力,它就是宽容。

"海纳百川,有容乃大。"宽容是一种境界,更是一门教育艺术。"宽容别人,就是善待自己。"宽容是一种尊重,是一种美德,是一种爱,是博大的胸怀。当然宽容并不意味着放纵。不懂宽容,失去的是学生的尊重;一味地宽容,失去的是自己的尊严。宽,应有度;严,应有格。

法国著名作家雨果曾说,"世界上最宽阔的是海洋,比海洋更宽阔的是人的胸怀"。自古以来,宽广的胸怀就为人所称道、为人所求,俗话所说"宰相肚里能撑船",指的就是这种境界。宽容是春风,温暖着寸寸心阙;宽容是一种爱,支撑着友情与和谐;宽容是一份涵养,也是一种处世哲学,它要求班级管理者对待学生不急不躁,冷静对待;宽容是一份理解,也是彼此之间的支持,它要求班级管理者善于思考,多替学生着想;宽容是一份尊重,也是一种无间的沟通,它要求班级管理者和学生零距离接触,进行心灵的沟通。

对班级管理者的宽容心,具体有以下几点要求。

1. 宽容学生的对抗情绪

学生的对抗情绪可能会出现两种情况:一是当面顶撞老师,表现出对老师极为不满;二是表情冷漠,沉默不语。这时,教师必须冷静,善于疏导,给予宽容。可以中断谈话或者巧妙地变换话题,这样做既可缓和气氛,又可了解学生的内心世界。

2. 宽容学生的反复表现

有的学生的思想、学习、行为等方面已形成了一些不良习惯,彻底改掉并不容易,也不现实。这就要求教师必须有"允许别人犯错,又允许别人改错"的博大胸怀,要相信学生一定能教好,要意识到学生的反复是因为自我控制的能力较差,在内外因素的作用下,这种反复就会自觉不自觉地表现出来。尽可能地挖掘他们的闪光点,只要他们有一点点的进步,就应该给予肯定。

3. 宽容对待学生的学业成绩

对学习基础较差、学习能力不强、学习习惯也不好的学生,学业成绩自然不能要求过高,否则欲速则不达,容易伤害其自尊心,打击其自信心,产生反效果、负效应。应当用放大镜去观察、发掘学生的优点,发现优点后大力地加以赞扬肯定,使学生在一次又一次的赞扬肯定中,不断提高自己的自信心,从而激发其向更高的目标奋进。只有表现出足够的宽容心,学生才有"安全感",才能营造比较宽松的教学环境,才有民主的课堂氛围,才能让学生的个性张扬流露,课堂才有生气、有活力。

宽容心还要求班级管理者把握宽容与严格的尺度,善用惩罚,赏识教育。为人师者,教书育人。教书其次,育人才是根本。教师要把握好"严"与"爱"的辩证关系;对学生的错误要不间断地提出不同层次的严格要求,善于疏导、勤于矫正、乐于教化;对学生的一言一行都要讲规则,不可放任自流,如课堂上坐不翘凳、站不偏向、写不弯腰等姿势要正确,让学生知道课堂无小事,事事关品行。只有把握了宽容与严格的尺度,爱才能产生永恒的教育力量,才能使学生"让自己成长为自己"。同时,教师要赏识学生首先必须要接受学生的全部,无论是优点还是缺点,全面地看待一个学生,这是赏识教育的关键。因为只有这样,教师才能充分地认识到学生身上的长处,发现学生的闪光点,并积极地为延伸和发展学生的优点创造条件。

我们要认识到:宽容是一种美德。对被宽容者来说,宽容有时是一种惩戒,有时是一种教育,有时是一种谅解。宽容是一种无声的教育,这种教育远胜于体罚,只有在教育中充满了阳光,充满了关爱,才能真正让学生体会到学习的乐趣,师生关系才能更加融洽,班级管理工作才能发挥实效。

一个伟大的人有两颗心:一颗心流血,一颗心宽容。

——纪伯伦

作为教师,一定要有宽容之心。用宽容的心悦纳学生,我们就会感受每一个鲜活的生命,看到每一种独特的美丽。

——蒙台涅

(四)耐心

耐心是指一个人对待人和事的态度,也就是指对待人和事,不能产生急躁、厌烦的情绪,要有持久性。班级管理者面对的是几十个学生的一个班集体,班集体在不同时期可能会出现不同的情况和不同的问题,甚至时常还会因突发事件而产生新的问题。这就对班级管理者是否具有耐心提出了较高的要求。

班级管理者耐心的主要特征包括义务性、过程性、反复性、差异性及坚韧性。这些是班级管理者耐心特质的外显特征。

义务性是对班级管理者耐心的本质,即责任的最好体现。班级管理者的责任,要求班级管理者将耐心作为一种义务,在班级管理者工作中时刻牢记管理班级、为学生服务是自己应尽的责任,是班级管理者的本职工作,是一种义务。

从纵向上来看,班级管理者工作的耐心是一个持久连续的过程。从小学低年级开始,直到小学结束,这是需要极大耐心的过程,尤其是对低年级的学生,耐心是必要的、必需的;从横向上来看,对某一个学生、某一件事,都体现了耐心的过程性。班级管理者耐心的过程性就要求班级管理者对待学生、处理事情不能急躁,要保持冷静,否则极有可能事与愿违。

班级管理者工作面对的是不断的、零零碎碎的但却是不容忽视的大事。班级管理者工作可以小到一支铅笔、一块橡皮,也可以大到关系到学生的前途、命运。因此,班级管理者对待工作决不能掉以轻心,耐心的反复性由此显现。

每个班级中,总有学习成绩好的学生,也有学习成绩相对不好的学生;总有能力强的学生,也有能力相对弱的学生。这就要求班级管理者对待不同的学生采取不同的方法,给以不同角度和不同程度的帮助。不同的学生、不同的问题,班级管理者的耐心要显示出差异性。班级管理者是班级的灵魂,有一个耐心的班级管理者就会有一个良好的班集体。耐心的差异性首先要求班级管理者要全面了解班级中的每一个学生,了解每个学生的兴趣、爱好、个性和特长等总体的发展状况,然后分析每个学生的优势和弱势、优点和缺点,针对每个学生的差异和不足给以耐心的指导。

习惯是长期形成的,良好行为习惯的培养不可能短时间就能做到。"这个过程不是一次性的,而是反反复复的,一次不行,再来一次,来第三次、第四次",耐心的坚韧性在培养学生的良好行为习惯中得到了较好的体现。

（五）细心

细心是班级管理工作的基础。细心是做好班级管理者工作的助手。细心就是用心细密,处事谨慎,认真周密地考虑各种问题,精益求精地把事情做好。细心工作就能及时发现问题,防微杜渐,避免事态扩大;细心工作就能帮助我们全面分析问题和正确处理问题;细心工作还能够提高我们的工作效率,避免出差错。

班级管理者的细心表现在眼力上。班级管理者要掌握学生的第一信息,就要事事留心,时时注意,处处发现。只有细心观察,才能增加对学生质的认识。每个学生都是一个独特而复杂的个体,在不同时间、不同场合、不同事情上的表现不尽相同。只有经常性、目的性地细心观察学生,才能穿过外部的现象洞悉学生内心世界的本质,也才能对学生的思想作为做出实事求是的评价,以进行相应的教育。

班级管理者的细心又表现在行动上。班级管理者要勤于到位,经常到班级里转转;要善于观察生活,利用生活中的事例、细节对学生因势利导,避免空洞的说教。

班级管理者的细心还表现在思想方面。班级管理者要勤于交流,要和学生打成一片。一方面,在了解学生的过程中,勤于与学生交流可弥补眼观之不足,拓宽获得学生信息的渠道,另一方面,勤于与学生交谈,在说服、教育学生的过程中,能起到强化和巩固学生知行的效果。

心语感悟

班级管理者是最小的主任,但却经营着世界最大的事业。

——佚名

三、班级管理者的能力素养

(一)缜密有方的组织管理和应变能力

班级管理者的工作既要面对整个班级,又要面对个别学生。对整个班级进行工作,就要求班级管理者具有组织者、管理者的才能,即善于组织良好的班集体,善于组织丰富多彩的教育活动,善于管理班级各项工作。同时,班级管理者又要针对个别同学的情况采取切实可行的方式方法做些个别转化工作。这是班级管理者的基本能力之一,缺少这种组织管理和个别转化的能力,班级工作就会陷入杂乱,顾此失彼,即使再卖力,也只能是"事倍功半"。

在班级管理上,班级管理者安排各项工作要统筹兼顾,考虑问题要周密,使各项工作井井有条,井然有序;要善于把学校教育要求同本班的实际结合起来,成为一个有机部分;要制定明确具体、切实可行的管理目标;要善于培养学生自主、自治、自理的能力和精神,使学生发挥班级主人翁的作用。

善于寓教育于管理之中,是所有优秀班级管理者的共有特征。班级管理者善于组织良好的班集体的能力,主要表现在骨干力量的挑选和培养、形成正确的班级舆论等方面。有经验的班级管理者,总是把自己最主要的精力放到组织班集体上。一个良好的班集体形成之后,集体自身就成为一种强大的教育力量,每个学生的成长就可以置于集体的共同约束、陶冶和进步之中。组织班集体关键在于能够通过自己创造性的工作,不断地引导集体向新的目标前进。

应变能力是班级管理者应当具备的一种教育能力。它是指班级管理者善于因势利导、随机应变处理各种意料之外的问题的能力。有了这种能力,教师就能在复杂多变的情境中,做出最合理的决定,采取最恰当的教育方式。这种能力也可称为"教育机智"。

班级管理者的工作对象是生动活泼的学生。几十名学生思想、情绪、个性等的千差万别,造成了班级管理者工作的纷繁复杂、千变万化。正如马卡连柯说的那样,"在我这里没有两种情况是完全相同的。"因此,要取得良好的教育效果,就要求教师在教育方法的选择、实施上,必须准确、及时、适度,根据具体情况灵活运用,因材、因时、因人施教。

应变能力是教师深思和果断相结合的产物,也是教师深入了解学生和不断积累教育经验的结果。马卡连柯认为,"教育技巧的必要特征之一,就是要有随机应变的能力。"教师应变能力强,引导得法,处理得当,就可以对在教育过程中突然出现的情况迅速地做出明确判断和正确处理,这不仅可以"化险为夷",还可以"锦上添花"。在改革开放的社会条件下,学生的思想、观念有许多新变化,班级工作中会遇到许多新情况、新问题。班级管理者不能仅凭过去的经验办事,要根据变化了的情况改变教育方法和内容,机智灵活地处理过去所没有遇到过的新问题,这对新时期的班级管理者来说十分重要。

(二) 沟通与协调能力

沟通与协调能力应是班级管理者的核心能力,以此项能力为基础做好与学生、家长、科任教师的沟通与协调工作应是班级管理者工作的重点领域。

班级管理者只有与学生进行有效的沟通,才能准确把握学生的思想动态、全面了解学生的实际状况。在此基础上的教育才能真正触及学生的心灵,实现有效的教书育人。与家长、科任教师的有效沟通与协调是形成育人合力的保障,与家长、科任教师沟通能力的强弱,反映了班级管理者调动一切积极的育人因素的水平和能力。

沟通与协调能力本质上是衡量一个人人际交往水平高低的一项重要指标,是一个人知识与能力在人际交往领域的集中体现。教师职业是一种特殊的职业,其特殊之处就在于它的育人性。分析和研究学生的心理、合理运用心理学的原理与策略是班级管理者做好沟通与协调工作的必备的前提。

1. 与学生进行沟通

了解学生的实情、切准学生的思想脉搏,是做好学生的思想的前提,是班级管理者加强沟通的重点内容。班级管理者要做到热爱、关心学生,要充分理解并尊重学生,班级管理者理解学生的根本方法是深入学生的真实生活,在具体情境中理解学生。班级管理者还要能够换位思考,与学生交流时要做到心理位置交换,去体验、感受学生的思想感情,从而深刻地理解学生。

与学生沟通时,班级管理者还须掌握沟通的技巧。沟通的过程必须讲究语言的运用,使学生心情舒畅、心服口服,不贬损学生的人格,不挫伤学生的自尊;不要吝啬赞美和表扬激励;要讲究批评的艺术性,正确把握批评的方式方法,班级管理者既需要严厉而中肯的批评又需要运用模糊批评法,即"点到为止"。班级管理者与学生沟通时感情要投入,有同理心,改变学生时还要做到循序渐进地进行。

此外,与学生沟通要把握沟通的最佳时机,是指在进行思想教育过程中,那些最为有效的教育时刻,此时学生处于愿意接受教育的最佳心境。

2. 与家长进行沟通协调

学生的成长与家庭有着密切的关系,班级管理者需要加强对学生的家境研究。随着"四二一"家庭结构的大幅度上升,隔代教育带来的家庭教育中的不一致性越发突出,社会转型期的激荡也使得非正常家庭给孩子的成长带来了障碍和负面影响,这些都是家境研究的重要内容。另外,家庭动力是学生不竭的力量源泉,家庭的期望和关爱就是学生最直接的动力,要从学生的家庭环境、邻里关系去寻找他们直接的榜样。这都是我们重视与学生家长沟通协调的主要出发点。

1) 与家长有效沟通的策略

(1) 发挥家长委员会的作用。班级管理者可以经常和家长委员会的成员保持联系,帮助解决一些仅靠老师无法解决的困难。

(2) 进行积极、有效的家访。有效的家访可以帮助班级管理者全面地了解学生,让学校和家庭紧密地联系起来,增进师生感情,使教育更加人性化,形成教育的合力。

(3) 建立新型的家长会模式。例如:分组讨论式、共同出席式、合作互动式等。

(4)建立与家长联系的多种渠道。例如：书面的交流、家校短信联系平台、家校博客网等。

2）与家长沟通的注意事项

(1)以理解、宽容赢得家长的支持。班级管理者和学生家长不存在领导与被领导、教育与被教育的关系，要注意把握分寸。

(2)对学生所犯错误，不要把怨气撒到家长身上，挫伤家长的自尊心。

(3)班级管理者要用商量、征询的口气与家长沟通、向家长解释，主动协调，共同探寻解决问题的途径，共同处理学生问题。由于每位学生的家庭背景和情况不同，班级管理者不能把学生和家长分成三六九等。特别是碰到处理学生问题且涉及双方家长，班级管理者在接待家长时绝不能带着世俗的功利色彩，应一视同仁。

(4)增强沟通的目的性。班级管理者与家长交流要充分考虑谈什么话题、从什么角度入手、谈几个要点、什么是重点、最后落实哪些问题、要达到什么目的，在时间安排上要尊重家长。

3. 与科任教师进行沟通协调

班级教师集体并不会自然而然地产生，它的产生取决于班级全体教师在教育上是否持有共同的目标，这是班级教师集体形成的最重要的标志。班级管理者要善于与科任教师进行协调与沟通，形成有效的育人团队。班级管理者在与科任教师的沟通与协调中要努力做到：要使班级全体教师形成共同的目标；要通过各种方式树立科任教师的形象；要与科任教师定期沟通思想，经常交换意见，及时化解矛盾，增强班级教师集体的凝聚力；协调学生与科任教师的关系。

（三）班级管理者的自我控制能力

心理学中谈到的"自制力"是人类意志品质的一个重要方面，是指一个人能够善于控制和支配自己行动的能力。对于班级管理者来说，自制力是不可缺少的意志品质，也是对新时期班级管理工作提出的更高的要求。

显而易见，能冷静、客观、自信地处理班级工作，善于控制自己情绪言行的班级管理者在学生中享有威信，更能够较好地实现班级管理目标。这是教师自制力的具体体现。班级管理者要有自制力，就要善于控制自己的情感、行为，约束自己的动作、语言，抑制无益的激情和冲动，保持自身良好的情绪。

良好的自制力是一个班级管理者应具备的职业修养，同时也是衡量一个班级管理者教育技巧高低的尺度。马卡连柯曾说过："坚强的意志——这不单是想什么就获得什么的那种本事，也是迫使自己在必要时放弃什么的那种本事……没有制动器就不可能有汽车，而没有克制也不可能有任何意志。"班级管理者沉着、耐心、讲究教育技巧的自制力，在新时期教育中会更有效地影响学生的意志品质形成的重要方面。

班级管理者保持自身良好的情绪，对培养学生愉快的心境、发展班级管理者与学生之间的良好关系、准确而又及时地抓住教育时机、行之有效地进行教育工作，有着积极作用。在现今的教育实践中，班级管理者会接触各种各样的学生，会碰上各种各样的问题，如果碰到学生不听规劝，甚至顶撞老师的时候，班级管理者大声呵斥后会感到这只能暂时"震住"学生的行为，并不能使教育内化为学生的自觉行为。因此会隔一两天就"震住"一次，使得教育者疲劳不堪，并不时感叹：现在的孩子太难教育了！因此，班级管理者在日常教育工作中要有意识地培养自己的自制力。因为学生喜欢的是能使他们体验快乐的班级管理者、能使他们充满自信的班级管理者、能使他们获得成功的班级管理者，而不是每天满脸阴沉甚至横眉立目、怒发冲冠的班级管理者。

在教育实践中提高教育自制力的策略包括以下几点。

1. 正确对待学生在"前进"过程中所出现的曲折和反复

学生道德品质的形成需要知、情、意、行诸要素的平衡发展，而在这个发展过程中的学生，由于他们的认知水平、自控能力等的欠缺，因此他们思想品德塑造的过程具有复杂性、长期性和反复性的特点。班级管理者应当学会正确对待学生在思想上、行为上的反复，要认识到反复是正常的现象，是道德教育过程中客观规律的反映，是不依教育者的意志为转移的。

2. 要学会"冷处理"

常言道："冷静出智慧"。急躁只能说明班级管理者已经没招了，只能以提高嗓门、大发雷霆来掩盖，这是无能的表现。当学生之间闹别扭、打架时，班级管理者一定要冷静，要耐心地等待双方把话说完，并且不要急于去评判谁是谁非。因为这时当事者双方都在气头上，互不相让，谁也不愿意把过错揽在自己的身上，很有可能听不进班级管理者说的话，甚至还会觉得班级管理者有所偏袒，班级管理者这时也容易发火。因此，待大家冷静下来之后，再做处理，效果往往胜过"热处理"。

3. 要学会"忍耐"

当学生听不进去劝告，甚至顶撞你的时候，你可能会"火冒三丈"。但你在"盛怒之下"一定要学会"忍耐"。要想一想自己是班级管理者，是孩子们的大朋友，不是"独裁者"。这会帮助你压抑一下即将发作的脾气，转而平心静气地与学生谈话，效果会好些。因为在这种情况下，班级管理者的自制力稍有"放松"就会导致教育失败，这时不仅会伤害学生的感情，而且容易使矛盾激化，造成学生与班级管理者之间的对立情绪。所以，班级管理者一定要学会暂时忍耐，并采取迂回、巧妙的办法，待学生情绪平静下来，再耐心地进行教育。

4. 要学会等待和正确把握"教育时机"

正确掌握教育时机，就是教育者针对学生的心理特点，选择和运用最适合的教育方法和手段，在最有效、最易发生作用的时间里进行教育。例如：新学期开始时，学生取得某种进步或成绩被肯定时，师生感情比较融洽时，学生的正当愿望得到满足时……

教育家卢梭说过："千万不要干巴巴地和年轻人讲什么理论。如果你想使他们懂得你所讲的道理，你就要用一种东西去标示它，应当用思想的语言通过它的心，才能被他们多了解。"班级管理者要成功地实施教育，不仅要了解和掌握儿童的心理特点，还必须学会选择和运用适当的教育方法和手段，在处理问题时适当地"留白""置后"，不是用简单粗暴的方法解决，而是在实际生活中寻找教育资源，让学生通过观察生活、体验生活中的实例来感悟人生，从而认识自己的缺点。切不可头脑一热采取简单粗暴的办法，以致失去自控，使教育效果大打折扣。

自制力是班级管理者掌握教育时机、讲究教育艺术的优秀的心理素质，正确掌握教育时机也是班级管理者有自制力的具体表现。

第二节 提高班级管理技能的途径

一、重新审视并建立有效的班级管理体系①

(一) 审视目前自己的班级管理现状

提高班级管理技能,首先应审视目前自己的班级管理现状。可以尝试回答以下七个方面的问题。

1. 班级管理和纪律的哲学

首先,提供关于你的个性、教学方式和教育哲学的背景信息,从而揭示你的班级管理哲学的起源和基础。然后,描述你自己班级管理和纪律的哲学。你打算对课堂活动控制到什么程度?你希望在多大程度上让学生参与?

2. 班级规则

你会在你的班级中展示和使用什么样的规则?描述一下你是如何制定这些规则的。你会让学生参与制定这些规则吗?如果你会让他们参与,那么你会让他们在多大的程度上参与?你会怎样和学生、家长,以及其他教师交流这些规则?你会在你的班级中使用什么样的程序(例如,分发材料、收作业、进教室和出教室、对学生提供帮助)?你会怎样把这些程序教授给学生?

3. 教室的安排

你会如何安排学生的座位?如何布置教室的墙壁和其他空间?

4. 创建一个尊重的、支持性的班级文化氛围

你喜欢创建什么类型的班级氛围?你会为此做一些什么事情来创建这种文化氛围?你将如何保持和强化学生的适当行为?你将如何促进合作?

5. 激励学生学习

在你的教学、评价和反馈过程中,你是如何使用激励策略的?你打算如何布置家庭作业,如何对学生进行学习的指导?

6. 和学生、家长、同事及其他人互动

你与学生、家长,同事及其他人交流和互动的原因是什么?你会如何和他们交流?你会多久和他们交流一次?

7. 对不当行为的回应

当一个学生做出不当行为并且违反了规则时,你会怎么做?你对处理轻微的、中度的和

---

① 徐捷,肖庆延.中学班级管理者班级管理现状的调查研究[J].桂林师范高等专科学校学报,2008(4).

严重的不当行为是否有不同程度的对待？

（二）建立有效的班级管理体系

1. 班级思想建设是班级建设的前提

1）建立良好的班级荣誉感、强烈的集体责任感

掌握学生的家庭情况、思想状况、学习态度、生活细节；总结学生的优点和关于班级建设的建议，提炼班级特点和优点；召开主题班会，谈谈你心中的班级，归纳学生对班级的诉求，建立班级荣誉感。

2）建立正确的班级舆论导向

在班级的日常生活中，经常遇到这样那样的小事，这些小事如果没有一个正确的舆论引导就会给学生留下班级管理不公平、不诚信的印象。建立正确的舆论导向的基础还是实事求是。问题的真相一定要了解，做好沟通工作。保守学生的隐私，最小化师生之间、学生和学生之间的矛盾。原则问题则要召开主题班会，要告诉学生什么是美、什么是荣誉、什么是丑、什么是邪恶。时刻把握校园风尚，巩固班级思想阵地。

2. 良好的班风将自觉维护班级的正常运转

没有良好的纪律就没有良好的班级。良好的班级纪律来源于两个方面：一个是班级制度管理，即明法令而畏奸邪；另一个是班风的引导，学风好的班级出现严重纪律问题的概率小。要培养学生诚实、敢于承担责任、不讲空洞的哥们义气、忠于集体、忠于事实、光明磊落的性格。

学风的形成则要靠竞争互助意识的培养。互助是团结的表现，讲述是才华的表达，竞争是表现在学习时间的充分利用和追求进步的孜孜不倦的精神上。

3. 运转自如的班级体系是班级管理者的得力助手

班干部是班级管理者运转班级的实际执行者。可以这样讲，班级管理者是班级的灵魂，而班级事务的实际操作者是学生自己。班干部是班级运作的主体。任命的班干部会成为学生反感的对象，实名直选的班干部往往华而不实。在选举之前，先让学生写下自己心目中的班干部是怎样一个形象，并公布出来。然后初步确定候选人，竞争选举。

培养是干部任用的重要环节。班干部重在培养，即培养其良好的工作作风，培养其建立良好风气的舆论能力，培养其应付突发事件的能力，培养其制定游戏规则的建设能力。

二、学会自我激励[①]

班级管理者工作是一项艰巨、烦琐且富有思想性、知识性、科学性、艺术性和创造性的工作。现代化的教育向班级管理者提出的要求越来越高，家长的高期望、素质教育的高标准，使班级管理者的压力也越来越大。如果班级管理者不注意自我减压、自我调适，那么不仅其心理健康必将受到较大的影响，还将直接或间接地影响着学生的心理倾向。因此，班级管理者必须重视自我激励，努力维护自身的心理健康。

---

① 董奇,王耘.班级管理者工作的心理学策略[J].人民教育,2007(20).

(一)悦纳自我

人无完人,每个班级管理者都有自己的长处,也都有自己的短处。作为班级管理者,首先应该愉快地接纳自己,接受自己的优点、长处,也接受自己的缺点、短处,保持健康的心境,维护心理平衡。只有这样,才能更好地集中精力投入班级管理者工作之中去。然后,还应该努力加强自我心理修养,不断地完善自我。无论是在什么情况下,班级管理者都应心静如水、胸怀博大,这样自然也就会"车到山前必有路""柳暗花明又一村"。

(二)调节自我

班级管理者有许多事情要做,既要照顾学生的衣食住行,又要做好学生的思想工作,还要按时开展各项班级活动,及时处理偶发事件。因此,班级管理者必须保持头脑冷静,力戒烦躁,不能因为不顺心而迁怒学生、厌弃学生。班级管理者应该学会通过一定的自我调节方法随时、主动地调整自己的心理状态,保持相对稳定而乐观的情绪,充分发挥自己的主观能动作用,用自己的全部力量努力把班级管理工作由沉重、复杂转化为轻松、有趣。

1. 管他呢

放松是一剂良好的"镇静剂"。学校举行运动会,A班几乎每次都是名落孙山。因此,以往一提到开运动会,班级管理者A老师就情绪紧张。而今,学习了有关心理知识,A老师了解到这种紧张情绪不仅会影响自身的心理健康,还会影响运动员的发挥。因此,开运动会时,A老师就下意识地不去看成绩,管他呢!运动会前的训练大家已经尽力了,现在急也没有用,等运动会结束以后好好总结一下得失的原因倒是真的有用。这种想法似乎有些消极,然而着实减轻了A老师的心理负担。运动会开展的过程中,他心情轻松,再也不时时刻刻提心吊胆了。

2. 出去走走

班级管理者在工作中会遇到一些棘手的问题,比如,有的同学屡教不改,班级管理者对此不能丧失信心,应该表现出一种坚定不移的态度。当然究竟采用什么方法,还应考虑实际情况,有时可以通过变换环境而使自己暂时回避一下,等自己情绪完全冷却了再做处理,千万别让自己"原地受罚"。今年,B班转入了一个"赫赫有名"的"捣蛋鬼"。那天,这个"捣蛋鬼"又对同学"拉开了阵势"。班级管理者B老师得知以后,首先把他安置在办公室里写日记,然后,自己独自在校园里逛了一圈,看看景点、看看蓝天,等"烟消云散"了,再来阅读这个"捣蛋鬼"的"大作",心情十分平静,处理问题也十分理智、顺手。这样,既解决了问题,又维护了自身的心理健康,何乐而不为呢?

3. 那是酸葡萄

有时,班级管理者也会因为其他班级的荣誉或机遇而产生羡慕甚至是嫉妒的心理。这时,可以运用"酸葡萄效应"来减轻或消除因此产生的心理失衡现象,以维持心理平衡。去年,学校决定让同年级某班搞一个主题班会参加市里的比赛。当时,C老师确实十分羡慕,甚至有点嫉妒。然而,他换个角度一想:如果让他去组织这个参赛班会,不知要花多少时间和精力,倘若还拿不到奖,岂不"赔了夫人又折兵"?这次,他不承担这项任务,就多了一次向他人学习的机会。如果下次能争取到机会让他搞的话,相信一定会有过之而无不及。本学期初,学校决定让 C 班代表学校参加市"展祖国未来,做世纪新人"主题班会比赛。C 老师牢牢把握住了这个机会,和全体学生一起设计并开展了"东小蓝图胜似画"主题班会,获得了很大的成功。如果当时 C 老师只是嫉妒别人,而不及时地调整自己的心态,不注意取人之长补己之短,那么,也许本次活动还不能取得如此好的成绩。

(三) 控制自我

在班级工作中出现偶发事件是在所难免的。遇到这样的事情,班级管理者要有自我控制的能力,做到不急躁、不武断,要避免正面冲突,努力采取冷处理的方法,缓和一定的时间再进行处理。如果是必须立即处理的恶性事件,也要用理智和机智妥善处理,万万不可发雷霆之怒。由于班级管理者工作名目繁多,难免会有情绪激动的时候,此时,最好先做几次深呼吸,考虑自我控制与否的后果,然后再做抉择,就会显得理智得多。在班级中也会遇到一些高兴的事,比如,有的学生在竞赛中获奖了,或班集体受到上级表彰,等等。班级管理者可以借此良机调动和激发学生的积极性,但是一定要注意分寸,切不可喜过了头,否则,会使人产生骄傲情绪等负面效应。

(四) 反省自身

班级管理者作为一个班级的领导者、组织者,必须经常进行自我反省,准确地掌握自己的心理状态,以便及时调整,一直保持健康良好、积极向上的心态,愉快地投入班级管理工作。作为一个青年班级管理者,可以常常写工作日记、月记,认真反思班级管理工作的成败。成功之处努力扬之,至于不足之处,是由于自身心理素质的欠缺和努力程度不够,并想方设法进行改进、弥补。这样,一方面针对自身的不足,加强了自我心理修养,提高了心理素质,另一方面也提高了工作成效。

三、熟练掌握语言和非语言的交流技能

做学生的思想转化工作,实现班级管理目标,最常见、最广泛使用的方法,就是"谈话法"。这个里面涉及语言和非语言的交流技能。

(一) 语言交流技能和要求[①]

1. 要有准备地谈

班级管理者找学生谈话不能随心所欲、信口开河,要在谈话前做好充分的准备,做到"胸中有数"。这个"数",是指对情况的了解。了解是谈话的前提。谈心要知心,而心总是可知的。抓住学生的心理症结,有的放矢地接触学生的思想,打动学生的心,这就是心理学所说的心理接触。任何成功的谈话总是以对情况的了解为基础、以心理接触为前提的。

---

① 张卫. 班级管理者如何与学生进行情感交流. 内江师范学院学报, 2005(20).

 **读一读**

要做有准备的谈话

有一个班我刚接不久,发现一个女同学有小偷小摸行为。有一次,她偷了班里同学的一本《习题汇编》。我先不露声色,在其父母和本班学生中做了一番调查。她在三姊妹中排行第二,由于学习成绩差,渐渐地失去了父母的宠爱,姐姐和妹妹也不喜欢和她一起玩。家庭的冷遇,使她的自尊心受到压抑,产生了自暴自弃的思想。再就是她缺乏正确的道德观念,意志薄弱,很容易受个人欲望的驱使。她一贯爱吃零食,为了解馋,经常向同学借钱,或向父母骗取,后来发展到偷家长口袋里的钱,由于没有及时教育,致使其错误从家庭蔓延至学校。

了解清楚情况后,我就与家长取得联系,要求家长不仅要积极配合,还要从孩子所犯的错误当中吸取教训,改进教育方法。"万事俱备,只欠东风",我选择了一个适当的时机找她谈话。我说:"你想看《习题汇编》这本书?"她点了点头。"这是好事嘛!说明你有求知的欲望,老师为你感到高兴。只不过你取书的方法不对,不应擅自从别人的书包里拿走,而应该向别人借,你说对吗?"她又点了点头。我见她有所触动,就由此及彼,进一步引导她认识自己的错误,帮助她找出犯错误的原因,鼓励她放下思想包袱。我的话字字恳切,句句在理,且又符合实情,使这个不轻易落泪的女孩潸然泪下,并表示愿意改正自己的错误。教育实践证明,对情况了解得越清楚,就越能掌握谈话的主动权,左右谈话的"形势",达到预期的目的。

2. 轻松愉快地谈

与学生谈话,不可忽视情感的作用,因为情感是教育信息通向学生内心世界的"桥梁"。要架设这座"桥梁",关键在于教育要寓理于情,以自己积极的情感体验影响学生,努力创设愉快、宽松的谈话氛围。这样才能引起学生肯定性的情绪反应,使其愉快地、心悦诚服地接受教育。

3. 因人而异地谈

学生的个性千差万别,这就决定了教育语言的个体差异性。班级管理者要善于针对不同的学生,采用不同的谈话方式,"看人下菜碟"。譬如:对领悟快、自尊心较强的学生,一般宜采用"声东击西"的方法,言词要含蓄、婉转,对胆小内向的学生,应化严肃于幽默之中,以班级管理者的态度、语气消除其紧张情绪;对个性强、脾气执拗的学生,则要"刚柔并济",既不能让其任性,又要防止其"顶牛";对那些缺乏自信心和上进心的学生,应多肯定他们的长处,"长善可以救失",以学生自身的优点克服其自身的缺点。

4. 实事求是地谈

学生虽然年龄小,都是些天真烂漫的孩子,但他们还是能听得出来好话和坏话、真话和假话的。班级管理者在进行集体或个别谈话时,千万不能用"哄一哄""吓一吓"来代替说理,一定要尊重事实,入情入理,甚至要设身处地。

班级管理者与学生谈话,要真正体现是师生之间的亲切"谈心",而不是"我说你听"地强行灌注。可以说班级管理者同学生谈话与其说是用口讲,不如说是用"心"讲。以心换心,人之常情；没有诚意，难以服人。一次成功的谈话所付出的劳动，不亚于一堂好课的艺术构思。课堂教学要讲究艺术，同样，与学生谈话也要讲究艺术。这样才能以语言去点燃学生心灵的火花。

（二）非语言交流技能和要求

1. 与学生谈话时要保持适当的距离

我们知道，事物的内容决定着事物的外在形式，但内容必须通过外在形式加以反映和深化。美国心理学家萨默的实验表明，两个人能进行轻松谈话的最佳距离不超过5.5英尺（1英尺＝0.3048米）。这个距离用在教师和学生的谈话中，也很有实际意义，不少教师在与学生谈话时，不注意双方所处的距离。如教师坐在讲台上，学生站在讲台下，好似学生在受审，这种"盛气凌人"的做法会增大学生获取教师爱生之情信息的难度，客观上拉大了师生之间的距离，双方难以长谈、深谈，甚至会造成学生的自卑感和抵触情绪。因此，师生谈话时应坐得近一点，促膝交谈，平起平坐，这样自觉不自觉地缩短了彼此之间的心理距离，使学生感到教师可亲可敬，从而"亲其师，信其道"。

2. 与学生谈话时要面对面而坐

实践证明，在两个人的接触中，如果相互正视，则意味着彼此有进行深谈的兴趣。有些班级管理者在与学生谈话时，要么歪着身体靠在椅子上，边抽烟边谈话，要么边看书边写字边听学生谈话。班级管理者的这些行为会挫伤学生的自尊心，觉得老师看不起自己、不重视自己，因而产生心理封锁，不愿意继续谈下去。这样一来，学生容易产生抑郁症、焦虑症等心理疾病。因此，班级管理者在与学生谈话时要举止得体、彬彬有礼、落落大方、姿势正确、动作协调、质朴开朗，要与学生面对面而坐，认真倾听学生的谈话，始终表现出对学生谈话很感兴趣。这样会使学生觉得老师平易近人，谈话才能取得满意的效果。尤其是和小学生谈话，不要让他们感到害怕，而要让他们感到老师是朋友，愿意说出自己心里的秘密。只有这样，班级管理者才能引导学生健康地成长。

3. 与学生谈话时要注意面部表情

有些班级管理者和学生谈话时不苟言笑、语气强硬，命令和训斥较多，经常是这不行、那不准、应该这样、不应该那样，只有自己说了算，绝对没有商量的余地，这不利于与学生的沟通。一个读小学的孩子一天放学回家，一反常态显得很高兴，家长问其缘故，孩子神秘兮兮地说："今天班级管理者和我谈话时笑了。她一笑，小眯眯眼一挤显得可亲啦。"班级管理者的一笑，居然让孩子非常高兴，久久不能忘怀，可见，和蔼可亲的老师能使学生在轻松愉快的氛围中学习。教师缺少了笑，就好比花园失去了阳光和雨露。由此可见，和学生谈话是一门艺术，谈话中教师的笑容是这门艺术中不可缺少的添加剂。对那些经常迟到、旷课、不认真听课、作业不能完成、打架、闹事的后进学生所犯的错误，班级管理者要及时纠正，千万不能板起面孔，当众讽刺、挖苦他们，揭他们的老底儿。在谈话的过程中，始终让他们感到老师是关心、爱护自己的。学生渴望能在充满爱和信任的环境中成长，而爱和信任是在和学生自然、平等、和谐的相处过程中慢慢培养起来的。

四、保持平常心[①]

平常心是一种冷静、客观、理智、忘我的心态。班级管理者的平常心建立在爱心和责任心的基础之上。因为爱心是一切教育的基础,责任心是工作取得成功的保障。然而,有很多极具爱心和责任心的班级管理者,工作却不尽如人意,甚至得不到学生的理解和尊敬。原因何在呢?缺少平常心。如果一位班级管理者缺少平常心,他就会提出过高、过严的要求,就可能失去耐心、细心、冷静和理智。平常心影响着班级管理者的心理状态,是决定教育成效的重要因素。因此,为了把工作做好,班级管理者应该拥有一颗平常心。

(一)正确的学生观有助于平常心的产生

1. 班级管理者要尊重学生的个性

学生是客观存在的独立的个体,具有其自身的特点和发展规律,即个性。班级管理者只有在尊重学生个性的基础上才能更好地塑造学生。这就意味着班级管理者要把学生当作独立自主的人来看,而不是任人摆布的物品;意味着忽视差异性、多样性,把学生培养成千人一面的做法是违背客观规律的;意味着学生不会完全以老师的意志为转移。所以,班级管理者应该放弃"我乃万能者"和"我可以独裁"的观念,这两种观念都使班级管理者无法产生平常心态。

2. 班级管理者要用联系的观点去分析学生

纷繁复杂的社会犹如一口大染缸,身处其中却一色不染是不可能的。学生的不良言行、错误思想和异常情绪总是和家庭、社会有一定联系的,尽管他们本身也存在一定的问题,但他们也可能是受害者。因此,班级管理者要理解和同情有问题的学生,多一些宽容,少一些苛刻,没有必要对他们的错误缺点大惊小怪,应该从各方面找一找责任。

3. 班级管理者要用发展的观点去对待学生

学生的发展有两个趋势,变坏的毕竟是极少数。班级管理者要坚信绝大多数学生的好的发展前景,给学生自由发展的空间,把顺其自然和约束控制结合起来,有所为又有所不为。学生时时刻刻都在变化、发展,班级管理者不要用老眼光看待学生,对后进生尤其要注重这一点。看到发展,就有希望;充满希望,就会耐心细致地去工作、用一颗平常心去关注学生的变化。

4. 班级管理者要用全面的观点去评价学生

学生的思想品德、性格、习惯是一个互相联系的诸要素组成的有机整体,因此要从总体上来评价学生,既看到其优点,又不忽略其缺点,既注意主要方面,又旁及次要方面,防止片面的观点。"人无完人,金无足赤。"有缺点的学生才是正常的学生。班级管理者用全面的观点看待学生,就能在既欣赏学生的闪光点的同时,又能容忍学生的不足,并在指出缺点时把握分寸,使有批评的教育成为成功的教育。

正确的学生观能保证班级管理者冷静客观地对待学生,理智地做出决策,不急不躁,拥

[①] 冯建军.班级管理者专业化初论[J].教师之友,2008(8).

有一颗平常心。

（二）正确的价值观有助于平常心的保持

1. 班级管理者要有正确的价值取向

教育工作是纯洁高尚的事业。工作的目的是为了使学生健康成长，而不是班级管理者个人去争名逐利。如果一位班级管理者把名利看得太重，就会患得患失，斤斤计较；就会对学生的缺点过失无法容忍，简单粗暴地对待学生，导致学生的对立；就会把不好的情绪带入工作之中，责任心减弱；甚至会把气撒在学生身上，恶化师生关系。一个被名利扭曲了心灵的班级管理者怎么能教育好学生呢？

2. 班级管理者要乐于奉献

班级管理者工作的艰巨在于需要全身心地投入。无数成功的事例说明，班级管理者工作就是讲求无私的奉献。为了密切掌握班级的动态和学生的状况，班级管理者要坚持跟班，这要花去大量的时间。班级管理者的责任要求班级管理者主动给自己找麻烦，不推诿、不躲避。事情自然越找越多，永无穷尽，大量的精力将被耗去。如果缺乏乐于奉献、甘于吃苦的精神，班级管理者会感到苦不堪言，这是难以把工作做好的，自然也不能保持平常心。

总而言之，当一位班级管理者既能正确对待学生又能淡泊名利的时候，他就拥有了一颗平常心。平常心是班级管理者工作的催化剂，是成功的有力保障。因此，班级管理者不可缺少的，除了爱心和责任心外，还有平常心。

 **读一读**

班级管理"十忌"

一忌工作盲目；二忌放任自流；三忌简单粗暴；四忌空头说教；五忌赏罚不明；六忌言行不一；七忌有始无终；八忌独断专行；九忌放荡不羁；十忌目无全局。

五、塑造良好的职业形象

（一）新时期班级管理者角色的新形象

班级管理者的职业形象是指在课程改革中，符合班级管理者角色要求的思想、品德、情感、意志、性格、气质、学识、组织才能等在班级管理者身上新的外部表现。新时期班级管理者角色的新形象应该包含以下五个方面。

1. 师表楷模的新形象

由于班级管理者是和学生们接触最多的教师，他的一言一行、一举一动都会对学生产生强烈的潜移默化的影响，对规范学生的言行、举止及人生追求等产生巨大的直接影响。班级管理者对学生的教育过程，实质上也是教师人格影响学生人格的教育过程，这就要求班级管理者不断加强自身师德修养，努力锤炼自己，使自己逐渐成为一个真正的"人类灵魂的工程师"，以自身高尚的人格魅力与良好的师表形象去陶冶学生的心灵。

2. 科研型学者的新形象

班级管理者在班级工作中的首要任务是对学生进行思想品德教育,同时,也必须高度重视对学生进行系统的现代科学文化知识的教育。因此,新时期班级管理者不但要教好自己所担负的课程,还要协调好与其他学科教师的关系,不仅应当成为一个有志于学校德育理论研究和工作的探索者,也应当成为一个献身教育的学术型的教学专家。

3. 务实型博爱者的新形象

班级管理者的一颗爱心,是每一个学生健康成长道路上最重要的润滑剂和催生剂。新时期班级管理者博爱者的形象,主要体现在对学生具体的日常生活琐事能做到"三勤三细"。

(1)"三勤":一是勤观察,班级管理者要通过经常全面地观察或重点观察,掌握学生思想和行为的发展动向,准确了解班集体的进步和存在的问题,以便有的放矢地做好教育工作;二是勤交谈,班级管理者通过经常性地与学生交谈,深入了解学生的心态,弥补观察的不足,班级管理者除了与学生集体谈话外,还应该根据学生的不同情况,经常与学生个别交谈,与学生谈话前班级管理者都要做好充分的准备,对交谈的目的、方式、时间、场合要认真考虑,态度要诚恳、自然、亲切,使学生感到和蔼可亲、无所顾忌;三是勤检查,检查的方式,除了观察、谈话外,要查班级日志、好人好事登记簿、学生成绩统计表,还要到社区、学生家中做些重点的访问,尤其是要经常检查自己班务工作的内容与方式是否达到预定的教育目标和要求、是否能够真正发挥自己的影响力。

(2)"三细":一是观察学生要仔细,班级管理者要通过仔细观察,发现学生在日常生活中表现出美好思想、行为的萌芽,并及时给予肯定,促使它们发展壮大,并及时抓住可能出现的不良的思想苗头,把工作做在前面,防患于未然;二是调查研究要细心,调查不拘泥于某种形式和规模,要讲求实效,通过家访,或找学生谈话,或与学科老师闲谈等多种途径,了解学生的情况,还要在调查研究中处处留心,经过全面、综合的分析,做到心中有数;三是要从细微处抓起,从小事做起,抓养成教育、常规训练,使学生养成良好的生活习惯、集体纪律和学习风气,使班级形成一股团结奋进、积极向上的力量。

4. 心理医师的新形象

目前,社会既是一个快节奏、高竞争的社会,又是一个心理负荷不断增加、心理问题不断增加的社会。要适应新时期社会的发展,班级管理者不仅自身要具有良好的、健康的心理素质,还要具有心理素质教育的意识、知识和能力,能有目的、有意识地将心理素质教育渗透自己日常的班级教育工作和学科教学之中,对学生进行全方位的心理素质教育。因此,新时期的班级管理者要着重做好以下几个方面的工作。

(1)加强对学生心理需要的引导。通过分析学生的需要,进行合理引导,把学生的需要引向高层次。

(2)抓好对学生所关心的热点问题的引导。班级管理者要敢于关注、接触学生所关心、流行的新问题,引导学生进行讨论、分析、体验,使学生能够做出正确的判断和取舍,绝不听之任之。

(3)班级管理者要引导学生进行科学的分析、比较,从中激发学生探求真理的积极性。

5. 社会活动家的角色形象

由于一个班级几十名学生来自不同的社区和家庭,要教育好这些学生,搞好班级管理,新时期班级管理者应力争成为一名善于交际的社会活动家,凭借自己的交际才能,协调好班级各种较复杂的关系,主动处理好与领导、同事、学生、家长及社区等方方面面的关系,力争得到各方面的配合与支持,形成家庭、学校、社会教育的合力,发挥教育的整体功能和效应,促使班级管理质量不断提高。

(二)新时期班主任角色的转换与定位

1. 由"偏爱型"走向"博爱型"

这里的"偏爱型",意指传统班级管理中,班主任只喜欢学习成绩好的"优等生"。其实,学习成绩也是相对的,因为学生个体存在差异,对于某个学生来说,90分是成绩好的标志;而对于另一个学生来说,60分可能就是最大的成功,实际上并不存在所谓的"差生"。因而在新课程理念下,做好班主任工作的首要条件是班主任必须转变观念,深入班级,了解每一个学生,相信每个学生都有"才",善于挖掘学生的潜能,把爱播撒到全体学生身上,通过良好的教育和培养,使每个学生都能成才、成功。这是新课程理念下,做好班主任工作的基础。

2. 由"专制型"走向"民主平等型"

传统意义上的师生关系是一种不平等的关系,教师是绝对权威,高高在上,学生对教师必须绝对服从。专制型班主任培养出来的学生固然守纪、顺从,但他们亦步亦趋,依赖性强,独立性差,缺乏主动性、创造性,更谈不上具备信息时代所要求的创新精神。新时代呼唤新型的民主平等的师生关系,学生、师生共同管理班级,要尊重学生的看法等基本理念。比如,在班干部的选择上,班主任就要多听学生的意见,进行广泛的民主选举,这对日后的班级管理相对于班主任自己定夺的方式,利大于弊。

3. 由"简单粗暴型"走向"细致耐心型"

在班级管理中,班主任要主动了解学生,了解学生所想、所做,要真诚地走进学生的内心世界,要尊重、爱护学生的自尊心。在没有了解事情的真相前,班主任不要武断地下结论,尤其忌讳当着全体同学的面否定、奚落学生,这样做会引发学生内心的极大变化。班主任要关心、爱护每一个学生,主动与学生交流,在交流时要多一些亲和、少一些冷漠,多一些换位思考、少一些严厉指责。班主任要时刻考虑学生的心理特征和行为水平,考虑学生的想法和感受。在班级管理中,班主任要多表扬、少训斥,在鼓励与指导中培养学生的自我意识,增强学生的自信心,使每个学生都轻松、愉快地成长。这些是新课程理念下做好班主任工作的必备素质。

4. 由"限制型"走向"开放型"

在传统教育的班级管理中,班主任要求学生这个"不能",那个"不准",经常用条条框框去限制学生。这种做法对学生形成良好行为与矫正不良习惯起到一定的积极作用,但有悖于新一轮基础教育课程改革的理念,有悖于培养学生创造能力的宗旨。现代的学生,独立意识、自主意识、叛逆精神都很强,班主任要善于从学生实际出发,着眼于未来,着眼于发展,善于拓展学生的潜能;对学生要宽容,不要把学生的失误看得太重,不要怕学生犯错,要放手让学生去做,只有在实践中锻炼,学生才会成长。比如,学校召开运动会,一切的准备工作都让学生去做,这既能培养学生的工作能力,又能培养学生的主人翁意识。

2015年中小学教师资格证考试

《班主任与班级管理》真题

一、单项选择题

1. 学校行政体系中最基层的行政组织是（　　）。
   A. 学生会　　　　B. 班级　　　　C. 小组　　　　D. 团委

2. 最早正式使用"班级"一词的是著名教育家（　　）。
   A. 埃拉斯莫斯　　B. 夸美纽斯　　C. 罗杰斯　　　D. 布鲁纳

3. 奠定了班级组织的理论基础的著作是夸美纽斯的（　　）。
   A.《论语》　　　B.《普通教育学》　C.《大教学论》　D.《理想国》

4. 学期结束时，班主任都会对学生思想品德的发展变化情况进行评价。这项工作属于（　　）。
   A. 建立学生档案　　　　　　B. 班主任工作总结
   C. 班主任工作计划　　　　　D. 操行评定

5. 通过制定和执行规章制度去管理班级经常性活动的班级管理方式是（　　）。
   A. 常规管理　　B. 民主管理　　C. 平行管理　　D. 目标管理

6. 班级成员在服从班集体的正确决定和承担责任的前提下，参与班级管理的方式是（　　）。
   A. 常规管理　　B. 平行管理　　C. 民主管理　　D. 目标管理

7. 将传统的他控式的管理方式转变为强调自我、自控的管理方式，以自我管理为中心进行管理的方式是（　　）。
   A. 民主管理　　B. 目标管理　　C. 平行管理　　D. 常规管理

8. 班主任既通过对集体的管理去间接影响个人，又通过对个人的直接管理去影响集体，从而把对集体和个人的管理结合起来的管理模式是（　　）。
   A. 平行管理　　B. 常规管理　　C. 民主管理　　D. 目标管理

9. 班主任与学生共同确立班级总体目标，然后转化为小组目标和个人目标，使其与班级总体目标融为一体，形成目标体系，以此推进班级管理活动，实现班级目标的管理方法属于（　　）。

A. 平行管理　　　　B. 常规管理　　　　C. 民主管理　　　　D. 目标管理

10. 班级管理模式中的"目标管理"是由（　　）提出的。

A. 马卡连柯　　　　B. 德鲁克　　　　　C. 皮亚杰　　　　　D. 夸美纽斯

11. 班主任工作的中心环节是（　　）。

A. 了解和研究学生　　　　　　　　　B. 教育个别学生

C. 组织和培养班集体　　　　　　　　D. 搞好班级教育工作

12. 班级管理的主要对象是（　　）。

A. 班级公共财产　　B. 班级信息　　　　C. 学生　　　　　　D. 班级资料

13. （　　）是班级的组织者和领导者，对一个班集体的发展起着主导作用。

A. 教师　　　　　　B. 班主任　　　　　C. 班长　　　　　　D. 学生会

14. 在班集体建设中，最关键的因素是（　　）。

A. 班级目标　　　　B. 学生人数　　　　C. 班主任　　　　　D. 班干部

15. 下列认识不正确的是（　　）。

A. 班级目标是可有可无的

B. 班集体在教育学生的过程中起着重要作用

C. 班主任是班级活动的组织者

D. 班委会是学生的自治组织

16. 19世纪初，对班级组织的发展产生巨大推动作用的"导生制"出现在（　　）。

A. 德国　　　　　　B. 英国　　　　　　C. 美国　　　　　　D. 法国

17. 班级管理的主要功能是（　　）。

A. 实现教学目标、提高教学效率　　　B. 维持班级秩序

C. 形成良好的班风　　　　　　　　　D. 锻炼学生能力、学会自治自理

18. 班集体形成的基础是（　　）。

A. 明确的共同目标　　　　　　　　　B. 平等、心理相容的氛围

C. 共同的生活准则　　　　　　　　　D. 一定的组织结构

19. 训练班级成员自己管理自己、自己教育自己、自主开展活动的最好载体是（　　）。

A. 班主任　　　　　B. 兴趣小组　　　　C. 少先队　　　　　D. 班集体

20. 班级人际关系形成和发展的手段是（　　）。

A. 交往　　　　　　B. 学习　　　　　　C. 锻炼　　　　　　D. 考试

21. 班集体在育人方面价值的实现是通过（　　）。

A. 班主任　　　　　B. 班干部　　　　　C. 男女学生　　　　D. 集体教学

22. 班主任的经常性工作之一是设计并开展（　　）。

A. 小组活动　　　　B. 少先队活动　　　C. 班级教育活动　　D. 课外活动

23. 著名教育家马卡连柯提出的班级管理理论是（　　）理论。

A. 民主管理　　　　B. 目标管理　　　　C. 平行管理　　　　D. 常规管理

24. 班主任了解学生的主要方法是（　　）。

A. 观察法　　　　　B. 调查法　　　　　C. 问卷调查法　　　D. 学生作品分析法

25. 班集体内教育和教学活动的核心是（　　）。

A. 班主任　　　　　B. 班委会　　　　　C. 共青团　　　　　D. 少先队

26. 下列关于班级的说法,错误的是(　　)。
    A. 班级是学校行政体系中最基层的正式组织
    B. 班级是开展教学活动的基本单位
    C. 班级是学生从事集体活动、结交好友的场所
    D. 最先提出"班级"一词的是夸美纽斯

27. 班主任的工作是从(　　)开始的。
    A. 评定学生操行　　　　　　B. 教育个别学生
    C. 了解和研究学生　　　　　D. 组建班集体

28. 当班主任接到一个教育基础较差的班级时,首先要做好的工作是(　　)。
    A. 建立班集体的正常秩序　　B. 建立班集体的核心队伍
    C. 组织形式多样的集体活动　D. 确定班集体的发展目标

29. 班主任工作的内容不包括(　　)。
    A. 及时与家长沟通　　　　　B. 维持正常的班级秩序
    C. 教授学生各科知识　　　　D. 组织多种多样的教育活动

30. "对班级管理不过多干预,以容忍的态度对待班级生活的冲突,不主动组织班级活动。"这属于(　　)的班主任领导方式。
    A. 权威型　　　B. 放任型　　　C. 民主型　　　D. 随意型

31. (　　)方式不属于班主任的领导方式。
    A. 权威型　　　B. 民主型　　　C. 专断型　　　D. 放任型

二、多项选择题

1. 关于班集体的概念说法,正确的是(　　)。
   A. 班集体就是班群体
   B. 班集体是班群体发展的高级阶段
   C. 纪律松弛、涣散的班群体算不上班集体
   D. 不是任何一个班都能称得上班集体
   E. 良好的班集体有利于学生的身心发展

2. 下面关于班级管理的说法,正确的是(　　)。
   A. 班级管理的根本目的是实现教育目标,使学生得到充分的、全面的发展
   B. 班级管理的主要对象是学生,班级管理主要是对学生的管理
   C. 班级管理是一种组织活动过程
   D. 班级管理体现了教师与学生之间的双向活动,是一种互动的关系
   E. 班级管理的对象是班级中的各种管理资源,包括人、财、物、时间、空间、信息

3. 班级的个体化功能主要包括(　　)。
   A. 促进发展功能　　　B. 满足需求的功能　　　C. 诊断功能
   D. 矫正功能　　　　　E. 培养学生的社会角色的功能

4. 班级管理的模式有(　　)。
   A. 常规管理　　B. 平行管理　　C. 民主管理　　D. 自主管理　　E. 目标管理

5.班主任的领导方式一般可分为三种类型,即( )。
  A.民主型   B.惩罚型   C.放任型   D.权威型   E.监督型
6.作为班主任,要使工作取得满意结果必须了解和研究学生,而了解和研究学生是指了解( )。
  A.学生思想   B.学生品德
  C.学生现有知识水平   D.学生身体素质
  E.学生的家庭
7.班主任主要的工作任务包括( )。
  A.教书   B.育人
  C.指导学生课外活动   D.组织学生参加生产劳动
  E.与家长交流
8.班主任在班级管理中扮演的角色有( )。
  A.法人   B.教育者   C.组织者   D.领导者   E.权威者
9.班主任了解学生的方法有( )。
  A.谈话   B.问卷   C.座谈   D.观察法   E.分析书面材料
10.下列对班主任的认识正确的有( )。
  A.班主任是班集体的组织者和领导者
  B.班主任在班集体中发挥着重要的作用
  C.班主任是班级建设的设计者
  D.班主任是协调班级人际关系的主导者
  E.权威型的班主任领导方式有利于良好班集体的形成
11.班集体的基本特征包括( )。
  A.明确的共同目标   B.一定的组织结构
  C.学生自我管理、自我教育   D.集体成员之间平等、心理相容的氛围
  E.一定的共同生活的准则
12.班集体的发展阶段包括( )。
  A.班集体的初创期   B.班集体的巩固期
  C.班集体的成熟期   D.班集体的形成期
  E.班集体的发展期
13.下列关于班集体的说法,正确的有( )。
  A.班集体具有共同的目标
  B.一定的组织结构是一个班集体所不可缺少的
  C.班集体是按照班级授课制的培养目标和教育规范组织起来的
  D.一个班的学生群体就是班集体
  E.以共同学习活动和直接性人际关系交往为特征的社会心理共同体
14.班级管理的内容主要有( )。
  A.班级组织建设   B.班级制度管理
  C.班级活动管理   D.班级教学管理

E.课外、校外教育管理

三、填空题

1. _____是开展教学活动的基本单位,是学生从事集体活动、结交好友的场所。
2. 班级组织既具有社会化功能,又具有_____。
3. 班主任实施平行管理时,首先要充分发挥_____的教育功能,使班集体真正成为教育的力量;其次要通过转化个别学生,促进班集体的管理与发展。
4. 班集体是训练班级成员自己_____自己、自己_____自己、自主开展活动的最好载体。
5. 班集体的正常秩序包括必要的规章制度,共同的_____以及一定的活动节律。
6. 班级管理体现了_____和_____之间的双向活动,是一种的关系。
7. _____是学校为实现一定的教育目的,将年龄和知识程度相近的学生编班分级而形成的、有固定人数的基本教育单位。
8. 班级民主管理的实质是在班级管理的全过程中,调动学生的力量,发挥每一个学生_____主人翁精神,使人人都积极、主动地参与班级事务,让每个学生都成为班级的主人。
9. _____是按照班级授课制的培养目标和教育规范组织起来的,以共同学习活动和直接性人际关系交往为特征的社会心理共同体。
10. 目标管理由美国管理学家_____提出的。
11. 平行管理理论是_____的教育思想。
12. 教育行政部门统一规定的有关班集体与学生管理的制度包括学生守则、日常行为规范,以及_____等。
13. 在学校,全面负责一个教学班学生的思想、学习、健康与生活等工作的教师通常称之为_____。
14. 学生在班级中应该处于_____地位。
15. _____是了解学生最常用的方法。
16. 班级是学校开展各类活动的最基本的组织,是按一定的_____、和教育要求组织起来的学生群体。
17. 班主任的领导方式一般可以分为三种类型:权威型、_____、_____。
18. 要实行班级干部的_____,让每个学生都有锻炼机会,并学会与人合作。
19. 班主任是班级的组织者、领导者和_____。
20. 班主任了解学生包括对_____、_____学生的学习和生活环境三部分的了解。

四、判断题

1. 随着学校教育的不断发展,班级逐渐成为学校教育的基本单位,并对学生的发展产生越来越大的作用。 (   )
2. 班级组织只具有社会化功能,不具有个体化功能。 (   )
3. 在班级管理中班主任的作用不可忽视。 (   )
4. 正确的班集体舆论对班集体的每个成员都有约束、感染、同化、激励的作用。(   )
5. 为了促进学生的发展,班主任应该对学生的进步置若罔闻,并随时指出他们的不足。
(   )

6.班级管理中的民主就是尊重学生,与学生商量。（　　）

7.班级中的正式群体对学生的发展起着正面的影响,非正式群体对学生的发展起着负面的影响。（　　）

8.班级管理工作是一种智慧的工作,这种智慧纯粹来自于班级管理者经验的积累。（　　）

9.班集体是指由班级全体成员组成的整体。（　　）

10.正确的班级组织目标能够引导班级成员全面发展。（　　）

五、名词解释

1.班主任　　2.班级管理　　3.班级常规管理　　4.班级平行管理
5.班级民主管理　　6.班级目标管理

六、简答题

1.班级的个体化功能主要表现在哪些方面?
2.简述班集体的基本特征。
3.班主任的作用主要体现在哪些方面?
4.班级管理的功能有哪些?
5.班级建设的设计包含哪几个方面的内容?
6.制定幼儿园规章制度要注意哪些问题?

七、论述题

1.试述如何实行班级民主管理。
2.联系实际谈谈我国学校班级管理中存在的问题及如何解决这些问题。
3.假如你是一名班主任,你将如何培养你所带领的班集体?
4.结合实际谈谈班主任进行班级管理的主要内容。

八、案例分析

1.学生违反纪律本身就是一件不好的事情,班主任怎样将这些不好的事情巧妙地转变为好的事情呢?最近一年多来,我在班上大力推行这样一种处罚方式:对违反纪律情节比较轻的学生,我罚他们上讲台唱一首好听的歌或者讲一个动听的故事;对违反纪律情节比较严重的学生,我罚他们用正楷字写一份200字左右的违纪心理报告(请大家注意:心理报告书不是保证书,更不是检讨书),描述他当时的违纪心理。经过一段时间的实践后,我发现这种处罚方式的效果比以前的方式明显好了很多。

谈谈你对上述案例的看法。

2.开学第一天,新任班主任邹老师走进初二(5)班教室,发现黑板上写着"你也下课吧"五个大字。原来,该班已连续换了两任班主任,原因是该班学生无论是学习,还是纪律、卫生及日常行为规范等方面,表现都极差,前两任就因为在积分上被扣分而失去了当班主任的资格。

如果你是邹老师,你该怎么办?

3.小凡今年四岁了,可是对幼儿园的集体生活适应很慢,入园时哭闹得非常厉害,不肯参加课内兴趣班活动,也不能与同伴合作及分享玩具,出现明显的不合群现象。

结合案例,分析影响学前儿童同伴交往的因素。

4.王老师是一位青年教师,工作热情非常高,他对学生的要求十分严格,经常要求学生不要讲脏话、不要乱扔废纸等。而这位教师讲课情急时,常常"笨猪""死脑子"不绝于耳,而且在吸烟后,随手将烟蒂抛在课桌下面。教育后的班级会怎样呢?虽然王老师没少磨嘴皮,没少用各种惩罚手段。但是班上说脏话、粗话连篇,纸屑杂物随处可见。王老师百思不得其解。

谈谈你对案例中王老师做法的认识。

参 考 答 案

一、单项选择题

1.【答案】B
【解析】班级是一个复杂的小社会体系,是学校行政体系中最基层的行政组织。

2.【答案】A
【解析】由教育发展的历史可知,著名教育家埃拉斯莫斯最早正式使用"班级"一词。

3.【答案】C
【解析】17世纪捷克教育家夸美纽斯总结了前人和自己的实践经验,在其代表作《大教学论》中对班级组织进行了论证,从而奠定了班级组织的理论基础。

4.【答案】D
【解析】题干描述的是"操行评定"。

5.【答案】A
【解析】题干是对"常规管理"的概念的阐述。

6.【答案】C
【解析】题干是对"民主管理"的概念的阐述。

7.【答案】B
【解析】目标管理是由美国管理学家德鲁克提出来的,题干是对这一理论的核心的表述。

8.【答案】A
【解析】根据班级管理的具体运作方式,可以将班级管理分为常规管理模式、平行管理模式、民主管理模式、目标管理模式,题中表述的是平行管理模式。

9.【答案】D
【解析】题干是对"目标管理"的概念的阐述。

10.【答案】B
【解析】班级管理模式中的"目标管理"是由美国管理学家德鲁克提出的。

11.【答案】C
【解析】班集体的组织和培养是做好其他一切教育工作的前提和基础,班主任应有计划、有组织地在短时间内有效地组织和培养班集体,并把它作为工作的中心环节。

12.【答案】C

【解析】四个选项均是班级管理的对象,但是对班级公共财产、信息、资料等的管理,最终还是为了对学生进行管理做准备,班级管理的主要对象是学生。

13.【答案】B

【解析】班主任是班集体的组织者和领导者,是学校贯彻国家教育方针、促进学生全面健康成长的骨干力量,对一个班集体的发展起着主导作用。

14.【答案】A

【解析】班级目标是集体发展的方向和动力,一个班集体只有在具有共同的目标时,才能使班级成员在认识和行动上保持统一,推动班集体的发展。

15.【答案】A

【解析】班级目标有利于班级成员统一认识和行动,促进班集体的发展,一个良好的班集体必须具有共同的班级目标。

16.【答案】B

【解析】略。

17.【答案】A

【解析】班级管理对学生的健康成长和全面发展具有很大的影响,其主要的功能在于实现教学目标、提高教学效率,以利于更有效地实施教学活动。

18.【答案】A

【解析】目标是集体发展的方向和动力,一个班集体只有具有共同的目标,才能使班级成员在认识上和行动上保持统一,才能推动班集体的发展。明确的共同目标是班集体形成的基础。

19.【答案】D

【解析】训练班级成员自己管理自己、自己教育自己、自主开展活动的最好载体是班集体。

20.【答案】A

【解析】交往是班级人际关系形成和发展的手段。班主任应悉心研究班级的人际关系,指导学生的交往活动。

21.【答案】D

【解析】班集体完成"育人"功能主要是通过集体教学进行的。

22.【答案】C

【解析】班主任作为班集体的组织者和领导者,设计并开展班级教育活动是其本职工作。

23.【答案】C

【解析】班级平行管理的理论源于著名教育家马卡连柯的"平行影响"的教育思想。马卡连柯认为,教师要影响个别学生,首先要去影响这个学生所在的班级,然后通过这个集体去影响这个学生,这样就会产生巨大的教育力量。

24.【答案】A

【解析】观察法是班主任了解学生经常用到的方法,它能够帮助班主任迅速地了解学生的相关情况。

25.【答案】A

【解析】班主任是班级建设的主帅,是学校中全面负责一个班学生的思想、学习、生活等工作的教师,是班级的组织者、领导者和教育者,是学校办学思想的贯彻者,班主任在班集体的教育和教学活动中占据着核心地位。

26.【答案】D

【解析】文艺复兴时期的著名教育家埃拉斯莫斯最先提出"班级"一词。

27.【答案】C

【解析】班主任的工作是从了解和研究学生开始的,了解和研究学生是做好其他教育工作的基础。

28.【答案】A

【解析】教师在班集体的组建阶段,就应着手班集体的正常秩序的建立工作,特别是当接到一个教育基础较差的班级时,首先就要做好这项工作。

29.【答案】C

【解析】教授学生各科知识主要是学科教师的工作内容。

30.【答案】B

【解析】题干中描述的是放任型的班主任领导方式。

31.【答案】C

【解析】班主任的领导方式一般可分为三种类型:权威型、民主型、放任型,没有专断型班主任领导方式这一说法。

二、多项选择题

1.【答案】BCDE

【解析】由班群体发展为班集体有一个培育和提高的过程,A 选项错误,其他选项正确。

2.【答案】ABCDE

【解析】班级管理是教师根据一定的目的要求,采用一定的手段措施,带领班级学生,对班级中的各种资源进行计划、组织、协调、控制,以实现教育目标的组织活动过程。

3.【答案】ABCD

【解析】培养学生的社会角色的功能属于班级的社会化功能。

4.【答案】ABCE

【解析】班级管理的模式有四种:常规管理、平行管理、民主管理、目标管理。

5.【答案】ACD

【解析】班主任的领导方式一般可以分为三种类型:权威型、民主型、放任型。

6.【答案】ABC

【解析】了解和研究学生是指了解学生的思想、学生的品德和学生现有的知识水平。

7.【答案】ABCD

【解析】班主任的工作任务体现为教书、育人、指导学生课外活动、组织学生参加生产劳动。

8.【答案】BCD

【解析】班主任是学校中全面负责一个班学生的思想、学习、生活等工作的教师,是班级的组织者、领导者和教育者。

9.【答案】ABCDE

【解析】题干中的方法都是班主任了解学生经常用到的方法。

10.【答案】ABCD

【解析】民主型的班主任领导方式有利于良好班集体的形成。

11.【答案】ABDE

【解析】一个班的学生群体还不能称为班集体。班集体形成的基础是成员具有明确的共同目标,并且具有一定的组织结构,有共同生活的准则,集体中存在平等、心理相容的氛围。

12.【答案】BCD

【解析】班级成立以后,从其初步形成到巩固成熟是一个连续的动态的发展过程,通常把班集体的发展分为形成期、巩固期和成熟期。

13.【答案】ABCE

【解析】一个班的学生群体还不能称为班集体,学生群体和班集体之间有着本质差别,班集体必须具备四个基本特征:明确的共同目标、一定的组织结构、一定的共同生活的准则及集体成员之间相互平等、心理相容的氛围。

14.【答案】ABCD

【解析】课外、校外教育管理不属于班级管理的主要内容。

三、填空题

1.班级　　2.个体化功能　　3.班集体　　4.管理、教育　　5.生活准则
6.教师、学生互动　　7.班级　　8.自我教育　　9.班集体　　10.德鲁克
11.马卡连柯　　12.体育锻炼标准　　13.班主任　　14.主体　　15.观察法
16.教育目的 教学计划　　17.民主型、放任型　　18.轮流执政制
19.教育者　　20.学生个体、学生群体

四、判断题

1.【答案】√

【解析】班级作为学校教育的基本单位,对学生的发展具有十分重要的作用,题中表述正确。

2.【答案】×

【解析】班级组织既具有社会化功能,又具有个体化功能。

3.【答案】√

【解析】班主任肩负着全面管理班级的职责,是学校教育的中坚力量,其作用不可忽视。

4.【答案】√

【解析】约束、感染、同化、激励是正确的班集体舆论对班集体成员的积极作用。

5.【答案】×

【解析】班主任要充分肯定学生的进步,并适当指出他们的不足,这样才有利于学生的全面发展。

6.【答案】√

【解析】尊重学生,与学生商量符合班级管理中的民主特征。

7.【答案】×

【解析】正式群体一般起到积极作用,非正式群体对学生的影响并不都是消极的。

8.【答案】×

【解析】对班级的管理能力不仅仅是靠经验的积累,更要不断地学习先进的教育科学理论知识。

9.【答案】×

【解析】学生群体和班集体之间有着本质区别,一个班的学生群体还不能称为班集体。

10.【答案】√

【解析】正确的班级组织目标对班级成员全面发展起积极的促进作用。

五、名词解释

1.班主任是班集体的组织者和领导者,是学校贯彻国家教育方针,促进学生全面健康成长的骨干力量。

2.班级管理是一个动态的过程,它是教师根据一定的目的和要求,采用一定的手段和措施,带领全班学生,对班级中的各种资源进行计划、组织、协调、控制,以实现教育目标的组织活动过程。

3.班级常规管理是指通过制定和执行规章制度来管理班级的经常性活动。

4.班级平行管理是指班主任既通过对集体的管理去间接影响个人,又通过对个人的直接管理去影响集体,从而把对集体和个人的管理结合起来的管理方式。

5.班级民主管理是指班级成员在服从班集体的正确决定和承担责任的前提下参与班级全程管理的一种管理方式。

6.班级目标管理是指班主任与学生共同确定班级总体目标,然后转化为小组目标和个人目标,使其与班级总体目标融为一体,形成目标体系,以此推动班级管理活动,实现班级目标的管理方法。

六、简答题(答案要点)

1.(1)促进发展的功能。

(2)满足需求的功能。

(3)诊断功能。

(4)矫正功能。

2.(1)明确的共同目标。

(2)一定的组织结构。

(3)一定的共同生活的准则。

(4)集体成员之间平等、心理相容的氛围。

3.(1)班主任是班级建设的设计者。

(2)班主任是班级组织的领导者。

(3)班主任是协调班级人际关系的主导者。

4.(1)有助于实现教学目标,提高学习效率。

(2)有助于维持班级秩序,形成良好班风。

(3)有助于锻炼学生能力,学会自治自理。

5.(1) 班级建设的目标。
(2) 实现目标的途径、具体方法和工作程序。
6.(1) 要切合实际,具有可行性。
(2) 内容要明确具体,便于执行。
(3) 规章制度的制定要有群众性。
(4) 规章制度要有相对稳定性。

七、论述题(答案要点)

1. 实行班级民主管理主要应该做好以下两个方面的工作:
(1) 组织全体学生参加班级全程管理,即在班级管理的计划、实行、检查、总结的各个阶段,都让学生参与进来。
(2) 建立班级民主管理制度,如干部轮换制度、定期评议制度、值日生制度、值周生制度、定期开展民主教育活动制度。

2.(1) 我国学校班级管理中存在的问题:
①班主任对班级管理方式偏重于专断;
②班级管理制度缺乏活力,民主管理程度低。
(2) 我国学校班级管理中问题的解决:
①以满足学生的发展为目的;
②确立学生在班级中的主体地位;
③有目的地训练学生进行班级管理的能力。

3.(1) 确定班集体的发展目标。
(2) 建立班集体的核心队伍。
(3) 建立班集体的正常秩序。
(4) 组织形式多样的教育活动。
(5) 培养正确的舆论和良好的班风。

4.(1) 了解和研究学生。学生是个体特征比较明显的群体,每个学生都有自己的生活背景和社会环境,他们是班主任工作的对象。对学生的教育没有固定的模式,只有深入细致地了解学生、研究学生,才能指导得法、教育有效。了解和研究学生包括了解和研究学生个人;了解学生的群体关系;了解和研究学生的学习和生活环境。了解学生的方法主要有分析书面材料、调查法、观察法等。
(2) 有效地组织和培养优秀班集体。班集体组建工作很重要,组织和培养优秀班集体是班主任工作的中心环节,班主任应有计划、有组织地在短时间内有效地组建班集体。
(3) 组织课外活动、校外活动和指导课余生活。学校的课外活动和课余生活一般都以班为单位来组织与安排,所以,组织与指导这些活动也是班主任一项经常性的重要工作。在开展课外与校外活动方面,班主任主要负责和组织工作,班主任应经常关心和了解对学生的课余生活,并给予必要的指导。
(4) 评定学生操行,评选三好学生。操行评定就是对学生一学期来的思想品德发展变化情况的评价。操行评定一般采用评语方式,有的还有评定等级。在对学生操行进行评定时,学校为了表彰先进、树立榜样,更有效地向学生进行正面教育,还普遍评选三好学生。班主任做好操行评定的要求有以下三点:

①要实事求是,抓主要问题,评定要准确反映学生思想品德的全面表现和发展趋向;
②要充分肯定学生的进步,并适当指出他们的不足;
③评语要简明、具体、贴切,严防用词不当,伤害学生的情感。

八、案例分析(答案要点)

1.(1)处罚学生是一种强制性的教育方式,它应该是教师的一种教育手段,而不是教育目的。中小学生的自我意识和自我约束能力还不是很强,他们在生活、学习的过程中犯错误是在所难免的,违反纪律也是有不同原因的,老师处罚的动机主要是为了使学生改正错误,更好地成长。案例中的班主任所采取的处罚方法很值得我们思考。

(2)案例中班主任对学生进行了人性化管理。学生违反纪律一定要受到纪律处分,但班级管理的对象是学生,成功管理的前提是尊重他们的意愿,尊重他们的人格,把他们当作实实在在的"人",而不是"驯服物"。该案例中班主任在处理违反纪律的学生时以学生为本,从学生身心发展的角度出发,进行人性化管理,充分调动学生学习的积极性、自觉性、主动性,使学生能够自我管理,不仅遵守纪律,而且各方面的能力都得到了提高。

(3)案例中班主任对学生进行了民主化管理。班主任要进行民主化管理,不能专制也不能放任学生自己发展。该班主任采取一些学生能够接受的"处罚"手段,顾全了学生的自尊心,同时也使学生改正了错误,学到了知识,使学生既受到严格的行为规范的约束,又能在宽松自如的氛围中充分发挥自己的个性特长。

(4)案例中班主任对学生进行了人际交往关系方面的教育。处罚违反纪律的学生是老师与学生之间的沟通。案例中班主任这样的处理方法,除巧妙地向学生传达了对学生的信任外,还向学生传递了这样一个信息:老师相信学生的能力,但是学生违反纪律是错误的,必须受到处罚,这是班级管理必不可少的。

(5)案例中班主任注重对学生进行激励和引导。在这个案例中,班主任处罚学生的方法也是一种激励手段。这位老师采取暗示批评的形式,对学生的违纪行为没有直接点破,但是学生在老师的"惩罚"下,通过表演,认识到了自己的错误。班主任将惩罚与教学相结合,惩罚中既坚持了原则,又照顾到了学生的自尊,使学生心服口服、知错能改,达到了良好的教育效果。

2.(1)鉴于该班级的特殊情况,我会选择班级常规管理的模式来进行班级管理。班级常规管理是指通过制定和执行规章制度来管理班级的经常性活动。根据学校要求和班级实际情况讨论、制定班级规范,如班规、值日生制度、考勤制度等,并要求学生严格遵守。

(2)运用陶冶教育法对学生进行教育。作为一名教师,我会严格要求自己,要求学生做到的自己首先做到,使自己成为学生学习的榜样。同时,我会不断加强自己与学生之间的互动交流,以自己的情操来影响、感化学生。

(3)在深入了解和研究学生的基础上,有效地组织和培养优秀班集体。班集体组建工作很重要,我会有计划、有组织地在短时间内有效地组建班集体,并组织课外、校外教育活动,指导学生的课余生活,逐渐把该班级培养成为优秀的班集体。

3.(1)家庭因素:
①家长的教养方式;
②家庭居住环境。
(2)托幼机构因素:

①教师对儿童同伴交往的影响;
②游戏活动对儿童同伴交往的影响。

(3)儿童自身的因素:

①社会性行为;

②社会技能。

(4)其他因素。

4.(1)"身教"不利。没有"身教","言教"就显得苍白无力。"身教"既可以增加"言教"的可信性和感染力,又能像春雨润物一样起到耳濡目染、潜移默化的作用。班主任只有严格要求自己,随时把自己置身于"榜样"和"镜子"的位置,事事从自我做起,才能顺利地"内化"为学生的需要。

(2)"言教"不服。"言教"必须以理服人,否则无教育可言。学生出现问题,不能一味地"管、卡、压",只有言之以理,以理服人,才能达到理想的教育效果。否则一切教育都是徒劳的。

(3)"心教"不诚。教育是为了让学生弄清楚什么是对的、什么是错的、错在什么地方、怎样去改正,而不是让学生产生对立情绪,对教师产生戒备和反感。由此可见,班主任在教育学生时,必须抱着关心、帮助、谅解、鼓励的态度,用"心"去爱学生,让学生明白老师是因为爱他们才去教育他们,使学生感受到教师的"爱心"和"诚意",乐于接受教师的指导,这样才会有好的效果。

参考文献

[1] 李镇西.班级管理日志[M].北京:文化艺术出版社,2010.
[2] 《教育学》编委会.教育学[M].沈阳:辽宁大学出版社,2008.
[3] 徐长江,宋秋前.《班级管理实务》[M].北京:高等教育出版社,2010.
[4] 任平,孙文支.现代教育学概论[M].广州:暨南大学出版社,2013.
[5] 王天一.外国教育史[M].北京:北京师范大学出版社,1993.
[6] 叶澜.教育研究方法初探[M].上海:上海教育出版社,2014.
[7] 王炳照.简明中国教育史[M].北京:北京师范大学出版社,2008.
[8] 王道俊.教育学[M].北京:人民教育出版社,2009.
[9] 吴式颖.外国教育史教程[M].北京:人民教育出版社,1999.
[10] 裴娣娜.教育研究方法导论[M].合肥:安徽教育出版社,1995.
[11] 夸美纽斯.大教学论[M].傅任敢,译.北京:科学教育出版社,2014.
[12] 迟毓凯.学生管理的心理学智慧[M].上海:华东师范大学出版社,2012.
[13] 郑立平,张乐华.教师必须掌握的教育惩戒艺术[M].北京:中国轻工业出版社,2011.
[14] 郑立平.把班级还给学生:班集体建设与管理的创新艺术[M].北京:中国轻工业出版社,2010.
[15] 赵坡.班主任如何带好差班[M].北京:中国轻工业出版社,2012.
[16] 郑学志.做一个会"偷懒"的班主任[M].北京:中国轻工业出版社,2011.
[17] 刘令军,方庆.中学班主任的72个临场应变技巧[M].北京:中国轻工业出版社,2012.
[18] 安奈特·布鲁肖,托德·威特克尔.改善学生课堂表现的50个方法:小技得大改变[M].北京:中国青年出版社,2010.
[19] B.A.苏霍姆林斯基.给教师的建议(修订版)[M].杜殿坤,译.北京:教育科学出版社,1984.
[20] 魏书生.班主任工作漫谈(修订本)[M].北京:文化艺术出版社,2012.
[21] 熊华生.大夏书系·班级管理智慧案例精选[M].上海:华东师范大学出版社,2011.
[22] 王晓春.王晓春给青年教师的100条建议[M].北京:中国轻工业出版社,2015.
[23] 邱淑慧.班级管理与班主任工作技能[M].广州:暨南大学出版社,2011.
[24] 李镇西.我这样做班主任:李镇西30年班级管理精华[M].桂林:漓江出版社,2012.
[25] 李坡.班级管理实战指南[M].上海:华东师范大学出版社,2013.
[26] 王晓春.做一个专业的班主任[M].上海:华东师范大学出版社,2008.
[27] 迟毓凯.学生管理的心理学智慧[M].上海:华东师范大学出版社,2012.

[28] 郑立平.把班级还给学生:班集体建设与管理的创新艺术[M].北京:中国轻工业出版社,2010.
[29] 张万祥.给年轻班主任的建议[M].上海:华东师范大学出版社,2006.
[30] 赵坡.班主任如何带好差班[M].北京:中国轻工业出版社,2012.
[31] 赵凯,马立,宋乃庆.好班规打造好班级[M].重庆:西南大学出版社,2009.
[32] 杨建华.班级管理学[M].西安:陕西师范大学出版社,2012.
[33] 熊华生.班主任工作教程[M].武汉:华中科技大学出版社,2013.
[34] 吴虹,罗京宁.体验式班会设计[M].南京:江苏教育出版社,2013.
[35] 熊华生.班主任工作教程[M].武汉:华中科技大学出版社,2013.
[36] 王斌华.校本课程论[M].上海:上海教育出版社,2000.
[37] 彭聃龄.普通心理学[M].北京:北京师范大学出版社,2001.
[38] 刘岩,王萍.班主任与班级管理[M].北京:北京师范大学出版社,2013.
[39] 王晓春.问题学生诊疗手册[M].上海:华东师范大学出版社,2006.
[40] 高靓.与美国国家年度教师面对面[M].福建:福建教育出版社,2015.
[41] 彭聃龄.普通心理学[M].北京:北京师范大学出版社,2001.
[42] 武汉市教育科学研究所.中小学生偏常心理与行为辅导[M].武汉,武汉出版社,2000.
[43] 重庆市教育科学研究所,等.中小学生品德评价的理论与实践[M].成都:四川教育出版社,1997.
[44] 肖鸣政.品德测评的理论与方法[M].福州:福建教育出版社,1995.
[45] 鲁洁,王逢贤.德育新论[M].南京:江苏教育出版社,1994.
[46] 李伯黍,燕国材.教育心理学[M].上海,华东师范大学出版社,2010.
[47] 刘春琼,王云强.中学生品德心理与道德教育[M].北京,北京师范大学出版社,2013.
[48] 王玮.班主任班级管理实务[M].广州:世界图书出版公司,2011.
[49] 柳清秀,崔波.班级教育管理艺术[M].广州,世界图书出版公司,2013.
[50] 陈武林.论中小学生班级管理的新特征[J].基础教育参考,2008(6).
[51] 陈红燕.班级管理研究述评[J].教学与管理,2004(31).
[52] 廖苏梅.创建有效班级管理的支柱理念和具体方法[J].教育教学论坛,2014(13).
[53] 李宏亮.班级突发事件及其处理的一般策略[J].CLASS ADVISER,2012(1).
[54] 王晓蜻.从应急机制看高校突发事件的管理[J].大众商务,2010(4).
[55] 曲长海.加强我国高校辅导员专业化与职业化研究[J].经济师,2010(1).
[56] 谢敏.班级突发事件处理能力和策略研究[J].中国校外教育,2013(9).
[57] 刘万红.班主任应对和处理突发事件的原则[J].科学管理,2013(8).
[58] 李兵.中小学班级突发事件特点及防范策略[J].教育管理,2013(9).
[59] 卢尧,黄少兵,汪学余.国内关于"问题学生"界定研究综述[J].中小学教师培训,2008(5).
[60] 罗世瑛."问题学生"的心理特征及教育策略[J].中国成人教育,2005,8.
[61] 闫亚光,胡启平,焦力军.论"问题学生"的成因与教育转化[J].河北工程大学学报(社

科版),2005(6).
- [62] 阮为文.论"问题学生"的教育转化[J].内蒙古师范大学学报,2005(4).
- [63] 张俊涛,陈毅文,田树军,杨东岳.青少年品行问题行为倾向问卷的初步编制[J].中国临床心理学杂志,2009,17(3).
- [64] 范会勇,张进辅.过去十年中学生 SCL-90 调查结果的元分析[J].心理科学,2005,28(6).
- [65] 辛自强,张梅.1992 年以来中学生心理健康的变迁:一项横断历史研究[J].心理学报,2009,41(1).
- [66] 刘恒,张建新.我国中学生症状自评量表(SCL-90)评定结果分析[J].中国心理卫生杂志,2005,18(2).
- [67] 侯振成,贾海涛,郭汲源.1397 名中学生心理健康水平的现况调查[J].中国民康医学,2006,18(9).
- [68] 徐学俊.加强心理健康教育 全面提高人才素质——中学生心理健康调查及思考[J].江西教育科研,1995,4.
- [69] 杨韶刚,吴慧红.青少年道德判断能力的研究[J].心理学探新,2006(2).
- [70] 徐长发.劳动教育是人生第一教育——对习近平总书记"以劳动托起中国梦"重要思想的学习体会[N].(2015-05-06),中国教育报.
- [71] 顾明远.教育大词典[G].上海教育出版社,1998:1364.
- [72] 刘美玲,钱焕奇.中学法制教育的缺失及改善措施[J].中国德育,2007(2).
- [73] 韩曼茹,杨继平.中学班级管理者胜任力的初步研究[J].教育理论与实践,2006(1).
- [74] 揭水平,马红宇,周宗奎,陈继文.小学优秀班级管理者素质结构研究[J].西南大学学报(社会科学版),2009(2).
- [75] 任春亮,卜健.新形势下的班级管理者工作——中小学班级管理者座谈会综述[J].江西教育学院学报(综合),2008(3).
- [76] 张敷荣,和学新.试论德育实践的逻辑起点[J].华东师范大学学报(教育科学版),1998(2).
- [77] 朱小蔓.班级管理者与班级管理者工作——一种值得重视和挖掘的教育资源[J].教育理论与实践,1997(1).
- [78] 谢红,屈光泽.班级管理者教育方法的现状研究[J].教学与管理,2003(10).
- [79] 徐捷,肖庆延.中学班级管理者班级管理现状的调查研究[J].桂林师范高等专科学校学报,2008(4).
- [80] 班华.专业化:班级管理者持续发展的过程[J].人民教育,2004(15-16).
- [81] 冯建军.班级管理者专业化初论[J].教师之友,2008(8).
- [82] 董奇,王耘.班级管理者工作的心理学策略[J].人民教育,2007(20).
- [83] 杨九俊.班级管理者:你的工作创新了吗[N].中国教育报,2007(8).
- [84] 张卫.班级管理者如何与学生进行情感交流[J].内江师范学院学报,2005(20).
- [85] 赵敏.班级管理者与学生心理沟通方法探析[J].辽宁师专学报,2008(3).

[86] 童爱民. 浅谈班级管理者与学生沟通的三条途径[J]. 黄冈师范学院学报,2008(28).
[87] 蒋光明. 家境研究:青年班级管理者的必修课[J]. 四川教育学院学报,1999(7).
[88] 尹春. 当前班级管理者与家长沟通的困惑与对策[J]. 上海教育科研,2008(10).
[89] 梅建军. 浅谈班级管理者与家长进行有效沟通的方式[J]. 南昌教育学院学报,2008(4).
[90] 宋鉴. 班级管理者在教师中的协调作用[J]. 职教通讯,2003(7).